무엇이
우리 정치를
위협하는가

무엇이 우리 정치를 위협하는가

양극화에 맞서는 21세기 중도정치

채진원 지음

인물과
사상사

2015년 안철수 의원의 신당 창당과 정치세력화로 인해 총선과 대선에서 여야의 중도층 흡수 경쟁이 더욱 치열해질 것으로 전망된다. 중도층 흡수를 위한 여당의 좌클릭과 야당의 우클릭이 불가피해졌다. 이것은 결국 한국 정치에서 '중도수렴의 확대 경향'을 더욱 촉진하는 계기가 될 것이고, 총선과 대선 결과에 따라서 중도의 정체성을 놓고 여권발 혹은 야권발 정계 개편도 가능할 것이다.

물론 기존 정당정치가 안철수 현상의 발생 원인을 근본적으로 개선하는 데 성공한다면 안철수 신당의 흐름을 완전히 차단할 수도 있다. 안철수 신당의 흐름을 차단하기 위해서는 현재의 '극단적인 양당구도'가 중도 확대를 전제로 한 '온건한 양당구도'로 방향 전환을 해야 한다. 그러나 실패한다면 어떤 일이 벌어질 것인가? 아마도 한국 정당정치의 구도가 양당구도에서 삼당구도로 재편될 가능성이 크다. 삼당구도로 전환되면 기존 양당구도의 폐해를 시정하고 정치적 다양성을 대변할 수 있다. 하지만 분단 속 한국형 대통령제의 특수성과 '제도 간 부합성'이 떨어지는 문제점과 딜레마를 보여주게 될 것이다. 즉, 누가 대통령이 되든지 어느 정파가 집권하든지 간에, 적대국과 맞서는 분단 속 대통령제 정부에서 삼당구도는 여소야대 국면을 불러오면서 여야의 국정 교착과 국정 불안정을 야기해 대통령의 통치불능 상태를 초래할 가능성이 크다. 결국 대통령은 이러한 통치불능 상태에서 벗어나기 위한 차원에서 인위적인 정계 개편 등 비정상적인 방법을 동원할 가능성이 크다. 과거 노태우 대통령도 여소야대 국면을 피하기 위해 김영삼·김종필과의 '3당합당'이라는 정계 개편을 추진했고, 김대중 대통령도 'DJP공동정부'의 원활한 운영을 위한 원내교섭단체 구성을 위해 김종필에게 '의원 꿔주기'를 했으며, 노무현 대통령도 당시 한나라당 박근혜 대표에게 '대연정'을 촉구하기도 했다. 따라서 양당구도와 삼당구도의 장단점을 면밀하게 비교하면서 한국이 처한 분단 상황과 정치의 성숙 단계에 부합하는 바람직한 정당구도를 만들기 위한 고민과 노력이 필요하다.

그렇다면 '안철수 현상'의 등장 배경과 의미는 무엇인가? 이것은 기존 정당정치가 중산층의 민생을 위한 정책 경쟁보다 시대착오적인 진영논리에 갇혀 극단적 양당구도와 적대적 이념 경쟁에 편향되어 있어, 중도층의 낡은 정치에 대한 불신을 해소하지 못하고 새로운 정치에 대한 기대에도 부응하지 못했기 때문이다. 한마디로 기존 정당의 낡은 정치 행태에 대한 중도층의 경고이자 새로운 정치에 대한 촉구라고 할 수 있다.

새로운 정치를 위해 한국 사회가 시급하게 해결해야 할 과제는 '정치적 양극화'와 '경제적 양극화' 현상이다. 정치적 양극화는 의회와 정당의 중간지대에 있는 온건파의 비율과 영향력이 줄고, 양극단에 있는 강경파의 비율과 영향력이 늘면서 정당과 의원 간 대화와 타협이 어려워지는 현상을 말한다. 정치적 양극화가 심화되면 정당

사이의 이념과 정책노선의 차이가 커지면서 극단적인 대결과 분열이 일상화될 수밖에 없다. 경제적 양극화는 중산층이 줄고 상위층과 하위층 간의 소득 격차가 심화되는 현상을 말한다. 경제적 양극화가 심화될수록 계층갈등과 사회적 갈등이 일상화되는 구조적 환경이 조성된다. 정치적 양극화에 빠진 진보와 보수는 국민의 실생활과 무관한 과잉된 이념을 동원하는데, 이렇게 민생을 돌보지 않고 경제적 양극화 문제를 해결하지 못해 국민의 불신을 사고 있다. 한국 정치의 문제점을 한마디로 정리하자면 '진보와 보수의 이념정치의 과잉에 따른 민생정치의 빈곤'으로 정리할 수 있다.

정치적 양극화와 경제적 양극화의 원인은 무엇이고, 이를 어떻게 개선할 것인가? 이 책은 이 문제에 대한 원인을 진단하고 그 해법의 실마리로 21세기 중도정치를 다룬다. 즉 정치적 양극화와 경제적 양극화에 맞서 싸우면서 중도, 무당파, 중산층이 복원된 새로운 민주공화국을 만들고자 하는 시민정치운동으로서의 21세기 중도정치를 다룬다. 또한 21세기 중도정치는 무엇이고, 한국에서 이것이 어떻게 자라나고 있는지를 최근 사례를 통해 설명하고, 21세기 중도정치가 활성화되기 위해 추구해야 할 방향과 과제에 대해 설명하고자 한다.

이 책은 필자가 연구자로서 한국 정치에서 제기된 쟁점, 사례, 이론적 논의에 대해 전문 학술지와 대중 저널에 기고했던 글들을 원용하거나 새롭게 서술해 묶은 것이다.

이 책은 총 3부로 구성되어 있다. 제1부는 「중도주의 없는 양극화의 비극」, 제2부는 「중도 확대와 중도 거부 간의 투쟁과 교훈」, 제3부는 「중도주의노선의 비전과 과제」다. 「들어가는 말」에서는 중도정치가 왜 필요한지, 중도정치의 내용이 무엇인지를 개괄한다. '신분 상승을 돕는 21세기 중도정치', '경제적 양극화와 정치적 양극화를 막는 21세기 중도정치', '분열된 국가를 방어하는 21세기 중도정치', '집권전략으로서 21세기 중도정치', '민주공화국의 정신을 복원하는 21세기 중도정치', '진보정당과 소수정당을 돕는 21세기 중도정치', '덕성 있는 시민들의 참여와 결집을 돕는 21세기 중도정치'라는 중도정치의 일곱 가지 성격을 다룬다.

제1부 제1장(「한국에서 중도수렴의 확대 경향」)에서는 '안철수 현상'의 등장 배경과 더불어 지난 18대 대선과 이후 한국 정치에서 본격적으로 유형화되고 있는 중도 확대(중도수렴) 경향의 배경과 이론적 논의를 살펴본다. 국내외 사례를 통해 중도 확대의 효과와 시사점을 살펴본 다음 총선과 대선을 위한 과제 도출을 논의한다. 이 장에서는 중도수렴의 확장을 위해 '민주공화국republic'의 '정체regime'와 그 정신을 제대로 이해하고 그 정신으로 돌아가는 방향에 대해 논의한다. 제1부 제2장(「진영논리와 중도정치란 무엇인가」)에서는 중도와 무당파 유권자들의 등장과 안철수 현상을 통해 극복의 화두가 된 '진영논리陣營論理'를 개념적으로 정의하고 그것의 문제점과 시대적 한계를 진단해본다. 그 후 이것을 극복할 바람직한 대안의 하나로 '중도정치'가 어떻게 가능한지를 논의하고 '전략적 극단주의'를 효과적으로 통제할 경우 중도수렴의 정당체계를 안정적으로 내실화해 '분극화된 정치문화'보다는 '합의의 정치문화'를 공고히 해 성숙한 민주주의를 촉진할 수 있다는 것을 다룬다. 제1부 제3장(「중도수렴 부재의 정당체제론」)에서는 정당정치의 이념적 양극화(중도수렴 부재의 정당체제)에 대한 이론적 논의와 관찰 경험을 통해 민주화 이후 대안적 민주주의론으로 제시된 '보수독점의 정당체제 개혁론'에 대한 반론을 전개하고, 그

대안으로 '중도수렴 정당체제'의 필요성과 그것의 정착을 위한 실천 과제를 논의한다. 특히 진보진영에서 주창해온 보수독점의 정당체제 개혁론에서 강조되는 책임정당정부론과 대중정당모델의 시대적 의의와 한계를 살펴본다.

제2부 제1장(「무당파·SNS 유권자의 등장 배경과 특성」)에서는 무당파·SNS 유권자들이 본격적으로 등장한 사회구조와 그들의 특성을 살피고 이들의 등장이 정당개혁에 주는 시사점을 살펴본다. 이념적 성향이 대체로 중도적인 무당파·SNS 유권자들의 등장은 진보와 보수 중심의 이념적 양극화 정치(중도수렴 부재의 정당체제)를 해왔던 제도 정치권에 대한 반성을 촉구하고 새로운 방향의 필요성을 역설한다. 제2부 제2장(「중도수렴에 중도·무당파는 어떻게 반응했나」)에서는 18대 대선 이후 관심이 축소된 박근혜 후보와 문재인 후보의 중도수렴전략에 대한 중도와 무당파의 반응과 투표 행태, 유권자 의식조사를 집중적으로 살펴보고, 유권자의 반응과 투표 행태 속에서 드러난 유권자들의 민심을 근거로 그 시사점을 논의한다. 이 장에서 중도수렴 전략과 관련해 중도와 무당파들에게 가장 많은 영향을 미친 사례인 '안철수 후보와의 단일화'와 '이정희 후보 변수'를 집중적으로 분석한다. 제2부 제3장(「중도수렴과 중도수렴 거부 간의 투쟁」)에서는 18대 대선에서 중도수렴하려는 박근혜-문재인 후보와 이러한 중도수렴을 거부하고 극단주의전략을 사용하려는 이정희 후보 간의 투쟁의 관점에서 대선 결과를 논의한다. 박근혜-문재인 후보가 중도층의 지지를 얻기 위해 치열하게 경쟁하는 박빙의 상황에서 중도수렴을 펼쳤음에도 중도수렴을 거부하는 이정희 후보의 전략적 극단주의가 5060세대를 흥분시켜 보수층의 연합을 돕는 '결집효과'를 만들어냈

다. 문재인 후보가 이정희 후보의 전략적 극단주의를 사전에 철저하고 일관되게 통제하거나 무력화시키지 못한 데서 선거 패배의 원인을 찾는다.

제3부 제1장(「공화주의적 정당모델과 공천방식」)에서는 정치적 양극화를 추동하는 행위 주체인 계파와 계파갈등의 해법을 다룬다. 한국 정치의 고질병으로 지적되는 정당 간 그리고 정당 내부의 파당적 갈등 현상인 '계파정치의 해악'에서 벗어날 수 있는 합리적 처방을 찾기 위해 중도와 중산층을 강조하는 '공화주의 원칙'에 입각해 계파 정치의 출현과 극복 방향에 대한 이론적 논의를 진행하고, 그 대안으로 '네트워크정당모델'과 '오픈프라이머리open primary' 법제화를 논의한다. 오픈프라이머리에 대한 최근의 법제화 추진 흐름과 쟁점을 소개하는 한편, 비판해야 할 지점과 남겨진 과제에 대해서도 논의한다. 제3부 제2장(「민주공화국 헤게모니전략으로서 중도주의」)에서는 '중도주의노선'이 민주공화국 정체를 구성하고 지키기 위한 체계적인 전략노선이라는 것을 논의한다. 이 장에서는 인류가 발견한 민주공화국이란 최고의 정치체제를 통해 국민통합(비지배 상태, 국민주권)을 유지하기 위한 헤게모니전략이라는 관점에서 중도주의의 기원과 흐름, 현대적 의미를 논의한다. '정치적 동물'인 시민이 자신의 본성을 탁월하게 실현하면서 행복 추구를 도와주는 최선의 국가인 혼합정과 민주공화정을 찾아내고, 그 체제를 방어하기 위한 노력의 산물로서 중도주의를 다룬다. 여기서 중도주의노선은 귀족(부자)과 평민(빈민) 간의 명시적인 지배와 피지배 관계를 '인민의 지배'라는 헤게모니전략을 통해 비지배-국민통합의 상태로 만들고자 하는 전략적인 정치 노선이다.

나가는 말(「공화주의 정당의 사명과 시민정치운동」)에서는 현대 민주주의가 경제적 양극화와 정치적 양극화로 항상 위기에 처해 있기 때문에 '좌우복지포퓰리즘'을 선동하는 극단적인 정당으로 말미암아 과두정으로, 우중정으로, 참주정으로 왜곡될 가능성이 크고, 따라서 정당 민주주의를 위협하는 적에게 방어하기 위한 적절한 대안으로 공화주의와 공화주의적 정당이 필요하다는 것을 논의한다. 이러한 위기에서 벗어나기 위해서는 민주주의의 적인 과두정, 우중정, 참주정에서 현대의 혼합적 민주주의와 국가를 수호하기 위한 방어적 조치로 혼합적 헌정정부mixed constitutional government를 추구하는 공화주의 정당정치와 정책노선이 필요하다는 것을 논의한다.

이 책의 메시지를 이해해주시고, 출판을 맡아준 인물과사상사 강준우 대표님과 편집부 직원들께 감사의 말씀을 전한다. 또한 어려운 형편에도 집필에 집중할 수 있도록 내조해준 아내 김미경에게 감사드린다. 그동안 학문하는 자세와 공부하는 방법을 가르쳐주시고 지도해주신 경희대학교 정치외교학과 임성호 교수님, 경희대학교 공공대학원의 이동수 교수님, 명지대학교 정치외교학과 정진민 교수님, 서울대학교 정치학과 명예교수 김홍우 교수님께 감사드린다. 독자들의 많은 관심과 따뜻한 애정이 있기를 기대한다.

2016년 1월
회기동 연구실에서
채진원

제3장 중도수렴 부재의 정당체제론

제2부 중도 확대와 중도 거부 간의 투쟁과 교훈

제1장 무당파 · SNS 유권자의 등장 배경과 특성

제2장　중도수렴에 중도·무당파는 어떻게 반응했나

제3장　중도수렴과 중도수렴 거부 간의 투쟁

왜, 어떤 중도정치인가?

신분 상승을 돕는 21세기 중도정치

1987년 민주화운동 이래 근 30년의 시간이 지난 지금, 한국 사회의 많은 사람은 타인보다 많은 부, 권력, 명예를 가진 '갑甲'으로 살기 위해 경쟁한다. 이러한 경쟁의 승리자는 부와 권력이 상징하는 사회적 지위를 과시하며 '우월성의 구별 짓기'와 '갑질'에 분주하다(근래의 땅콩회항사건과 어느 백화점 고객의 갑질 횡포를 떠올려보라). 욕망 실현의 경쟁에서 패배한 사람들은 승리자를 모방하며 인정받기를 열망한다. 신분 상승의 사다리에 올라타기에 분주한 것이다. 신분 상승의 욕망과 타인보다 우월한 사람으로 인정받기 위한 욕망을 보여주는 대표적인 사례는 모종의 열풍이다. 사교육열풍, 대학진학열풍, 고시열풍, 스펙열풍, 로또열풍, 성형열풍, 몸짱열풍, 명품열풍 등은 우리 사회에 만연한 현상이다.

이 현상들이 의미하는 바는 무엇일까? 신분 상승과 우월성을 향한 욕망을 표현하는 것은 성숙한 민주주의, 바람직한 시민사회와 시민의 모습을 고민해야 하는 시점에서 많은 것들을 생각하게 한다.

왜 많은 시민은 1987년 민주화운동 이래 보다 자유롭고 평등한 사회가 아니라 더 많은 부, 권력, 명예로 대변되는 우월한 사회적 지위를 얻기 위해 고군분투하는 것일까? 왜 시민들은 인류 역사상 가장 발전된 정치체제로 평가되는 '민주공화국republic'을 추구하고, 자유롭고 평등한 시민의 덕성을 지키고 기르기보다는 특권층이 되고자 하는가?

그렇다면 특권층으로 신분 상승을 꿈꾸는 시민들의 욕망을 어떻게 이해해야 할까? 이들의 욕망은 상식적인가, 비상식적인가? 이들의 욕망을 비난할 수 있을까? 신분 상승의 욕망은 현대 민주사회에서 개인의 노력과 능력을 통해 실현되고 획득될 수 있는가? 과연 그 욕망을 건설적으로 반영하는 정치체제와 그 정체체제를 실현하는 정치는 성공할 수 있을까? 신분 상승의 욕망은 인류의 자유와 평등을 추구하는 현대 민주주의 이념과 민주공화국이라는 정치체제와 모순되는 것은 아닐까? 즉 신분서열제가 폐지된 오늘날 민주사회에 적합한 것일까?

많은 사람들은 피상적으로 민주사회와 민주주의를 강조하지만 내면적으로 귀족과 같은 특권층이 지배하는 신분제 사회를 열망하고, 나아가 소수의 지배층이 부와 권력을 독점하는 과두제 사회를 원하는 것은 아닐까? 이 모순된 욕망을 어떻게 이해하고 대처해야 하는가? 민주주의와 민주공화국으로의 성숙을 포기하고 다시 특권층이 지배하는 신분제 사회로 돌아가자는 것으로 이해해야 하는가? 아니면 민주화의 진전에도 아직까지 민주공화국이 갖추어야 할 바람직한 사회적 조건(즉 두터운 중산층과 교양계층의 존재)과 시민적 덕성이 부족해서 나타나는 혼란으로 이해되어야 하는가?

정치적·경제적 양극화 문제가 신분 상승의 욕망과 연관된다는 점에서 시민들의 고통, 불만, 분노, 갈등을 합리적으로 이해하는 과정 없이 그들의 욕망 자체를 무조건 비난할 수는 없다. 저소득층에서 벗어나 중산층으로 올라서려는 욕망은 자연스러운 것이다. 그럼에도 지나친 경쟁의식과 특권층에 대한 과도한 지향은 '시민성civility'과 '주인의식ownership'의 부족이다. 자유와 권리를 주장하는 시민권 citizenship이 어느 정도 성장했으나 이것에 부합하는 시민성, 즉 타인과 공동체에 참여하고 봉사하는 덕성이 부족할 수도 있다. 어쩌면 민주화 이후 확대된 자유와 권리의식에 기초한 시민권에 비해 상대적으로 그에 부합하는 시민성이 성숙하지 못해 공동체와 국가의 주인의식이 결여될 경우, 신분 상승에 대한 욕망이 과도한 경쟁과 특권층을 정당화하는 '능력지상주의'와 갑질로 나타날 수 있다.

바람직한 민주공화국의 정체성과 시민적 덕성은 무엇인가? 중세 신분제 사회로 되돌아가는 것은 시대 역행적이다. 하지만 현재 민주공화국 체제에서 신분 상승을 꿈꾸는 욕망을 건설적인 방향으로 변형해 공적으로 실현시킬 수 있는 방법이 있고, 그 방법을 긍정적으로 검토하는 것은 국가와 지도자의 지당한 임무다.

왜 한국 정치는 이런 문제를 해결하지 못했을까? 이제까지 한국 정치는 진보와 보수가 정치적 양극화에 빠져 국민의 실생활과 상관없는 공허한 이념을 선동함으로써 민생을 돌보지 않고, 경제적 양극화를 해결하는 데 무능한 모습으로 일관했다. 이 문제를 해결하기 위해 한국 정치의 문제점으로 지적된 '진보·보수 이념정치의 과잉에 따른 민생정치의 빈곤'에서 벗어나야 한다. 정치적 양극화에 기초한 진영논리에서 벗어나야 한다는 말이다.

이 책이 추구하는 것은 한국 정치의 고질적 문제에 대한 해답이다. 그것의 실마리로 정치적 양극화와 경제적 양극화를 개선하기 위한 '중도주의노선'의 중요성을 일깨우고자 한다. 이제 중도주의노선을 민주공화국 정신의 복원과 시민적 덕성에 기초한 시민 참여의 활성화 대안으로 검토할 것이다. 이념적으로 보수는 더욱 극보수가 되고 진보는 더욱 극진보가 되고, 부자는 더욱 부자가 되고 빈자는 더욱 빈자가 되는 문제점을 개선하기 위해서는 빈곤층으로 전락한 중산층을 다시 복원하고 강화하며, 정치무관심층과 무당파로 전락한 중도 성향의 유권자를 다시 정치에 복권시키는 시민정치운동으로서 중도주의노선이 필요하다. 민주공화국의 본래 정신은 중도와 무당파, 중산층을 배제하는 정치적 양극화와 경제적 양극화전략과 다르게 부자와 빈자, 중산층, 진보와 보수, 중도가 배제되지 않고 견제와 균형을 통해 함께 공존하는 체제를 지향하는 데 있다.

경제적 양극화와 정치적 양극화를 막는 21세기 중도정치

양극화라는 용어는 일상생활에서 빈번하게 쓰인다. 양극화는 크게 경제적 양극화와 정치적 양극화로 나뉜다. 경제적 양극화란 소득과 자산이 중간지대에 있는 중산층이 사라지면서 상위층과 하위층 양극단으로 쏠림이 발생하는 현상을 말한다. 일반적으로 중산층이 사라지고 양극단으로 계층이 편중되면 계층 간의 대립과 갈등이 심화되어 사회통합이 어려워진다. 중산층은 사회통합의 완충지대로 기능한다. 부자들만을 옹호하는 우파포퓰리즘을 막고, 빈곤층의 박탈감을 이용해 편향된 정치체제를 구축하는 좌파포퓰리즘을 억제하면서 사회통합에 기여하는 것이다. 경제적 양극화를 극복하고 균형 잡힌 사회가 되기 위해서는 중산층 강화 정책이 요구된다.

일반적으로 정치적 양극화란 단순히 정당 간의 이념이 진보와 보수로 나뉘는 것이 아니라 중도의 목소리가 작아지면서 진보는 더욱더 진보로 보수는 더욱더 보수로 분극화되는 현상을 말한다. 이것은 정당 내부를 획일적으로 단합시키며 정당 간 적대 관계와 극한의 대치를 만들어 대화와 토론이 불가능하게 만든다. 국민이 정치를 불신하게 되는 직접적 원인이 되어 국민의 냉담한 반응을 유발하면서 소통을 막고 정치권을 무능하게 만드는 요인이다. 정치적 양극화란 일종의 공적 논쟁과 토론이 사라진 일종의 '패거리 정치'로 민생을 돌보지 않고 기득권을 지키며 적대적 파당만을 일삼는 정치를 말한다. 여기서 기득권이란 생산적인 경쟁 없이 극단적인 진영 대결 때문에 정치적 이념 시장에서 독점적인 이익을 얻는 일종의 '정치적 지대추구political rent-seeking'를 말한다. 한마디로 정치적 지대추구란 정치 발전과 같은 생산적인 활동 없이, 오직 정치적 양극화에 따른 극단적인 대결 정치로 국가의 통합과 공동체의 이익을 파괴하면서 얻게 되는 정치적 기득권을 말한다.

정치적 양극화의 매개물이자 결과물인 '진영논리'는 두 가지 속성을 가진다. 첫째는 가로축으로 중도와 무당파를 배제하고, 보수와 진보 이념을 과대하게 부풀려 편향성을 동원하는 측면이다. 둘째는 세로축으로 정치권이 위부터 과도한 이념을 동원하기 때문에 상대적으로 아래부터 제기된 시민들의 실생활 문제를 극단적으로 배제하는 측면이다.

한국은 분단국가라는 역사적 상황 속에서 남북을 둘러싼 이념적 갈등과 동서로 나뉜 지역감정으로 고통받았고 진보와 보수, 혹은 좌파와 우파로 편을 갈라 싸우는 패거리 정치로 고통받아왔다. 진영 간 첨예한 대립과 적개심은 공적 논쟁과 토론을 막고, 정책에 대한 진지한 토론보다는 주로 상대방의 말과 태도를 문제 삼았다.

한국 정치에서 정치적 양극화전략은 주로 경제적 양극화를 해결하지 못하는 정치권의 무능을 숨기기 위한 목적과 기득권을 지키려는 적대적 공생전략으로 사용되었다. 2015년 교과서를 둘러싼 역사전쟁에서도 재현되었듯이, 여야 정치권은 경제적 양극화를 해결하지 못하는 양당의 무능을 숨기는 한편, 자당의 계파갈등을 봉합하고 지지층을 결집하기 위해 역사 교과서를 빙자해 정치적 양극화전략을 사용했다. 정치권이 국민의 실생활과 거리가 먼 역사 교과서에 투영된 이념갈등을 편향적으로 동원해 국민을 편 가르고, 국론을 분열시킴으로써 국민들의 관심사인 경제적 양극화를 둘러싼 갈등을 덮어버리면서 민생정책을 외면했다.

정치적·경제적 양극화는 중도와 무당파, 중산층을 배제하고 삶의 질을 떨어뜨리며 기득권의 이익만을 추구한다. 좌우 극단파에 국가와 국민의 운명을 맡기면 그 피해는 전적으로 국가와 국민에게 전가될 수밖에 없다. 정치권이 정치적 양극화전략을 구사할수록 중도 성향의 지지자들은 새누리당이든 새정치민주연합이든 기존 정당에 대한 지지를 철회하고 정치에 무관심하게 된다. 결국 정치적 양극화전략이 커질수록 중도 성향의 무당파로 남는 현상도 커진다. 중도 성향의 무당파들은 기존의 정당정치를 불신하면서 자신의 의견을 들어주거나 반영해줄 새로운 정당과 지도자에 대한 기대를 키울 수밖에 없다.

21세기 중도정치는 중도층과 무당파, 중산층을 배제함으로써 발생하는 정치적 양극화와 경제적 양극화의 폐해에 맞서 국민들의 관심사인 실생활의 문제와 민생 갈등을 정치의 주요 쟁점으로 만들어 민생정치를 활성화하고자 하는 시민정치운동이다. 좌우 극단파를 견제하면서 합리적인 보수와 상식적인 진보, 중도좌파와 중도우파 간의 합리적인 대화와 협력을 촉진시킴으로써, 정당정치와 의회정치의 활성화는 물론 사회통합과 국가통합을 이루고자 하는 시민정치운동이다. 한마디로 정치적 양극화와 경제적 양극화로 인해 배제된 중도와 무당파, 중산층을 복원해 양극화의 폐해를 정상화하고 새로운 민주공화국을 만들고자 하는 시민정치운동이다. 21세기 중도정치의 역할은 세금을 거둘 수 있는 세수 확보 방안, 세금을 낼 수 있는 중산층 확대 방안, 복지투자의 우선순위 없이 모든 것이 가능한 것처럼 선동하는 좌우복지포퓰리즘을 막고 복지의 실질조건인 중산층 확대와 기업민주주의를 충실하게 실현하는 데 있다.

　　21세기 중도정치는 중산층을 복원하기 위해 1951년 스웨덴 노조가 추진한 것처럼 '동일노동 동일임금'의 원칙 아래 중소 하청 노동자의 임금을 대기업 노동자의 80퍼센트에 해당하도록 '중향평준화'한 '한국형 연대임금제도'와 '한국형 임금노동자기금'을 전제로 고용안정과 산업혁신을 동시에 추진한다. 좌우복지포퓰리즘은 복지를 정치 과정에 대한 합의와 산업혁신에 대한 합의 없이, 세금 걷기라는 행정의 결과로 단순하게 이해한다. 21세기 중도정치는 고용혁신과 산업혁신을 통한 경제성장이 증세와 복지로 이어지는 선순환을 이룩한다는 점에서 실질적 복지를 위한 기본 전제인 기업민주주의를 실현한다.

21세기 중도정치는 비정규직을 확대해 중산층을 빈곤에 빠트린 재벌의 황제경영과 귀족노조의 담합적 공생관계를 견제하고 '종업원지주제의 확대', '종업원의 소유경영참가제', '연기금의 공적 활용 방안'을 통해 경제민주주의의 본령인 기업민주주의를 활성화하는 시민정치운동이다. 향후 한국의 정치는 연기금을 균형적인 경제 성장, 신성장동력, 사회간접자본 확충, 보육·노인 요양시설, 공공주택, 국공립병원 등 사회적 자본에 투자해 국민경제의 건전한 발전에 기여하도록 촉구할 필요가 있다. 연기금의 주주권 행사를 통해 재벌의 황제경영 구조를 개선하고 중소기업과의 동반 성장을 유도해야 한다. 1951년 스웨덴 노조가 대기업 노동자의 임금인상을 자제하고, '연대임금제도'를 통해 대기업과 중소기업 노동자의 임금격차를 줄이는 대신 자제된 임금인상분을 기업의 공동주식으로 전환하고자 했던 '임노동자소유기금제도'를 활용하면 이를 실현하는 데 도움이 될 것이다. 21세기 중도정치는 스웨덴 노조의 기업 참여와 스페인의 몬드라곤 협동기업처럼, 법인기업(주식회사)에서 일하는 모든 사람이 전체적으로 소유와 경영에 참여해 민주적으로 통치하는 자치기업 self-governing enterprise에서 해법의 단서를 찾는다.

한국은 소득 격차와 자산 격차가 갈수록 심화되고 있다. 동국대학교 김낙년 교수가 지적하듯이,[1] 상위소득 10퍼센트가 전체 소득의 45퍼센트를 차지하고, 전체 자산의 66퍼센트를 차지한다. 반대로 하위 소득 10퍼센트의 평균 실질소득은 6.2퍼센트 감소했고, 하위 소득 50퍼센트가 보유한 자산은 2.3퍼센트에서 1.7퍼센트로 떨어졌다. 『21세기 자본Le Capital au XXIe siècle』의 저자 토마 피케티Thomas Piketty는 상위 10퍼센트가 전체 국민소득의 20퍼센트 이상을 차지하면 낮은 불평등국가, 25퍼센트 이상을 차지하면 중간 정도의 불평등국가, 35퍼센트가 넘어서면 높은 불평등국가로 분류했다. 상위소득 10퍼센트가 전체 국민소득의 45퍼센트를 차지하고 있는 한국은 '가장 높은 불평등국가'에 해당한다.

분열된 국가를 방어하는 21세기 중도정치

여야 정치권은 박근혜 정부 출범 이후 국정원댓글사건, 남북 정상회담 대화록 공개, 세월호참사와 특별법, 역사 교과서 국정화 등 주요 이슈마다 지지층 결집을 위해 정치적 양극화전략에 따른 진영논리로 충돌했다. 2016년 총선에서도 민생 이슈를 통한 중도와 무당파, 중산층 유권자를 흡수하기 위한 중도수렴과 확대 경쟁보다는 극단적인 진영논리에 기반을 둔 국민 편 가르기로 지지층의 결집을 시도할 가능성을 배제할 수 없다.

한국 사회는 절차적 민주화가 어느 정도 달성되었고 경제협력개발기구OECD 10위에 진입할 정도로 경제적으로 성장해 정치적 민주화와 경제적 민주화를 포함한 민주주의의 성숙을 고민할 단계에 이르렀다. 하지만 IMF 경제위기 이후 정치적 양극화와 경제적 양극화는 더욱 심화되고, 사회적 신뢰와 정치적 통합력은 갈수록 약해지는 실정이어서 대의민주주의의 위기감이 그 어느 때보다 고조되고 있다. 투표율이 갈수록 하락하고 정부와 정당을 포함한 공적기구에 대한 신뢰도가 전반적으로 낮아지며 대의민주주의의 위기 상황이 심화되고 있다.

2014년 4월 16일 세월호참사라는 국가적 재난이 있었을 때, 정부와 정당은 더욱 갈등하고 분열했다. 수많은 생명이 목숨을 잃었고 대한민국의 총체적 부실을 보여주었다. 많은 사람은 충격에 빠졌고 희생자들을 추모했으며 세월호의 아픔을 잊지 말자고 했다. 세월호참사를 정치적으로 악용하지 말고 상처 치유와 재발 방지를 위한 자양분으로 사용하자고 했다. 하지만 이러한 다짐은 잘 지켜지지 않았다. 사람들의 기억 속에서 세월호참사는 조금씩 잊혔다. 여야 정치권, 시민단체와 지식인들은 재발 방지에 전력하기보다는 '정권퇴진론', '세월호심판론', '정권심판론', '정권수호론' 등 2015년 6·4지방선거에서 승리하기 위해 세월호참사를 정치적 균열 축으로 이용했다.

세월호참사를 선거에 이용한 결과가 무엇인지 낮은 투표율과 당선 결과의 애매함이 잘 보여주었다. 민심은 선거에 전반적으로 무관심했지만 여당에 경고를 보내면서도 기회를 주었고 야당에도 일방적인 승리를 주지 않고 분발을 촉구했다. 교육감선거에서는 진보 교육감이 대승해 교육을 통해서라도 세월호참사 문제를 해결하라는 민심이 드러났으나 이 역시 보수단체들을 자극해 이념갈등을 낳았다. 안대희, 문창극 국무총리 후보자의 연이은 낙마는 사실 관계를 떠나 국민 정서와 헌법적 절차의 충돌 등의 여야 대립과 대통령에 대한 불신이 얼마나 심각한지를 보여주었다.

시민들은 정부와 공공기관을 신뢰하지 않는다. 때문에 세월호참사나 메르스사태가 발생했을 때 문제 해결이 어려웠다. 2015년 8월 9일 OECD의 〈한눈에 보는 정부 2015Government at a Glance 2015〉 보고서에 따르면, 한국 국민 10명 중 7명은 정부를 신뢰하지 않는다. 조사 대상 41개국 가운데 중하위권인 26위다. 사법제도에 대한 국민 불신은 더 심각해 조사 대상 42개국 중 39위다. 선진국 진입을 말하기에 부끄러운 수준이다. 한국이 저신뢰사회가 된 것은 정부를 비롯한 공적 기관의 책임이 가장 크다. 권위주의 시대의 정부 운영 방식은 적극적인 시민의 참여와 협력에 기반을 두고 민관협력과 거버넌스를 이끌어내지 못했기 때문이다. 공적 제도에 대한 신뢰가 있어야 좋은 나라이며 선진국이다. 신뢰라는 사회적 자본이야말로 나라를 성숙하게 만드는 에너지다.

2016년과 2017년 양대 선거 이후 한국 정치는 정부와 정당들이 민주화 이후 민주주의를 성찰하면서도 한 단계 성숙시킬 수 있는 방안을 생산적으로 공론화해야 할 정치적 책임이 있다. 만약 정부와 정치권이 정치적·경제적 양극화를 해결하기 위한 정책적 대안을 제시하고 국민적 토의 과정을 통해 국민적 합의를 이루지 못한다면, 한국은 진보의 나라와 보수의 나라라는 '두 개의 한국'으로 분열될 가능성이 크다.

그동안 정부와 정치권이 선거와 국정운영 과정에서 보여준 정파적·지역적·이념적 대결구도와 인기영합적인 선심성 공약, 흑색선전과 상호 비방의 네거티브negative 캠페인을 동원해왔다는 것을 볼 때, 바람직한 선거와 정치에 기대는 그리 낙관적이지 않다. 새로운 국가, 새로운 대한민국을 위해서는 기득권 유지를 위한 정치권의 오래된 정치 관행을 견제하고 균형을 잡으려는 덕성 있는 시민들의 역할과 주인의식을 지닌 시민들의 정치 참여가 절박하게 요구된다. 무엇보다 정치적·경제적 양극화를 견제하고 개선하려는 시민이, 온라인과 현장이 결합되는 다양한 플랫폼을 통해 정치에 적극 참여하는 시민정치운동이 전개될 필요가 있다.

이 책에서는 민주화 이후 정치 전반에서 새롭게 등장하고 있는 정치적·경제적 양극화를 바로잡기 위한 보수의 좌클릭, 진보의 우클릭으로 표현되는 '중도주의 확대 경향(중도수렴 현상)'의 중요성을 개괄하면서 그것의 배경과 의미, 효과와 시사점을 찾을 것이다. 또한 지구화, 정보화, 후기산업화, 탈물질주의, 탈냉전 등 전환기적 시대 상황에 부응하면서, 민주주의의 위기 및 타락 현상으로 등장한 정치적·경제적 양극화를 개선하고 방어하면서 중도주의노선을 지속적으로 확대할 수 있는 공화주의 정신을 복원하고 정치적 대표 체계로서 시민 참여와 연계된 '네트워크정당모델(시민참여형 플랫폼정당)'을 검토해보고자 한다.

집권전략으로서 21세기 중도정치

이 책에서는 집권전략으로서 중도주의를 다룬다. 남재희 전 노동부장관은 지난 2015년 10월 8일자 『한겨레』에 「야당 중도화몰이를 경계한다」라는 글을 특별기고했다. 계간지 『황해문화』 2015년 가을호에 특집으로 실린 「진보와 보수의 이분법을 넘어서」 관련 글들을 비평해 토론의 장을 만들기 위한 기고였다. 그는 「왜 중도를 두려워하는가」(김진석), 「무엇이 이념갈등을 증폭시키는가」(윤성이), 「중도수렴의 확대 경향성과 그 과제」(채진원) 등을 꼼꼼히 읽고 모순된 지점을 직접 인용하면서 비평했다.

이 글의 비판요지는 크게 두 가지다. 첫째, 『황해문화』에 실린 필자의 글을 두고, '한국 정치는 중도화가 되어서는 안 되며 오히려 지금 대폭적인 개혁이 절실한 때가 아닌가' 하는 점을 문제로 제기한다. 급진적인 개혁이 필요한데 왜 중도화인지 의문이 든다는 것이다. 둘째, 필자가 말하는 중도화란 많은 경우 진보적·개혁적 입장에서 보수화로 가는 중간기착지가 아닌지 의문이 든다는 것이다. 필자의 입장에 대한 이러한 비판은 결국 하나의 문제, 어째서 급진적 개혁이 아니라 중도주의를 주장하는지 중도주의의 실체가 무엇인지 설명해보라는 것으로 요약된다. 반론하면 다음과 같다.

필자는 한국 사회의 정치적·경제적 양극화를 민주화 이후 민주주의 위기 현상으로, 그것의 실체를 '여야의 과두화 현상'으로 인식한다. '중도주의' 혹은 '중도수렴론'은 단순한 진보와 보수 사이의 중간적 타협이나 절충 혹은 기회주의적 중립을 말하는 것이 아니다. 개혁을 추진하기 위해 요구되는 유권자 지지 획득과 집권전략으로서 중도주의를 말한다. 중도정치의 의미는 단순히 중도와 무당파의 지지를 획득해 선거에서 승리하자는 의미를 넘어서 정치적·경제적 양극화로 인해 배제된 중도와 무당파, 중산층을 복원해 양극화의 폐해를 정상화하고 새로운 민주공화국을 만들고자 하는 시민정치운동이라는 데 더 큰 의미가 있다. 새로운 민주공화국을 만들기 위해 선거에서 승리해야 하며, 이를 위해 중도수렴론이 필요하다.

지난 2012년 제18대 대선에서 드러난 것처럼 유권자층의 지지구도는 대략 '51(새누리당) 대 49(새정련)'이다. 이 격차는 매우 작은 것으로 클 때는 '60 대 40'이 기본이다. 지구화, 정보화, 후기산업화, 탈냉전이라는 전환기적 시대상황은 '보수 대 진보' 혹은 '민주 대 반민주'라는 이분법적 진영논리를 무력화한다. 이것은 이슈에 따라 선택권을 바꾸는 '상충적 유권자'의 등장, 극단을 싫어하는 중도와 무당파의 등장으로도 확인된다. 특히 중도와 무당파의 등장은 탈진영 담론의 확대와 맥을 같이하기에 극단적인 양극화를 지양할 때 그들의 지지를 얻어낼 수 있다.

선거구가 작은 총선 지역구에서는 어느 정도 극단적인 진영논리가 통한다. 하지만 국민 전체를 상대로 한 대선에서의 진영논리 전략은 필패한다. 보수 지지층을 51퍼센트 이상 동원할 수 없다는 것을 잘 아는 박근혜 후보도 대선 승리를 위해 '트라이앵귤레이션(새로운 중도층을 만들기 위한 삼각화전략)'을 활용했고 경제민주화와 복지를 선점하려고 했다. 상대적으로 유리한 환경에 있는 박근혜 후보도 선거에서 승리하기 위해 중도와 무당파를 유인하고자 중도수렴전략을 펼치는데, 진보진영이 이것을 거부하고 진영논리로만 선거에서 이길 수 있겠는가? 민중혁명을 논외로 하고, 진영논리로만 선거에서 이긴다는 것은 거의 불가능하다.

이탈리아 혁명가이자 정치가인 안토니오 그람시Antonio Gramsci는 레닌의 '전위정당' 개념과 '폭력혁명' 모델을 세계혁명모델로 일반화할 수 없다고 비판했다. 그는 선진 민주주의 사회에서는 부르주아가 민주주의라는 방식으로 혁명을 통해 권력을 잡았던 것처럼, 진보진영은 대중에 대한 지적·도덕적·문화정치적 헤게모니전략에 따라 자발적 지지와 동의를 이끌어내면서 지배할 수 있는 힘(진지전과 대항적 헤게모니 능력)을 획득할 때 집권할 수 있다고 보았다. 이런 측면에서 볼 때, 21세기 중도정치는 그람시가 말한 '집권을 위한 헤게모니전략'이라고도 볼 수 있다. '헤게모니전략으로서 중도정치'는 보수로 귀결되는 중간기착지나 애매한 기회주의적 절충으로 이미지화된 것들과도 분명히 다르다.

민주공화국의 정신을 복원하는 21세기 중도정치

한국 정치에서 중도와 중도정치에 대한 이미지는 긍정적이지 않다. 중도노선이 정치철학적으로 실체가 없는 사이비에 가까운 것으로 취급을 받은 때가 있었다. 그것은 어느 정도 타당하며 그럴만한 이유가 있다. 과거 야당이 내세웠던 중도노선이 '중산층과 서민을 지지기반으로 한다'고 하면서 당면한 개혁을 회피하기 위한 선거용 득표 전략으로 사용되기도 했으며, 또한 권위주의 정권과 싸우지 않고 야합하는 사이비 세력이 자신을 감추기 위한 위장전술로 중도노선을 사용하기도 했다. 진보정당들은 중도노선에 대한 이런 부정적 이미지 때문에, 한국 정치가 '보수독점의 정당체제'에 있다고 가정하기 때문에, 중도노선의 개혁을 회피하기 위한 기회주의적 야합노선으로 보고 이를 비판하기도 했다.

이 책에서 다루는 21세기 중도정치는 정치적·경제적 양극화를 해결하기 위해 국가와 지도자가 추구해야 할 최선의 국가전략을 의미하고, 새로운 민주공화국을 만들고자 하는 적극적인 중도노선을 일컫는다. 이 중도노선은 덕성 있는 시민의 참여와 이에 기반을 둔 시민정치운동을 통해 현실화된다. 중도노선은 좌우복지포퓰리즘과 같은 극단적인 선동정치가 아니라 중도와 중산층을 강화하는 점진적이고 온건한 방식으로 국민과 국가를 통합할 수 있는, 즉 바람직한 민주공화국의 통치전략으로 국민의 동의와 지지를 획득해가는 최선의 태도다.

이 책에서 다루고 있는 정치적 의미의 중도와 중도정치는 불교의 중도中道, 유교의 중용中庸과 유사하다. 불교에서 말하는 중도의 중中

은 가운데라는 뜻이 아니고, '정확하다, 올바르다'라는 뜻으로 바를 정正 자와 같은 의미다. 불교의 중도는 치우치지 않는 바른 도리를 말한다. 정확히 말하면, 양극단의 중간이 아니고 진리에 가장 가깝게 도달하는 상태인 적중的中을 말한다. 유교의 중용은 '과불급過不及 없는' 상태를 말한다. 중용이란 어떤 선택을 하거나 어떤 일을 할 때, '더도 아니고 덜도 아닌 아주 적절한 상태 또는 그 수준을 택하는 일'을 말한다. 불교와 유교에서 말하는 중도와 중용은 극단에 빠지지 않고 적절함에 도달하는 상태이거나 그것을 판단하는 행위 규범이기 때문에 그것의 위치가 반드시 산술적 평균일 필요는 없다. 중도는 '중간에 자리 잡은 상태', 즉 어중간於中間한 상태를 말하는 것이 아니며 대립하는 양극단의 산술적 평균을 지칭하는 것도 아니다.

중도가 단순히 양쪽의 중간이나 산술적 평균이 아니라는 것은 개인과 국가의 중용적 삶으로서 중도의 의미를 다룬 아리스토텔레스에게서 분명히 드러난다. 그는 정치란 시민들이 행복한 삶을 가꾸고 이루는 과정이며, 그 행복을 위해 시민적 덕성virtue을 실천하는 것으로 묘사한다. 시민들이 배우고 실천해야 할 시민적 덕성이란 다름 아닌 감정과 태도에서 지나침과 모자람의 양극에 빠지지 않는 중도적 덕성이다. 중도란 지나침과 모자람의 양극단에 빠지지 않고, 적절한 판단력과 균형적 태도를 가지고 사는 중용적 삶의 태도다. 중도란 용기勇氣이며, 관용寬容이며, 긍지矜持이며, 기지機智이며, 겸손謙遜이다. 용기는 비겁과 만용의 극단을 피하기 위한 중용이며, 관용은 낭비와 인색의 극단을 피하기 위한 중용이고, 긍지는 허영과 비굴의 극단을 피하기 위한 중용이며, 기지는 익살과 아둔함의 극단을 피하기 위한 중용이며, 겸손은 수줍음과 몰염치의 극단을 피하기 위한 중용이다.

아리스토텔레스에게 중도는 개인이 행복을 추구하는 태도에 머물지 않고, 개인의 중용적 삶을 보장해줄 수 있는 국가의 중용적 삶을 위한 통치전략적 태도로 이어진다. 그는 국가도 지나침과 모자람의 양극단을 피하고 최선의 균형적 국가 정체政體에 도달할 때, 행복해질 수 있다고 보았다. 아리스토텔레스는 지배자의 숫자와 통치방법의 합법성 유무에 따라 군주정, 귀족정, 혼합정을 국가정체의 좋은 형태로 보았다. 그리고 군주정이 타락한 참주정, 귀족정이 타락한 과두정, 혼합정이 타락한 민주정으로 나쁜 형태를 구분했다. 플라톤은 참주정이 최악의 정부고, 다음으로 과두정이 나쁘고, 민주정이 가장 견딜 만하다고 했지만 아리스토텔레스는 민주정의 위험성 역시 크다고 비판했다. 그는 행복을 실현할 수 있는 최선의 정체로 혼합정을 지지했다. 여기서 혼합정은 과두정과 민주정의 중간 형태로 오늘날 민주공화국에 가까운 정부 형태다. 혼합정은 중도적 성향의 시민과 중산층이 두텁고 법으로 통치되는 것이 특징이다.

아리스토텔레스는 민주정이 타락하지 않기 위해서는 '시민 덕성의 함양'과 '법의 지배'가 있어야 한다고 강조한다. 민주정은 민중의 환심을 사기 위해 법 위에 군림하는 민중선동가들의 무절제한 선동정치와 포퓰리즘적 욕망이 작동될 가능성이 크다. 민중선동가들의 선동정치는 오늘날 극심한 정치적·경제적 양극화 속에서 세금을 거둘 수 있는 세수 확보 방안과 세금을 낼 수 있는 경제성장의 방안, 그리고 복지투자의 우선순위 없이, 모든 것이 가능한 것처럼 선동하는 좌우복지포퓰리즘과 유사하다. 혼합정으로서 민주공화국은 인류가 발견한 최선의 국가형태로 국민을 행복하게 해줄 가능성이 가장 큰 국가형태다.

진보정당과 소수정당을 돕는 21세기 중도정치

21세기 중도정치는 과거와 달리 정치적 다양성, 다당구도, 비례대표제 확대를 주장했던 정의당, 노동당, 녹색당 등 진보정당과 소수정당들에 도움을 주는 노선이다. 2015년 교과서 역사전쟁에서 재현되었듯이, 진보정당과 소수정당들은 다양한 목소리를 내지 못했다. '친일독재사관'과 '종북좌파사관'이라는 극단적인 두 시각 외에 다른 역사적 시각도 충분히 존재할 수 있다. 그들은 새누리당과 새정련이 극단적으로 동원하고 있는 정치적 양극화 구도인 '민주 대 반민주', '보수 대 진보', '친일독재 대 종북좌파'에 포획되어 있다. 새누리당과 새정련이 주요한 사안마다 작동시키는 선악의 이분법, 시대착오적인 진영논리에 기반을 두는 적대적 공생관계의 카르텔에 포획되어 있다. 이 적대적 공생관계의 카르텔에서 진보정당과 소수정당들이 어떻게 탈출할 수 있을까?

한국에서 진보정당과 소수정당이 활성화되지 못하고 있는 이유는 여럿이지만 그 핵심에는 '반反독재민주주의론'과 '보수독점의 정당체제 개혁론'이라는 민주화, 탈냉전, 후기산업화, 탈물질주의 이전의 낡은 이데올로기와 낡은 정치 노선을 추종하는 문제점이 있다. 보수 대 진보의 진영논리를 주장하면서 다른 다당제와 다양성을 주장하는 것은 근본적인 자기모순이다. 현재 한국에서 작동되고 있는 진영논리는 이미 새누리당과 새정련을 지지하는 노선으로 진보정당과 소수정당에 도움이 안 되는 노선, 자기 포박의 노선, 자기 종속의 노선에 가깝다. 특히, 이러한 진영논리는 민주화가 된 지 30년, 탈냉전이 된 지 20년이 되어가는 상황에서 시대착오적인 민주 대 반민주 구도와 진보 대 보수 구도라는 허상의 적대 구도를 만들어 극단적인 대립과 갈등 및 분열을 유도한다는 점에서, 국민의 정치 불신과 탈정치화를 강화하는 노선에 해당한다.

한국에서 주기적으로 벌어지는 정치적 양극화에 따른 이념갈등은 정치권, 언론, 지식인들이 국민의 이념 성향보다 과하게, 시민의 생활 문제와 상관없이 기득권 유지를 위해 극단적인 편향성을 동원한 갈등이다. 물리적인 전쟁이든, 이념적인 전쟁이든, 역사전쟁이든 전쟁이 나면 힘들고 고달픈 것은 민중과 소수정당이다.

21세기 중도정치는 민생과 생활정치의 중요성, 중도좌파와 중도우파의 역할과 중도좌우파 간 연대의 중요성을 강조하는 시민정치운동이다. 21세기 중도정치는 정치적 양극화에 기초한 시대착오적인 진영논리를 견제하고 정치적 다양성을 확보하는 데 적극적으로 나선다. 전환기적 시대상황은 기존의 '진보 = 친노동 = 복지 = 친북 = 반미', '보수 = 친자본 = 성장 = 반북 = 친미'라는 이분법적 이념 균열과 선악의 대립구도를 약화시킨다. 따라서 21세기 중도정치는 모순되어 보이는 가치와 정책이 공존하거나 혼합되는 상태로 만드는 트라이앵귤레이션을 창조하는 데 적극적으로 나서는 시민정치운동이다.

덕성 있는 시민들의 참여와 결집을 돕는 21세기 중도정치

정치권이 대립과 갈등으로 국민을 편 가르고, 국론을 분열시켜 국가를 혼란스럽게 만드는 원인은 무엇일까? 많은 이유가 있지만 그

중 두 가지 요인이 핵심이다. 첫째, 정치적 양극화의 폐해를 이해하고 이를 견제하고 균형을 잡는 중도정치를 지향하는 지식인과 균형 있는 언론인, 덕성 있는 시민들의 연대와 결집이 부족하기 때문이다. 시민단체들은 비정부기구와 비영리기구로서 정치적 양극화를 견제하고 균형추 역할을 해야 하는 의무가 있다. 하지만 시민단체들은 정치권이 동원하는 편향성 동원전략을 견제하고 비판하면서 공론장을 조성하기보다는 이에 쉽게 동화되거나 흡수되어 집단극단화 group polarization 현상에 매몰된다.

캐스 선스타인Cass R. Sunstein 교수가 쓴 『우리는 왜 극단에 끌리는가 Going to Extremes』는 많은 것을 시사한다. 테러·인종청소·나치즘·주가폭락 등 최악의 일들은 집단극단화의 산물인데, 생각과 성향이 비슷한 사람들끼리 모여서 의사결정을 하다 보면 집단극단화가 쉽게 일어나기 때문이다. 유사 성향의 집단에 들어가면 더 극단적이 된다고 선스타인은 경고한다. 집단극단화란 비슷한 성향의 사람들끼리 의견을 나누면 평소보다 극단적이 되는 경향을 가리키는데, 혼자라면 절대로 하지 않을 일을 쉽게 감행한다는 점이다.

그는 극단주의를 이기는 것은 다양성과 표현의 자유로 무장된 민주적인 문화라고 말한다. 그의 언급은 개인의 자율성보다는 집단문화가 중시되고, 쏠림 현상이 심한 한국의 정치문화에 시사하는 바가 크다. 다양성을 유지하면서도 그 다양성이 분파적 이익에 빠지지 않고 공공선과 통합에 도달할 수 있도록 성숙한 대화와 토론을 할 수 있는 시민들의 덕성이 필요하다. 덕성 있는 시민이란 정치에 적극적으로 참여하면서 견제하고 균형을 잡는 시민이다. 덕성 있는 시민은 집단극단화가 발생했을 때, 이에 맞서 성숙한 대화와 토론, 숙의를 진행하면서 새로운 모습과 대안을 실천하는 시민정치운동을 통해서 자라나고 결집될 수밖에 없다. 21세기 중도정치는 정치적 양극화전략과 집단극단화를 막기 위해, 덕성 있는 시민이 적극적으로 참여하는 공론장을 만들고 이를 통해 자신의 목소리를 더욱 드러내고 결집하는 시민정치운동을 실천하는 데 일정하게 기여할 수 있다.

둘째, 정치권이 정치적 양극화전략을 빈번하게 동원하는 배경에는 지구화, 정보화, 후기산업화, 탈물질주의, 탈냉전과 같은 시대전환기적인 구조요인이 있다. 시대전환기는 사회이익을 더욱 복잡하고 다양하게 파편화시킨다. 이것은 다양한 가치와 이념을 지닌 집단과 조직들을 분화시키면서 가치가 절충되고 통합될 수 있는 중간지대를 없애고, 파편화된 가치와 이념을 촉진한다는 점에서 집단극단화에 빠질 수 있는 환경을 조성한다. 지구화와 정보화는 국가와 정보의 경계를 낮춰 이질적인 문화를 유입하고 경제적 격차를 확대하여 대의민주주의의 반응성을 떨어뜨리면서 사회통합을 저해한다. 후기산업화는 노동자를 화이트칼라와 블루칼라가 아닌 더 다양한 화이트칼라와 비정규직으로 분화시켜 노동자의 단결과 연대를 막는다. 탈물질주의적 가치의 등장은 경제적인 이해타산으로 타협이 가능했던 산업화시대와 달리 환경, 생태, 인권 등의 이슈로 경제적인 타협을 어렵게 한다. 냉전의 해체는 장기간 억제된 좌우이념갈등을 증폭시켜 사회통합을 방해한다.

전환기적 시대상황에서 정당과 정치권은 파편적인 이익을 추구하는 이익단체와 달리 사회와 국가를 통합시키는 정치적 역할과 통합적인 국정운영전략을 추구한다. 하지만 그 방법이 전환기 이전과 달리 매우 어렵고 통치불능사태(거버넌스의 위기)에 빠지기 때문에 정당과 정치권은 정치적 양극화에 따른 편향성 동원전략이라는 전략적 극단주의를 사용하려는 경향에 노출될 수밖에 없다. 『절반의 인민주권The semi-sovereign people』의 저자 샤츠슈나이더E. E. Schattschneider 교수는, 편향성의 동원이란 사회의 중심 갈등을 억압 또는 대체하기 위해 특정 갈등을 부각하고 그에 따라 정치 참여를 동원하는 것이라고 말한다. 그리고 정치엘리트가 특정 갈등에 대한 편향성의 동원을 통해 갈등을 부각해 권력과 기득권을 유지하려는 현상을 '갈등의 사유화privatization of conflict'라 한다.

사회이익의 파편화와 정치권의 정치적 양극화는 충분히 공존할 수 있다. 이 둘의 공존은 정당, 언론, 사이버 상으로 확대되면서 집단극단화를 강화시킨다. 이 공존은 정당을 자연스럽게 정치적 양극화에 빠지게 만든다. 정당 내부의 다양성과 분산성이 커지면서 정당 내 정파갈등과 계파갈등이 커진다. 결국 계파들의 이해 다툼과 연결되어 강경세력의 목소리가 득세하면서 중도세력이 약화되고, 정당의 분위기와 의사결정이 양극단으로 갈라선다. 이어 언론도 양극화에 빠진다. 언론은 파편화된 사회에서 독자층을 확보하고자 이념적 편향성을 동원하고 결국 독자들의 집단극단화를 촉진하게 된다. 정당과 언론이 만들어내는 집단극단화 현상은 네티즌으로 확대된다. 네티즌은 정당과 정치권이 동원하고 있는 이념적 편향성에 포획당하기 쉽기 때문에 네티즌의 집단극단화 현상도 확대된다.

정치적 양극화에 따른 집단극단화 현상은 어떤 폐해와 문제점을 남기는가? 전환기라는 시대상황의 구조적 요인에 따른 사회 파편화는 각종 사회적 요구input의 분출과 이익집단의 이기적 투쟁을 극대화하는 반면, 정치적 양극화는 합리적인 대화와 토론에 따른 효율적인 정책 산출output을 저해해 정부와 정치권의 무능력과 불신을 극대화한다. 즉 사회적 요구와 정책 산출 간 불균형으로 정부 위기와 정당 불신, 국가의 불신이 상시화되는 불신사회와 불신공화국을 만들게 된다. 불신공화국은 행정부의 일방주의, 국회파행과 국정교착, 정쟁의 가속화와 정치 불신의 극대화로 국민통합과 국가통합을 어렵게 함으로써 결국 국가의 쇠퇴를 불러온다.

정치적 양극화의 문제는 미시적인 수준의 행위자들만의 문제나 제도상의 문제만이 아니라 거시적인 수준의 전환기적 시대상황의 구조적 요인 탓이라는 것을 깊이 인식할 필요가 있다. 이 전환기적 시대상황에 부응하기 위한 새로운 공공철학과 실용적인 정치접근론이 필요하다. 대니얼 벨Daniel Bell은 『자본주의의 문화적 모순The Cultural Contradictions of Capitalism』에서 사회적 파편화와 정치적 양극화가 동시에 일어나는 시대에서는 사회와 정치적 제도가 서로 작동하기 힘들고 정치적 반응성이 떨어지므로, 변화된 시대상황에 반응하는 새로운 공공철학과 정치문화로 자유주의의 한계를 넘어서는 대안 패러다임이 필요하다고 역설했다.

한국에서 자유주의는 독재를 물리치고 민주화를 이끌어내면서 사회적 이익집단들의 이익투쟁과 다원주의pluralism를 활성화시키는 데 크게 기여했다. 자유주의의 이러한 기여에도 자유주의가 가진 개인주의와 공공선에 대한 소극성 때문에 민주화 이후 사회적 이익집단들의 파편화와 정치권의 극단적인 파당싸움과 파벌주의를 부추기고, 사회적 파편화와 정치적 양극화의 모순을 심화시켜 사회통합과 국가통합을 어렵게 했다. 다원주의 하에서 이익집단은 시민 전체의 이익보다는 자기가 속한 집단의 이익을 보호하고자 이익집단정치를 극대화함으로써 공공선과 충돌하는 모순에 빠지기도 했다.

미국 다원주의 이론의 대부인 로버트 달Robert A. Dahl은 초기 저작인『누가 지배하는가Who Governs?』에서 미국 뉴헤이븐 지역의 다양한 이익단체들이 결사체를 구성해 경쟁하는 것을 근거로 전통적인 '소수 엘리트 지배minority rule' 이론을 비판하고, 정책 영역별로 소수자들 간의 다원적 경쟁을 강조하는 '소수자들에 의한 다원적 민주주의minorities rule'를 주장했다. 그의 핵심적 가정은 시장에서의 다양한 경쟁과 갈등이 민주주의를 가져온다는 원리, 즉 민주주의에 대한 자유시장주의적 접근이었다. 하지만 그의 다원주의는 애덤 스미스의 '보이지 않는 손'이 독과점과 불공정 거래의 모순을 숨기고 자유롭고 평등하며 결국 공공선에 도달할 수 있다고 가정한 것처럼 파벌 간의 이익집단정치의 문제점과 권력의 분포를 은폐하고, 이익집단 간의 경쟁과 갈등을 지나치게 긍정적으로 본다는 비판을 받았다. 달은 이러한 비판을『다원민주주의의 딜레마Dilemmas of Pluralist Democracy』에서 수용했고 이론의 한계를 보완하기 위해 최후 저작인『경제민주주의에 관하여A Preface to Economic Democracy』를 썼다. 달은 최후 저서에서 경제민주주의 없이는 다원민주주의가 작동할 수 없음을 인정하고 대안으로 스웨덴 노조의 기업 참여와 스페인 몬드라곤 협동기업처럼, 기업에서 일하는 사람들이 기업의 소유와 경영에 참여해 민주적으로 통치하는 자치기업self-governing enterprise을 제시했다.

하지만 한국에서 다원민주주의를 '진보적 자유주의'로 수용했던 최장집 교수를 필두로 한 노동운동가와 진보정치가는 달의 후기저작을 제대로 소개하지 않으면서, 문제점을 교정할 시간을 잃었다. 결국 경제민주주의로 전환하지 않는 다원민주주의는 자본과 노동 간의 대립각을 크게 부각함에 따라 나머지 노동자 간의 이익 차이와 갈등을 축소하고 은폐했다. 비정규직을 과소 대표하는 민주노총 중심의 '노동 있는 민주주의'는 민주 대 반민주 또는 진보 대 보수의 대결구도를 만들어냄으로써 하층노동이 소외되면서 상층노동을 과대 대표하는 대중적 진보정당의 한계를 은폐했다. 이러한 다원민주주의는 상층노동자와 상층엘리트의 이익을 과대 대표하는 이익집단 정치로 흘러 국가의 공공선과 사회정의를 위협한다. 정규직과 비정규직, 정규직과 청년 노동의 복잡한 이해관계를 조정하고 통합할 수 있는 '기업민주주의'를 제시하지 않는 한, 다원민주주의적 이익대표 체계(정당체계와 정당모델)는 386정치 세력과 민주노총을 중심으로 하는 상층노동자의 이익을 과대 대표하는 강자의 기득권 이데올로기로 전락하게 되었다.

21세기 중도정치는 덕성 있는 시민들의 정치 참여에 기반을 둔 시민정치운동, 즉 시민 참여에 기초한 숙의적 공화민주주의운동을 지향한다는 점에서, 자유주의와 다원민주주의의 한계를 보완할 수 있는 새로운 방향성으로 상정할 수 있다. 21세기 중도정치는 양극화로 인해 배제된 중도와 무당파, 중산층을 복원하는 정치적 통합과정에 이바지한다. 배제와 독점이 아닌 혼합과 공존이라는 민주공화국의 정신을 복원해 새로운 민주공화국을 만들고자 하는 시민정치운동을 추구한다는 점에서, 새로운 공공철학과 새로운 정치문화운동으로 상정할 수 있다. 민주공화국의 본래 정신이란, 민주정이 군주정과 귀족정과 달리 다수 시민들의 정치 참여를 적극적으로 확대했다는 긍정적인 의의에도 시민들의 참여가 대화와 토론, 숙의가 있는 덕성 있는 시민 참여(즉 숙의적 공화민주주의)로 이어지지 않을 경우, 과두정과 우중정, 참주정으로 타락하는 경향이 있다는 것을 미리 알고 그 한계를 적극적으로 회피하기 위해 '권력분립과 공존을 통한 견제와 균형 원리', 법치주의로 표현되는 정치적 혼합주의political idea of a mixed constitution government를 실천하는 노선이다. 민주공화국의 본래 정신을 오늘날 복원하기 위한 실천은 '숙의적 공화민주주의' 노선으로 요약된다.

제1부

중도주의 없는 양극화의 비극

제1장

한국에서 중도수렴의 확대 경향

유승민, 문재인의 중도수렴, 왜? 어째서?

유권자의 마음을 어떻게 사로잡을 것인가? 민의 수렴과 권력 투쟁의 장인 선거가 다가오고 있다. 2016년 총선과 2017년 대선을 앞두고 정치권과 유력후보들은 유리한 고지를 점령하기 위해 권력 의지를 불태우며 치열하게 싸우고 있다. 더 많은 중도층과 무당파, 중산층 유권자를 확보하기 위한 '노선 투쟁'을 통해 기회의 창을 만들고 있는 대표적인 정치인은 유승민 새누리당 원내대표와 문재인 새정치민주연합 당대표다.

유승민 대표는 새누리당에서 좌클릭 노선 투쟁을, 문재인 대표는 새정치민주연합에서 우클릭 노선 투쟁을 벌이고 있다. 두 대표의 목표는 더 많은 중도와 무당파, 중산층 유권자를 획득해 총선과 대선에서 승리하는 데 있다. 유 대표는 2015년 6월 25일 대통령의 국회법 개정안 거부와 함께 촉발된 '배신의 정치' 공격을 받고, 원내대표직을 사퇴하는 등 곤경에 처한 바 있다. 그렇다면 유 대표가 박근혜 대통령에게 '은혜를 모르고 사사건건 국정운영에 협조하지 않는다'며 배신의 정치로 공격받은 이유는 무엇일까? 그 이유는 2015년 2월 원내대표 취임 발언과 4월 교섭단체 대표 연설에서 잘 나타난다.

유 대표는 원내대표 취임 직후부터 박 대통령의 대선 공약인 '증세 없는 복지론'의 수정을 시사하며 당이 국정의 중심에 설 것이라고 선언했다. 또한 교섭단체 대표 연설에선 한발 나아가 '증세 없는 복지는 허구'라고 비판하며, 대기업에 대한 조세 형평성 확보와 중산층 증세 등 새누리당이 지향해야 할 목표로 '중부담 중복지'를 제안하기도 했다.[1] 특히 유 대표는 대표 연설에서 새누리당은 보수의 새로운 지평을 열고자 한다며 성장과 복지가 함께 가는 균형 발전을 추구하겠다고 선언했다. 또한 "가진자, 기득권 세력, 재벌 대기업의 편이 아니라 고통받는 서민 중산층의 편에 서겠다"며 '양극화 해소'를 시대 과제로 제시한 노무현 전 대통령의 통찰을 높이 평가하기도 했다.[2] 이러한 유 대표의 정책 기조와 비판은 박 대통령이 지난 대선 내세운 경제민주화 공약과 국정운영 기조의 문제점을 정면으로 비판한 것으로, 대통령과의 차별화 노선 투쟁으로 해석된다. 이러한 노선투쟁은 레임덕을 막고자 하는 박 대통령에게 배신의 정치라는 이름으로 공격을 받았다.

더 많은 중도와 무당파, 중산층 유권자를 획득하기 위해 고군분투하는 것은 문재인 대표도 마찬가지다. 2015년 6월 30일 문 대표는 '친노(친노무현계) - 비노(비노무현계)' 계파갈등으로 흐트러졌던 전열을 정비하기 위해 그동안 미뤄놓았던 '유능한 경제정당위원회'를 출범시켰다. 출범식 연설에서 문 대표는 "우리 당의 '유능한 경제정당위원회'는 내년도 총선 승리를 넘어 우리 당이 집권하는 순간까지 국민의 지갑을 두툼하게 만들 수 있는 경제 살리기 대안을 마련할 것"

이라고 밝혔다.[3] 문 대표의 출범식 연설은 그동안 여당과 비교해서 경제정책에 무능하다는 비판을 보완하고, '경제 정당'의 이미지를 형성하여 수권 정당의 면모를 부각시키는 한편, 그것의 기반이 되는 중도층과 중산층을 흡수하기 위한 의지로 해석된다. 이러한 문 대표의 행보는 당대표 선출 전후 과정부터 일관성이 있었다. 그는 천안함 폭침 북한 소행 발언과 박정희 전 대통령 묘역 참배 등을 통해 안보 정당의 이미지를 만들고 있다. 2015년 3월 25일 경기 김포의 해병대 2사단을 방문한 문 대표는 천안함 폭침爆沈이 북한 소행이라고 기존의 태도와 다르게 말했다.[4] 문 대표의 노선 변화는 경제정책에서 눈에 띈다. 동년 4월 10일 문 대표는 국회 교섭단체 대표 연설에서 "성장에서도 유능한 진보가 되는 것이 새정치연합의 목표"라며 "공정한 경제 생태계를 기반으로 하고, 성장의 방법론으로 소득주도성장을 추구하며 사람 중심의 경제철학으로 지속가능한 성장을 해나가는 경제가 새경제"라고 설명했다. 또한 성장 없는 풍요와 경제정의를 생각할 수 없다며 성장으로 이룬 소득이 국민 모두에게 골고루 돌아가는 '포용적 성장'으로 바꿀 때가 왔다고 강조했다. 그의 노선 변화에 대해 2015년 4월 9일 국회 교섭단체 연설을 했던 유승민 대표는 "경제성장은 오랫동안 보수의 의제였다"며 새정치연합의 소득주도형 성장과 포용적 성장을 환영하며, 보수가 복지를 말하기 시작하고, 진보가 성장을 말하기 시작한 것은 분명 우리 정치의 진일보라고 평가했다.[5]

두 대표의 중도층 획득을 위한 좌클릭과 우클릭 행보는 진영논리로 무장한 전통적인 진보와 보수, 좌파와 우파의 행보와는 달리 진보와 보수가 상호 침투해 서로 교집합이 넓어져 융합하는 중도수렴

moderate convergence 현상이라고 할 수 있다. 경제정책에서 전통적인 보수와 진보의 가장 큰 차이는 성장과 분배의 문제다. 보수는 분배보다는 성장을 중시한다. 하지만 진보는 정반대로 유효수효의 부족으로 성장에 한계가 왔으니 분배, 즉 복지정책에 우선적으로 투자해야 한다고 주장한다. 보수는 감세減稅정책을 통해 기업활동을 돕고, 소비를 활성화해야 경제가 성장한다고 주장한다. 반대로 진보는 부자증세나 법인세인상 등을 통해 부자와 기업에게 고액의 세금을 걸어 보편복지를 실현해야 한다고 주장한다. 그러나 보수는 보편복지에 반대해서 선별복지를 중시한다.

그러나 전통적인 진보와 보수, 좌파와 우파의 진영논리와 다르게 중도수렴 현상은 보수와 진보, 좌파와 우파의 정책이 서로 중첩되고 유사해지는 현상으로, 이것은 두 대표의 국회 연설 중 경제 정책 분야에서 보다 분명하게 드러난다. 양당의 입장이 적지 않게 상호 침투해 중첩된다. 문 대표는 성장을, 유 대표는 복지를 강조했다. 대립했던 두 진영이 좌우 극단이 아닌 중도층의 획득을 놓고 중첩되거나 동질화되고 있다. 그렇다면 왜 두 대표는 당내의 반발과 견제를 무릅쓰고 이러한 중도수렴노선을 채택하려는 것일까? 양당의 대표가 중간지대로 파고드는 이유는 무엇일까? 그 노선을 추구하는 것이, 총선과 대선에서 승리하는 길이라는 판단 때문이다. 박근혜 후보는 2012년 18대 대선에서 경제민주화를 선점해 집권에 성공했다. 그러나 박 대통령의 경제민주화 공약은 후퇴했고 여전히 '부자·반복지 정당'의 이미지를 갖고 있어, 유 대표는 이런 취약점을 보강해 포용력을 키우는 전략을 취한 것으로 보인다. 문 대표 역시 지난 대선과 총선에서 '경제·안보 무능론'으로 패배했던 것을 볼 때, 성장과 안

보론을 강조함으로써 유능한 수권 정당으로 자리매김하려는 의도가 있다.[6]

중도수렴 현상은 일시적이고 우연적인 현상인가? 아니면 사회구조의 변화에 따른 필연적인 경향성인가? 중도수렴노선이 등장할 수밖에 없는 사회구조적·정치적 배경과 이론적 당위성은 무엇인가? 이것의 효과는 무엇인가? 지난 18대 대선 과정과 결과가 주는 학습효과를 볼 때, 중도수렴 현상은 필연적인 경향성으로 보는 것이 적절하다. 기존 정당에 위협으로 등장한 안철수 현상의 등장 배경과 함께 안철수 현상을 흡수하거나 차단하려는 박근혜 후보와 문재인 후보의 방어전략과 그 효과를 볼 때, 특히 그러하다. 또한 18대 대선의 승패에 중도수렴전략이 결정적 영향을 미쳤다는 경험적 연구는 이것의 필연적 경향성과 효과를 대변한다.[7] 지난 대선에서 박근혜 후보는 당명을 새누리당으로 바꾸고, 야당이 우위를 점하고 있던 경제민주화정책과 복지정책을 선점해 중도 확대를 도모했다. 하지만 문재인 후보는 여당이 우위를 점하고 있던 성장 관점의 경제정책과 함께 외교안보 분야에서 정책 선점을 하지 못한 채, 통합진보당 이정희 후보가 추구한 좌클릭-진영논리에 갇혀 박 후보의 보수지지층 결집을 돕는 효과를 차단하지 못했다. 결국 3퍼센트의 격차로 선거에서 문 후보가 패배하고 말았다는 평가와 그것에서 오는 학습 효과는 이후 선거에서도 유효하다.[8]

중도수렴 경향의 등장 배경에 대한 논의

중도수렴 현상과 그 경향성이란?

중도수렴을 제대로 이해하기 위해서는 중도수렴의 '현상'과 그것의 '경향성'을 나누어서 살펴볼 필요가 있다. 전자는 진보와 보수, 좌파와 우파가 각자 자신이 견지해온 정책과 노선을 탈피해, 즉 진보와 좌파는 우클릭을, 보수와 우파는 좌클릭을 통해 상호침투하면서 자연스럽게 중간지대에서 서로의 교집합이 만들어져 양자의 정책과 노선이 융합되는 현상을 말한다. 후자는 중도수렴 현상이 일시적인 현상이 아니라 필연적인 현상이라는 것을 말한다.

중도수렴 현상은 진보-보수, 좌-우 진영의 대립구도 속에서 두 당이 견지해온 정책과 노선을 과감히 탈피하려는 것이다. 성장과 자유시장경제를 강조하던 새누리당과 달리 유 대표는 복지와 증세를 말하고, 분배와 평화를 강조하는 새정치민주연합과 달리 문 대표는 성장과 안보를 강조했다. 두 대표의 정책은 법인세 인상, 비정규직의 정규직 전환, 최저임금 인상, 대기업의 사회적 책임, 사회안전망 강화, 단기부양책 반대 등 입장이 놀라울 정도로 중첩된다.[9] 중도수렴 경향성의 예는 안철수 현상에서 촉발되어 18대 대선의 박근혜-문재인 후보의 좌, 우클릭에 이어 유승민-문재인 대표의 국회 교섭단체 대표 연설 행보로 이어지고 있다.

안철수 현상은 기성정당정치에 대해 강한 불신과 염증을 느끼는 중도와 무당파가 안철수 교수가 언급했던 '경제는 진보, 안보는 보수'와 '이념이 아닌 생활과 상식'이라는 탈진영논리의 화두로 결집하여 정치적으로 등극한 현상이다. 이것은 2012년 4·11총선과 18대 대선에서 한국 정치의 지각변동을 초래할 수 있는 중요한 계기로 작동되었다. 안철수 현상과 안철수 대선후보의 등장은 당시 여야 후보자들에게 안 후보와의 경쟁에서 이기기 위해서는 중도수렴전략을 선택하지 않을 수 없도록 강제했다. 문재인 후보가 성장과 분배가 선순환하는 '창조적 성장론', 안보와 남북교류의 균형론 등 우클릭전략을 사용하지 않을 수 없도록 강제했으며, 안철수 후보와의 아름다운 단일화와 공동정부를 제시하도록 유인했다. 결국 박근혜, 문재인 두 후보는 안철수 후보가 내놓은 새로운 정치에 대한 비전과 정책을 최대한 방어하고 흡수하기 위해 정치쇄신에 대한 정책 경쟁을 벌일 수밖에 없었다.[10]

소득불평등과 정치적 대표 체계의 시정 요구

중도수렴 현상과 그것의 경향성이 등장하는 사회정치적 배경은 무엇일까? 그 핵심에는 경제적 양극화현상과 정당과 정치인들이 이념적인 진영논리와 양극화전략에 따라 패를 갈라서 보수는 우클릭하고, 진보는 좌클릭해 국민을 편 가르면서, 중산층과 중도층을 대의하지 않는 정치적 양극화현상에 대한 불신과 시정 요구가 있었다.[11]

IMF 경제위기 이후, 기존의 주요정당들이 부자층과 보수층만을 그리고 빈곤층과 진보층만을 과대 대표하는 극단적인 이념 양극화에 기반을 둔 진영정치와 정쟁만을 일삼으면서 빈곤층으로 전락한 중산층을 복원하지 않았고, 중도층의 정치적 요구를 과소 대표해온 것이 사실이다. 결국 이에 대한 불신이 안철수 현상으로 드러났다. 안철수 현상의 압력에 따라 주요정당들은 정치 불신의 배경이 되는 경제적 양극화와 정치적 이념 양극화를 외면하거나 시정하지 않고

서는 선거에서 승리하거나 선거 이후 안정적인 국정운영을 할 수 없다는 판단을 하게 되었고, 이러한 압력이 중도수렴노선의 채택 배경이 되었다.

다시 말해 새누리당과 새정치민주연합, 진보정당 등 주요정당들이 비정규직과 중소하청 노동자 등 빈곤층으로 전락한 중산층과 중도층을 과소 대표하면서, 상대적으로 상위소득 1퍼센트의 재벌과 부자 등 상층자본과 상위소득 10퍼센트에 포함되는 민주화 세력, 민주노총, 전교조, 공무원노조, 대기업 정규직 노동자 등 상층노동자를 과대 대표해왔다는 지적은 정치 불신의 배경이 무엇인지에 대한 근거를 잘 보여주고 있다.[12] 『혁신하라 한국경제』의 저자 박창기는 여당 새누리당은 재벌이라는 독특한 이권집단과 고위관료집단과 결합해 상위 1퍼센트의 불법적 탐욕을 비호하는 역할을 해왔고, 1987년 권리가 신장된 차상위 9퍼센트의 지지를 받아 성장한 새정치민주연합과 진보정당들은 9퍼센트의 이권만 과도하게 키웠다. 결과적으로 지난 20년 동안 상위 10퍼센트만이 잘살게 되었고 정치적 대변자가 없는 서민 90퍼센트는 빈곤에 시달리고 있다고 기존 정당정치의 한계를 비판하고 있다.[13]

최근 정의당 당대표선거에서 조성주 후보는 출마선언문에서 제2의 진보정치세대가 필요하다고 역설하면서 '민주주의 밖의 시민, 노동운동 밖의 노동자'가 대변되지 못하고 있음을 비판해 많은 공감을 받았다. 이러한 공감 역시 기존의 진보정당이 민주노총으로 대변되는 조직노동과 386으로 표현되는 민주화운동세력을 과대 대표하고, 상대적으로 조직화되지 않거나 조직 밖에 있는 비정규직 등 빈곤층으로 전락한 중산층과 중도층을 과소 대표해 왔음을 스스로 고

백했다는 점에서, 정치 불신의 배경과 연관성이 있다.

〈그림 1〉은 2012년 피케티의 방식을 적용해 '한국의 소득불평등 지표'를 최초로 분석한 동국대 김낙년 교수의 논문을 응용한 지표이다.[14] 이것은 기존의 주요정당들이 상층자본과 상층노동을 과대 대표하고 중산층과 중도층을 과소 대표해 왔음을 통계적으로 보여주고 있다. 〈그림 1〉을 보면, 2000~2012년 소득 하위 10퍼센트의 평균 실질소득은 6.2퍼센트 감소했으며, 경제는 과거에 비해 성장했음에도 하위계층의 실질소득이 줄어들었다. 12년 동안 전체 평균소득의 실질증가도 9.9퍼센트에 그쳤으나 상위 10퍼센트의 평균 실질소득은 39.3퍼센트 증가했다. 〈그림 1〉은 2012년 상위소득 10퍼센트가 전체 소득의 45퍼센트를 차지했고, 나머지 55퍼센트를 90퍼센트의 국민들이 나눠 가졌으며, 전체 소득 중에서 상위 10퍼센트가 차지한 비중은 1995년 29.2퍼센트, 2000년 35.3퍼센트, 2005년 37.8퍼센트, 2010년 43.3퍼센트, 2012년 44.9퍼센트로 증가했음을

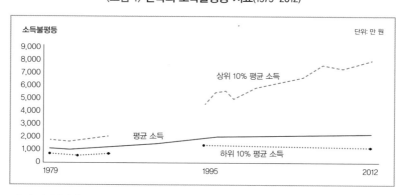

〈그림 1〉 **한국의 소득불평등 지표**(1979-2012)

* 출처: 참여연대, 「통계와 지표로 본 한국사회」.

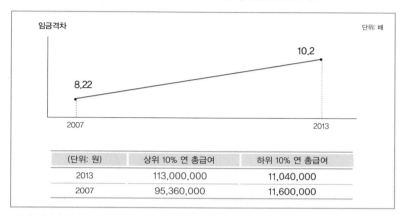

〈그림 2〉소득 상·하위 10퍼센트 노동자, 연평균 임금격차 추이

(단위: 원)	상위 10% 연 총급여	하위 10% 연 총급여
2013	113,000,000	11,040,000
2007	95,360,000	11,600,000

＊출처: 이인영 의원실.

보여준다.[15]

국세청의 2013년 근로소득 연말정산 신고 현황분석은 연 소득이 2,000만 원 이하인 근로자가 777만 2,886명으로 전체의 47.5퍼센트에 달해 전체 임금근로자의 절반 가량이 월급 166만 7,000원도 못 받고 있다는 것을 보여줘서 충격을 주었다.[16] 또한 〈그림 2〉는 이인영 새정치민주연합 의원이 2015년 7월 10일 공개한 자료로, 2007~2013년 국세청 근로소득 백분위 자료를 근거로 소득 상·하위 10퍼센트 노동자의 연평균 임금 격차 추이를 보여준다. 이 자료에 따르면, 최근 6년간 소득 상·하위 10퍼센트 노동자의 연평균 임금 격차가 8.2배에서 10.2배로 벌어졌음을 보여준다. 같은 기간 소득 상위 10퍼센트 노동자의 평균 연봉이 18.5퍼센트 증가하는 동안 소득 하위 10퍼센트 노동자의 평균 연봉은 오히려 4.8퍼센트 감소했다.[17]

〈그림 1〉과 〈그림 2〉가 가리키고, 의미하는 바는 무엇일까? 1987년 민주화운동을 기점으로 민주화가 된 지 30년이 다 되어가지만, 민주주의의 과두화寡頭化 경향을 보여준다. 두꺼운 중산층을 중심으로 부유층과 빈곤층을 통합하고 조정하는 민주공화정이 아니라 산업화세력과 민주화세력이 경제적 양극화와 정치이념적 양극화를 계기로 과두정으로 전락하고 있음을 의미한다. 즉 기존 정당의 대표 체계가 소득상위 1퍼센트의 상층자본과 9퍼센트의 상층노동이 담합해 90퍼센트의 국민과 빈곤층으로 전락한 중산층을 약탈하는 과두정체제, 즉 경제적 양극화와 정치적 이념 양극화체제를 방조하고 있음을 의미한다.

　새누리당과 새정치민주연합, 진보정당 등 기존의 이익대표 체계가 진보 대 보수 구도 또는 민주 대 반민주 구도로 정치적 양극화 전략에 따른 진영논리의 편향성을 동원하는 선동전략으로 상위소득 10퍼센트의 상층계급을 과대 대표하고 나머지 중하층계급을 과소 대표해 국민통합과 이익 조정에 실패했음을 의미한다. 새정련과 진보정당들은 평소 부자보다는 소외받고 가난한 민중을 대변하는 진보를 자처했지만 실제로는 민주화운동을 주도했던 민주노총, 전교조, 공무원노조, 대기업 정규직을 주로 대변함으로써, 상위소득 10퍼센트의 상층노동계급을 과대 대표하면서 그들의 기득권을 과도하게 보호해왔다는 점에서 사실상 '무늬만 진보'임을 보여준다.

　최장집 교수가 『민주화 이후 민주주의』에서 민주화 이후 대안모델로 제시했던 '노동 있는 민주주의'와 '대중정당모델에 의한 정당의 이익대표 체계'가 민주주의를 효과적으로 담보하기엔 적실성이 떨어진다는 점을 시사한다는 점에서, 새로운 대책 마련이 필요함을 보여준다. 새정련과 진보정당이 민주노총, 전교조, 공무원노조 대기업 정규직 등 조직노동과 정규직 노동에 포획되어 사실상 상위소득 10퍼센트의 상층노동계급을 과대 대표함으로써, 나머지 90퍼센트의 비조직, 비정규직 등 중하층노동자를 과소 대표하는 등 전체를 대표하는 것이 사실상 불가능해졌음을 보여준다. 후기산업화와 노동시장 유연화 등에 따른 노동자 이익의 파편화와 커지는 노동자층의 유동성은 특정한 계급과 단일한 계층의 고정적인 이익만을 대변하도록 모델링되어 있는 대중정당모델의 정체성과 충돌한다. 노동자의 이익이 조직과 비조직, 정규직과 비정규직 등 파편화되는 조건 하에서 대중정당모델이 작동할 경우, 상대적으로 조직화되어 있는 상층노동계급의 이익을 편향적으로 대변할 수밖에 없다.

대중정당모델 체계는 파편화된 다양한 계층의 전체 이익을 더는 대표하지 못하고, 상층자본과 상층노동의 계급적 이익을 과대 대표한다. 중산층과 하층의 이익을 포함해 전체 국민의 이익을 포괄적으로 대변하는 정당모델체계가 새롭게 고민될 필요가 있다.[18] 소득불평등 지표와 정치적으로 과소 대표되고 있는 빈곤층으로 전락한 중산층의 불만과 요구는 한국 정치의 지각변동을 예고하는 중요한 계기로 작동했던 안철수 현상의 등장을 불러왔다. 안철수 현상은 결국 기존 주요정당들이 소득불평등과 경제성장의 문제를 해결해 빈곤층으로 전락한 중산층과 중도층을 복원하도록 중도수렴 경향성을 강제했고, 다음 선거의 승리를 위해 중도수렴전략의 중요성을 학습하게 했다.

이념적 양극화와 정치적 대표 체계의 시정 요구

소득불평등과 같은 경제적 양극화에 대한 시정 요구와 함께 중도 수렴 현상과 그것의 경향성을 뚜렷하게 만드는 또 다른 배경에는 정치권의 이념적 양극화에 대한 시정 요구가 있다. 〈그림 3〉, 〈그림 4〉, 〈그림 5〉는 기존의 주요정당들이, 국민과 유권자의 중도적 이념 성향과 무관하게 이를 배제하면서 진보는 더욱 좌클릭하고, 보수는 더욱 우클릭해 정치적 대의체계와 이익대표 체계를 왜곡해 왔음을 웅변한다.

〈그림 3〉은 한국 사회 국민 이념 성향의 추세를 보여준다. 전반적으로 극진보화와 극보수화로 양극화하는 가운데 진보와 보수 간의 이념적 거리가 축소되면서 중도 성향이 2002년 4.8에서 2011년 5.1로 커지고 점차 중도로의 수렴 현상이 강화되고 있다. 〈그림 4〉는 새누리당 지지 유권자와 민주당(열린우리당) 지지 유권자 간의 이념 격차가 2004년 2.95에서 2.4로 줄어들고 있음을 보여준다. 이에 반에 〈그림 5〉는 새누리당과 민주당(열린우리당) 간의 이념 격차가 2002년 1.7에서 2012년 3.2로 커졌음을 의미한다.

이러한 지표들은 국민과 유권자의 중도 성향이 커지면서 이념 격차는 줄어든 것에 반해, 정당 수준에서 진보와 보수의 이념적 간극이 더욱 벌어지는 반비례 현상을 보여준다. 이런 반비례 현상은 한국 정당과 정치권이 국민의 다수인 중도 성향을 대변하기보다는 정반대로 진보와 보수를 과대 대표하는 이익대표 체계로 이념갈등을 조장해왔음을 의미한다. 기존 정당의 이익대표 체계가 국민과 유권자의 증가하는 중도 성향을 반영하기보다는 이를 배제하고 선동정치가 득세하는 중우정ochlocracy처럼, 진영논리와 이념적 양극화로

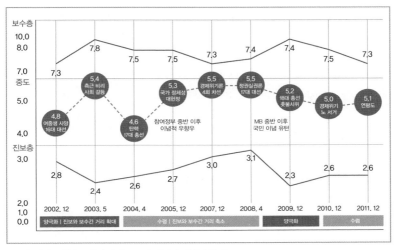

〈그림 3〉 한국 사회 국민 이념 성향 추세

* 출처: 정한울, 「한국 사회 이념 무드의 변동과 정치적 함의」.

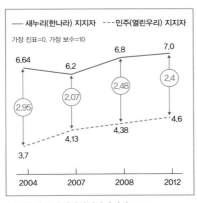

〈그림 4〉 유권자 간 이념 격차

* 출처: 한국 사회과학데이터센터(KSDC).

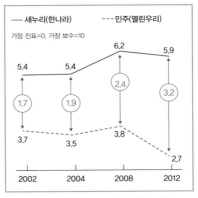

〈그림 5〉 정당 간 이념 격차

* 출처:『중앙일보』국회의원 이념 성향조사.

이념갈등을 조장해 국민 분열과 갈등을 획책하고, 국가통합을 방해했음을 보여준다.[19] 정치권과 정당들의 이념적 양극화와 진영논리는 앞서 언급한 바와 같이, 안철수 현상의 촉발 계기로, 기존 정당들이 더는 이념적 양극화와 진영논리를 시정하고 중도와 중산층의 이익을 도모하지 않으면 정치적으로 생존할 수 없도록 하는 중도수렴의 경향성을 강제했다.[20]

중도수렴의 효과에 대한 논의와 사례

중도수렴의 효과

중도수렴의 효과란 무엇일까? 이것은 선거 과정 및 선거 전후의 정치 과정과 국정운영 과정으로 구분해 설명할 수 있다. 선거 과정에서 정당과 후보자들은 중도 유권자가 많이 분포한 중간층의 지지를 받기 위해 정책노선을 이동하는데 이는 유권자의 민의를 수렴하거나 대표하는 효과가 있다. 이것은 민주적 대의과정을 충실하게 따르는 한편 선거 승리를 위한 합리적 행위다. 선거 이후에는 국정운영 과정에서 중도수렴된 정책과 공약을 중심으로 정치적 이익대표체계가 작동하기 때문에, 정당 간 갈등과 교착 및 파행이 적어지고 대화와 타협 및 숙의가 활성화되면서 안정적으로 국정운영되는 효과가 나타난다. 이것은 결국 선거 과정과 더불어 이후 국정운영 과정에서 중도수렴을 통한 대의 기능이 제대로 작동되어 민주주를 증진할 수 있다.

다만 선거 과정과 캠페인 방식은 유권자의 이념적 분포상태와 정당체제에 따라 그 효과가 다를 수 있어 중도수렴노선과 경쟁관계에 있는 극단주의와 양극화노선과 비교해 설명할 필요가 있다. 중도수렴노선을 이론적으로 체계화한 앤서니 다운스Anthony Downs는 유권자의 이념적 분포 상태(정규분포 상태, 양극화된 상태)의 종류와 정당체제의 종류(양당제, 다당제)를 교차적으로 대입해 그것들의 효과를 추론했다.[21] 그는 〈그림6〉과 같이 유권자들의 이념 성향이 정규분포 곡선을 그리는 양당체제에서는 이념적 성향이 다른 A와 B는 급속하게 중앙값(50)으로 수렴하게 된다고 주장했다. 물론 A와 B가 중도로 갈 경우, 양극단의 극단주의자와 극단주의정당(협박정당, 영향력정당)들은 중도수렴을 필사적으로 막으려 한다는 것도 지적했다. 극단주의자와 극단주의 정당들은 기권, 급진정책 등을 사용해 중도수렴을 거부하고, 이를 막고자 적극적으로 행동하며 역설적으로 자신이 지지하는 정당보다 나쁜 정당이 선거에서 승리하는 것을 도와주는 극단적인 행위를 서슴없이 한다.

〈그림 7〉처럼 유권자의 이념 성향 분포가 양극화된 경우 A와 B는 중앙으로 중도수렴하기보다는 원래의 위치를 공고하게 하려는 양극화전략을 구사한다. 양극화된 양당체제에서 각 정당은 자신의 이념

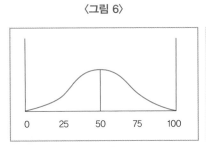

〈그림 6〉

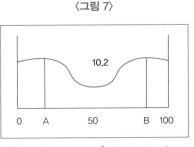

〈그림 7〉

* 출처: Anthony Downs, 『An Economic Theory of Democracy』.

* 출처: Anthony Downs, 『An Economic Theory of Democracy』.

과 정책을 더욱 극단적으로 차별화한다. 이 경우 선거 이후 정치에서도 전략적 극단주의가 횡행해 대화와 타협이 불가능하기 때문에, 안정적인 통합정치와 국정운영이 힘들고 민주주의가 혼란에 빠질 가능성이 크다고 보았다.[22] 한국 정치는 앞서 논의한 〈그림 1〉, 〈그림 2〉, 〈그림 3〉, 〈그림 4〉, 〈그림 5〉의 경제적 양극화와 정치적 이념 양극화에 대한 불신과 시정 요구를 볼 때, 〈그림 6〉에 속하는 효과를 가진다고 보는 것이 타당하다.

국내 사례

중도수렴노선을 보여주는 국내 사례는 어떤 것이 있을까? 중도수렴노선은 경험적으로 볼 때, 이념적 다양성과 비례대표 선거에 부합하는 내각제 국가보다는 소선거구제에 기반을 둔 대통령제 국가에서 나타날 가능성이 더 크다. 대통령제 국가에서는 선거에서 승리한 후보가 행정부의 권력을 차지해 집권 여당과 패배한 야당으로 권력분포가 이원화되는 양당구도가 만들어지기 때문이다. 하지만 한국은 대통령제 국가임에도 중도수렴노선의 형성과 확대가 매우 협소하게 나타났다.

그 이유는 한반도의 특수한 지정학적 위치 때문이다. 한반도는 2차세계대전 이후 미국과 소련의 냉전과 이념갈등, 탈냉전 이후 미국과 중국 간 새로운 패권 투쟁의 장소와 분단 재생산의 공간이 되었다. 냉전 동안 분단된 한국은 대통령제에 기반을 둔 정치와 중도수렴노선보다는 강대국의 외압과 좌우이념갈등에 입각한 진영이 더 효과적으로 작동했다. 하지만 중도수렴노선의 등장과 그 효과는 냉전체제가 상대적으로 약한 시점인 냉전체제의 이전 과정(해방 이후 정

국)과 그것이 해체되는 이후 과정(탈냉전 세계화 과정)에 도드라지게 작
동한다. 다만 중도수렴노선을 추구하는 세력이 집권에 성공하느냐
마느냐는 여전히 중도수렴노선을 방해하는 좌우 극단주의 세력의
영향력을 얼마나 성공적으로 통제할 수 있느냐에 따라 판가름 난다.
중도수렴노선을 추구하는 세력들이 좌우 극단주의 세력의 등장과
극단적 진영노선에 따른 역풍의 수혜와 불이익을 받아 집권에 성공
하는가, 역으로 반대세력이 집권에 성공하는가로 갈린다.

　냉전체제 이전 해방정국에서 등장한 중도수렴노선의 대표적인
예는 미국과 미군정의 지지를 받았던 '여운형·김규식·안재홍의 중
도좌우합작노선'이다. 이 노선이 집권에 실패한 배경은 당시 박헌영
등 극단적 좌파들이 신탁통치에 반대하는 반탁을 하다가 찬탁 노선
으로 돌변하면서, 그것에 대한 역풍이 당시 극단적 우파들의 결집을
도왔기 때문이다. 탈냉전 시기에 등장한 중도수렴노선의 대표적인
예는 1997년 15대 대선을 앞두고 김대중과 김종필이 '뉴DJ플랜'과
내각제 개헌을 고리로 연합한 'DJP공동정부노선'이다. 이 노선이 집
권에 성공한 배경에는 당시 집권당이었던 신한국당 김영삼 정부가
IMF 경제위기를 초래해 유권자들의 반감과 역풍을 막지 못했고, 뉴
DJ플랜으로 무장한 김대중 후보가 그 역풍의 수혜를 보았다. 또 다
른 예는 2002년 16대 대선을 앞두고 노무현 후보와 정몽준 후보가
후보 단일화와 정책연합을 매개로 한 '노무현·정몽준 단일화 노선'
이다. 이 노선이 성공한 배경에는 투표를 앞두고 정몽준 후보가 파
기한 후보 단일화 선언이 역풍을 불러왔고, 그 역풍이 노무현 후보
의 지지층을 더욱 결집시켰기 때문이다.

　2012년 18대 대선을 앞두고 문재인·안철수의 단일화와 정책연

합을 매개로 한 '문재인·안철수 단일화노선'도 좋은 사례다. 안철수 후보의 사퇴로 후보 단일화에 성공한 문재인 후보는 경제민주화와 복지정책 등을 선점하면서 좌클릭으로 중도수렴한 박근혜 후보에 맞서 경제성장정책과 안보정책의 우클릭을 통해 맞섰다. 그러나 통합진보당 이정희 후보의 극단주의노선에 따른 역풍을 차단하는 데 실패해 박근혜 후보 지지층의 결집을 방어하지 못했다. 이정희 후보는 박근혜 후보와 문재인 후보의 중도수렴노선을 방해하기 위해 더욱 극단적인 노선으로 좌클릭하는 한편 TV 토론회에서 "박근혜 후보를 떨어뜨리기 위해 나왔다"는 극언으로 역풍을 일으켰다. 하지만 문재인 후보가 이를 적절하게 통제하지 못함으로써 박근혜 후보 지지층의 결집을 막아내는 데 실패했다.

해외 사례

중도수렴의 해외 사례는 영국 블레어 총리의 제3의 길Third Way과 신노동당New Labour 노선, 독일 슈뢰더 총리의 신중도Neue Mitte 노선, 미국 클린턴 대통령의 트라이앵귤레이션Clintonian triangulation 노선, 부시 대통령의 온정적 보수주의compassiopnate conservatism 노선 등이다. 블레어의 제3의 길은 1997년 총선에서 노동당이 승리하여 18년 만에 정권을 탈환하는데 공헌했고 2015년 총선에서 에드 밀리밴드의 '분배와 보편적 복지 중심의 정통좌파노선'이 패배한 이후, 다시 주목을 받고 있다.[23]

총선이 끝난 5월 9일 블레어는 『가디언』 기고문에서 "이번 참패의 책임을 지고 사임한 에드 밀리밴드 전 당수가 신노동당 노선으로 복귀할 것을 촉구"했다. 또한 그는 밀리밴드의 정책이 재계를 소외

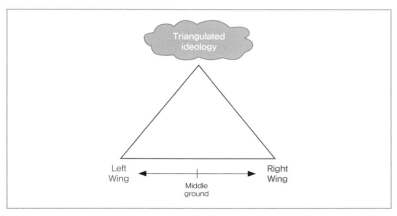

* 출처: Wikipedia.

시켰고 성공한 삶을 살고 싶은 사람들에게 어필하는 데 실패했다고 지적했다. 아울러 정상으로 가는 길은 중도에 있다며 노동당은 '(민중에 대한) 동정심과 보살핌뿐만이 아니라 (기업가들의) 야망과 열망을 위한 당이 되어야 한다'고 촉구했다. 물론 블레어의 친기업론은 마르크스식의 대립구도 속에서 자본가의 착취를 지지하자는 게 아니다. 좋은 일자리를 창출할 수 있도록 기업을 지원하고, 열심히 일하는 사람을 돕는 대안정책을 내야 한다는 것이다.

클린턴의 트라이앵귤레이션노선은 1992년과 1996년 대선에서 승리했다는 점에서 중요하다. 트라이앵귤레이션은 〈그림 8〉과 같이, 삼각형 밑변 좌우이념의 위치에서 상대 당의 정책을 무조건 비판하고 반대하기보다는 밑변 좌우이념의 중간 위인 꼭짓점의 이념 triangulated ideology에서 양자를 적극적으로 흡수해 융합하는 공세전략을 말한다. 좌와 우의 한가운데에서 상단에 위치한 삼각형 꼭짓점처럼 미래지향적 가치를 제시하는 전략이다. 트라이앵귤레이션 전략은 딕 모리스Dick Morris가 구상해 클린턴의 선거 캠페인 승리에 실제로 적용한 전략이다. 그것의 핵심은 중간의 중도 유권자를 잡기 위해 새로운 지점을 창출해내는 것이다. 중간 지점에 포지셔닝하는 소극적 중도접근 전략이 아니라 새로운 중도를 창출하는 적극적 접근이다. 모리스는 공화당이 비교우위에 있는 세금, 안보, 범죄 해결, 재정 적자의 이슈에서 단지 상대방의 입장을 따라하는 게 아니라 차별화된 해결책을 내놓는 데 이 전략을 사용했다.[24]

중도수렴 확대를 위한 방향과 과제

2016년 총선과 2017년 대선에서 중도수렴노선을 확대할 수 있는 방향과 과제는 무엇일까? 그에 대한 힌트는 유승민 원내대표의 사퇴 기자회견문에서 잘 나타난다. 유 대표는 말했다. "저의 정치생명을 걸고, '대한민국은 민주공화국'임을 천명한 우리 헌법 1조 1항의 지엄한 가치를 지키고 싶었습니다. …… 진영을 넘어 미래를 위한 합의의 정치를 하겠습니다." 또한 문재인 대표의 국회 연설과 행보, 국내 사례, 해외 사례를 종합해 보면 어느 정도 윤곽이 나온다.

중도수렴노선의 확장을 위한 첫째 방향은, 민주공화국의 정체와 정신을 제대로 이해하고 그 정신으로 돌아가는 것이다. 민주공화국은 독재와 배제를 거부하고 비지배를 추구하며 오직 왕과 귀족과 민중이 공존하면서 서로 견제와 균형을 통해 공공선과 공생을 추구하는 체제다. 민주공화국의 원래 정신은 중도층과 무당파, 중산층을 배제하는 정치적·경제적 양극화전략과 다르게 부자와 빈자, 중산층,

진보와 보수, 중도가 배제되지 않고 견제와 균형을 통해 함께 공존하는 체제를 말한다. 민주공화국의 정신이 제대로 구현되기 위해서는 아리스토텔레스, 마키아벨리, 매디슨이 강조한 대로 중도층, 중산층, 중용적 실용방식, 혼합정치가 작동해야 한다.[25]

아리스토텔레스가 강조한 혼합정의 핵심은 중도다. 상이한 두 정체(민중만 대변하는 민주정체와 부자만을 대변하는 과두정체)가 가진 법규의 평균 또는 중간을 취합해 결합하는 중도를 잘 유지해야 한다.[26] 아리스토텔레스는 중도와 균형이 반영된 혼합정체는 민주정체의 요소와 과두정체의 요소를 모두 포함하는 것처럼 보이면서 동시에 그 중 어느 쪽 요소도 포함하지 않는 것처럼 보여야 한다고 강조했다.[27]

중도수렴노선의 확장을 위한 실천 과제로 첫째, 정치적으로 소외받고 있는 중도층과 빈곤층으로 전락한 중산층을 회복하기 위한 정책을 과감히 사용할 필요가 있다. 특히 '증세 없는 복지'와 '성장 없는 복지', 우선 투자 순위가 없는 복지라는 좌우복지포퓰리즘에 대한 비판[28]과 블레어의 제3의 길, 생산적 복지노선을 수용할 필요가 있다. 그동안 중산층을 빈곤에 빠뜨린 재벌과 귀족노조에 대한 비판을 전제로 적극적인 대안 제시가 필요하다.

둘째, 중도수렴의 이익대표 체계와 정당체제를 활성화하기 위해서라도 정당모델과 정치문화를 개선할 필요가 있다. 정당모델은 특정한 이념과 계급에 기초한 대중정당모델보다는 전체 국민의 포괄적인 이익과 함께 당원과 시민들이 정책 과정에 참여할 수 있는 '네트워크형 정당모델'(시민 참여형 플랫폼 네트워크정당모델)을 추구할 필요가 있다. 또한 분단 속 대통령제 국가라는 제약 속에서 파당적 정쟁과 배제적 진영논리보다는 다양성을 기초로 공생할 수 있는 공화주의적 정치 풍토와 중도수렴의 정치 풍토를 정착시킬 필요가 있다. 이를 위해서는 정당 간 대화와 협력을 통한 교차투표가 가능하도록 '강제당론제'를 폐지할 필요가 있다.

셋째, 한국이 삼권분립의 대통령제임에도 내각제처럼 운영되어 결국 '제왕적 대통령제'를 초래한 관행과 모순을 정상화할 필요가 있다. 당을 장악한 당 총재(보스)가 대통령이 될 경우, 대통령은 다수당의 지배를 지렛대 삼아 행정부 권력과 입법부 권력을 모두 장악하는 제왕이 된다. 마치 다수당의 당수가 행정부 권력의 수상이 되어 입법부와 행정부가 하나가 되는 내각제 운영과 유사하다. 한국 정치의 비정상성은 삼권분립의 대통령제를 내각제처럼 운영하는 모순에서 비롯된다. 중도수렴에 부합하는 대통령제의 정상화를 위해 당정분리, 원내정당화, 오픈프라이머리, 대통령제 리더십 복원, 당·정부·청와대의 대등하고 협력적인 거버넌스가 필요하다.

중도수렴노선의 확장을 위해 좌우이념을 떠나 과감한 트라이앵귤레이션을 사용하는 실용적 태도가 필요하다. 지구화, 후기산업화, 정보화, 탈물질주의, 탈냉전과 같은 전환적 시대상황은 기존의 '진보 = 친노동 = 복지 = 친북 = 반미', '보수 = 친자본 = 성장 = 반북 = 친미'라는 이분법적 이념 균열과 선악의 대립구도를 약화시킨다. 서로 모순되어 보이는 가치와 정책이 공존하거나 혼합되는 트렌트를 강화시키는 트라이앵귤레이션을 창조적으로 생산할 필요가 있다.[29] 모든 사안에서 단일한 정체성을 요구하는 교조적인 이념이나 개념 및 이론 틀에서 벗어나 현상과 현장 및 생활에서 출발해 이론을 구하는 실용적인 실사구시의 자세가 필요하다. 안보냐 통일이냐, 자주냐 동맹이냐, 친북이냐 반북이냐, 친미냐 반미냐의 이분법적 사고는 편 가르기를 통해 갈등을 조장하므로 이러한 이분법적 사고에서 시급히 벗어나야 한다.

이를 위한 실천 과제는 첫째, '균형 안보·외교 노선'을 초당적인 국민적 합의로 지켜내는 것이다. 한반도는 미국과 소련에 이어, 미국과 중국 간 패권 투쟁의 장소와 분단 재생산의 공간이다. 따라서 미국과의 군사동맹 유지, 중국과의 경제 협력, 균형 잡힌 안보외교를 기초로 북한 핵무기 제거와 동북아 평화를 위한 초당적 협력을 이뤄야 한다. 둘째, 대통령제 국가임에도 중도수렴노선이 제약을 받는 물리적·물질적 조건과 환경을 점진적으로 제거해야 한다. 이를 위해 한반도 분단과 긴장을 불러왔던 과거 일제의 식민지배 체제의 문제(한일협정, 위안부, 강제노동 등)와 미국과 소련 간의 냉전체제 문제(남북전쟁과 분단) 청산, 통일과 경제 번영을 포함한 동북아 평화체제 구축, '통일 경제'를 위한 중견국 외교의 역할, 역사 NGO들을 활용하는 비전 제시가 필요하다.

제2장

진영논리와 중도정치란 무엇인가

왜 진영논리의 극복이고, 중도정치인가?

1987년 민주화운동 이래 우리 사회는 과거에 비해 얼마나 정치적·사회적으로 성숙했을까? 주기적인 선거라는 절차적 민주주의가 제도화되어 여야의 평화적인 정권교체가 이루어졌고, 민주노동당과 그 후계정당들도 등장해 주요정당들과 경쟁하는 상태가 되었다. 이것은 과거에 비해 진전된 부분이다. 그럼에도 IMF 경제위기 이후 심화되고 있는 경제적·정치적 양극화는 민주화 이후 위기와 타락 현상을 보여준다. 지속적으로 등장하는 이념·정파갈등, 계층갈등, 지역갈등, 남북갈등, 남남갈등, 세대갈등, 정부-시민사회갈등을 보라. 지구화와 정보화의 진전에 따른 문화갈등과 정보격차갈등에 이어 초국가적인 갈등(지역분쟁, 역사분쟁, 문화갈등)까지 더해져 정당정치와 국정운영의 복잡성을 가중시키고 있다.

성숙한 민주주의를 이루기 위한 방법론에 대한 논의가 정치권과 학계의 중요한 화두로 제기될 수밖에 없다. 민주화 이후 민주주의 상像과 이를 위한 바람직한 정치의 방향은 무엇인가? 특히 전환기적 시대상황에 부합하는 적실한 민주주의 모델과 정당모델, 정당체제의 모델은 어떤 것인가? 이것에 대해 절차적 민주주의, 다원적 민주주의, 참여민주주의, 숙의민주주의, 공화민주주의, 대중정당모델, 원내정당모델, 네트워크정당모델, 양당체제, 다당체제 등이 검토되고 있다. 이 같은 화두와 물음에 답하는 것은 워낙 논쟁적이어서 합의를 이끌어내기가 매우 어렵다. 다행스럽게도 최근 등장하는 중도와 무당파 유권자들의 행태 그리고 안철수 현상과 안철수 신당[1]은 지각변동을 예고한다. 이른바 진영논리를 극복하고 새로운 정치를 해보자는 화두다. 우리 사회에서 점차 공명共鳴을 자아내고 있는 진영논리 극복의 중요성을 보여주는 몇 가지 사례가 있다.

문재인 전 대선후보는 2012년 12월 20일 대선 패배 이후 캠프 해단식에서 "후보의 부족함 외에 우리의 부족했던 부분이 무엇인지 살펴봐야 한다"며 진영 논리에 갇혀 중간층의 지지를 더 받아내고 확장하는 데 부족함이 있었다고 평가했다. 또한 손학규 민주통합당 상임고문은 2013년 1월 10일 "국민은 진보, 보수의 이념 틀 속에 갇히길 원하지 않았고, 편 가르는 진영논리를 거부한 것"이라고 민주통합당의 패인을 분석했다. 김능구『폴리뉴스』대표는 "국민의 다수가 정권교체를 요구했지만 정작 민주당을 대안 세력으로 인정하지 않았다"고 하면서 "새누리당은 경제민주화, 복지 이슈를 선점하며 선거상황 변화에 민첩하게 대처했지만 민주당은 진영논리에 갇혀 운동권적 사고만 고수하는 것처럼 비춰졌다"고 평가했다. 안철수 무소속 의원은 2013년 5월 18일 기존 정치권의 문제점을 진영논리와 연관시켜 다음과 같이 발언했다.

진영陣營의 장막을 걷어야 합니다. 민주화 이후 한국 정치를 지배해온 이념과잉과 배제의 정치는 진영정치라는 낡은 정치유물을 만들었습니다. 칭찬과 격려가 없는 정치, 양보와 타협이 없는 정치가 계속되었습니다. 상대방은 인정되지 않았습니다. 옳은 것도 자기 진영의 논리가 아니면 배척되었습니다. 중도는 용납되지 않았습니다. 진영의 권력 쟁취만을 위한 정치가 계속되어 왔습니다. 다원화되고 중층화된 현대사회의 각종 문제에 이념과잉의 기계적 논리는 문제 해결을 더욱 어렵게 했습니다. 그 속에서 국민은 외면받고 배제되었습니다. 저는 지난 대선 출마 이후 끊임없이 어느 한편에 설 것을 요구받았습니다. 저는 결코 편 가르기 정치에 동참할 생각이 없습니다. 반대를 위한 반대의 정치도 하지 않겠습니다. 저는 분명하게 약속드립니다. 오직 국민의 편에 서겠습니다. …… 국민들의 삶 문제, 질 좋은 성장, 교육, 복지, 의료 등에 집중해야 합니다. 그래야 정치가 미래를 준비해 나갈 수 있습니다. 정치의 주체가 넓고 다양하게 바뀌어야 합니다. 정치는 소수 엘리트 중심의 정치가 아니라 다수의 생활인 경제현장, 노동현장, 정치현장 등에서 전문성을 쌓고 문제의식을 가진 분들이 참여하는 생활정치여야 합니다. 사익보다는 공익을 추구할 수 있는 분, 우리나라의 전반적인 구조개혁에 동참할 수 있는 분, 적대적 공생관계의 기득권 정치를 청산할 의지가 있는 분들이 필요한 때입니다.

안철수 의원이 '새 정치'의 핵심으로 주장했던 진영논리의 극복은 보수와 진보의 이분법을 넘어 일종의 제3의 길을 모색하려는 탈이념적 지향이다. 2011년 10월 26일 서울시장 보궐선거 전후 과정과 2013년 6월 안철수 신당 창당의 전후 과정은 그 지향의 원천이 되었다. 이러한 안철수 의원의 진영논리 극복 화두는 2012년 18대 대선을 앞두고 새로운 정치질서의 지각변동을 압박하면서 새누리당과 민주당이 중도와 무당파를 흡수하기 위한 '중도수렴의 대선전략'을 주문하고, 강력한 정치개혁에 나설 것을 강제한 바 있다. 또한 '경제는 진보, 안보는 보수'라는 노선은 박근혜 정부의 출범 이후 민주당 김한길 대표체제에게도 영향을 미쳐 민주당이 진영논리를 자제하는 가운데 정부의 대북정책에 비교적 협력적으로 반응하도록 강제했다.

〈표 1〉 연도별 '진영논리' 검색어의 주요 언론 노출 빈도(2000~2011년)

연도	2000	2001	2002	2003	2004	2005	2006	2007	2008	2009	2010	2011
횟수	175	176	295	218	378	337	323	826	700	708	730	748

* 출처: 카인즈(검색일 2013년 5월 30일).

〈표 1〉은 2000년부터 2011년까지 주요 언론을 통해 노출된 진영논리 검색어의 횟수다. 2000년 175회였던 검색어가 2011년 748회로 약 7배 증가했다. 증가의 전환점은 826회를 보여준 2007년도다. 2007년도에 진영논리 검색어가 비약적으로 증가한 것은 17대 대선 결과 이명박 정부가 출범해 '고소영' 내각과 4대강 논란, 촛불시위와 남북 간 군사적 갈등 등이 일어났기 때문이다. 그 어느 때보다 진보진영과 보수진영 간의 이념갈등이 치열해진 결과 반성과 성찰의 차원에서 진영논리란 말이 회자되었다. 2013년 이후 진영논리란 검색어는 폭발적으로 증가했다.

안철수 의원이 새 정치의 핵심으로 제기한 진영논리의 극복 과제는 단순히 안철수 개인과 안철수 세력만의 과제가 아니라 새누리당과 민주당에게도 적용되는 공통의 과제다. 왜냐하면 새누리당과 민주당 역시 기존의 정당질서를 지키고 방어하기 위해서는 진영논리를 벗어나 새로운 정치의 가능성을 보여주지 않으면 안 되기 때문이다.

진영논리의 함정이나 화석화된 진영논리가 위험하다는 주장은 갈수록 많아지고 있다. 하지만 진영논리에 대한 적실한 개념 정의는 부재한 듯하다. 또한 진영논리를 극복하기 위해 중도정치가 거론되고 있으나 그것이 무엇이며, 어떻게 해야 하는지에 대한 실천적 논의가 부족하다. 아마도 진영논리의 시대적 적실성 여부에 대한 분석과 설명이 부족한 가운데, 왜 진영논리가 민주화 이후 극복의 과제가 되어야 하는지, 극복의 방향은 무엇인지에 대해 이론적인 차원에서 진지한 논의가 진전되지 못하고 있기 때문이다.

진영논리의 개념과 교조주의적 방법론

진영논리의 진화 과정과 개념의 두 측면

진영논리는 다소 모호한 개념elusive concept으로 학술적으로 사용하기에 많은 논쟁이 필요하다. 진영논리라는 개념 자체가 시대와 장소를 초월하는 본질적 내용을 지닌 것이 아닐 뿐만 아니라 역사적으로 볼 때 그것이 언제나 정당화될 수 있는 개념도 아니기 때문에 이 개념을 사용하는 데 어려운 것은 당연하다. 진영논리라는 말은 우리 주변에서 보수진영, 진보진영 등으로 정치적이고 이념적인 사안과 연관되어 사용되고 있다. 진영陣營, the camp의 의미를 사전적으로 살펴보면, 병영兵營과 진지陣地 같이 '군대가 집결하고 있는 곳' 또는

'군사들이 진을 치고 있는 곳'이다. 진영논리라는 개념은 보수와 진보 혹은 좌와 우라는 특정한 이념과 이념의 정체성을 공유하는 집단group, 조직organization, 패거리sectarianism, 파벌faction 등이 타 집단의 경계를 구분해 상대와 맞서 이기기 위해 필요한 이념적·정파적 논리, 태도, 전략전술을 제공하는 이념적 틀(이데올로기)이자 패러다임(세계관)이다.

그것의 핵심은 시민들의 실생활을 배제하고 이념을 중심으로 하는 패거리 집단의 시각에서 세상을 바라보는 관점과 태도다. 그런 점에서 진영논리는 곧 진영논리주의라고 할 수 있다. 진영논리는 단순히 진영 간 이념이 진보와 보수로 나뉜 것이 아니라 양쪽 이념의 극단적 과잉으로 중도와 무당파의 목소리를 배제하면서, 진보는 극진보 쪽으로, 보수는 극보수 쪽으로 분극화하는 전략적인 극단주의 노선(정치적 양극화전략)을 통해 구축된다. 진영논리는 두 가지 속성을 가진다. 가로축으로 중도와 무당파를 배제하고, 보수와 진보 이념을 과대하게 부풀려서 편향성을 동원한다. 세로축으로는 정치권이 위부터 과도한 이념을 동원하기 때문에게 상대적으로 아래부터 제기된 시민들의 실생활의 문제를 극단적으로 배제하는 측면이 있다.

한국에서 하나의 '정치 현상'으로서 진영논리라는 단어의 사용이 증가되고 있는 배경에는 〈그림 1〉처럼 크게 두 가지 경우가 있다. 첫째는 긍정적인 의미로서 민주화 과정과 관련 있고, 둘째는 부정적인 의미로서 지구화·정보화·후기산업화·탈물질주의화·탈냉전 등으로 표현되는 전환기적 시대상황과 관련 있다.

첫째는 1987년 민주화운동 이후 민주화가 진행되면서 민주적인 가치를 지향하는 단체와 조직, 정당들이 등장했고 이들이 독재와 반

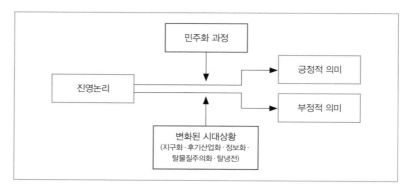

공주의적 가치를 지향했던 세력과 경쟁하고 갈등하는 구도가 만들어지면서 나타난 정치 현상으로 보는 것이다. 각각의 단체와 조직이 이념을 매개로 보수와 진보 또는 좌우로 나뉘어 진영을 형성하고 서로 싸우고 경쟁하는 것이 우리 사회의 변화된 정치 현상이다. 진영논리라는 개념이 등장한 것은 어찌 보면 자연스럽고 불가피한 일로, 세상의 일을 간단명료하게 보는 방식이다. 다시 말해서 진영논리는 민주화 이후 변화된 시대상황을 반영하는 말로 배타적인 의미가 있고 대결과 전투의 의미가 담겨 있다. 자신이 생각하는 가치의 신념체계를 지키고, 반대하는 사람들과 싸우기 위한 사람들의 입장을 표현하는 집단적 정체성을 표현하는 개념이다.

둘째는 진영논리를 변화된 시대상황을 반영하지 않는 일종의 교조주의敎條主義, dogmatism[2]와 같은 시대착오적인 패러다임으로 보는 경우다. 진영논리라는 것은 일종의 진보와 보수라는 이념의 틀과 진보진영과 보수진영이라는 '이념진영의 틀'로 환원시켜 다원적 세계로 변화된 현실을 배제하려는 어떤 도식schema인 '도그마화된 개념

틀'과 '화석화된 이론 틀'을 가리키는 경향이다. 이런 부정적인 의미로서 진영논리가 나올 수밖에 없는 이유는 민주화된 시대상황에서 긍정적인 의미로 출발했던 진영논리가 복잡하게 변화된 현실과 동떨어지면서 전환기적 시대상황에 따라 복잡하게 변화한 시민의 가치관과 성향에 부합되지 못했기 때문이다.

한마디로 부정적인 의미로서 진영논리는 보수와 진보라는 이념 또는 이념의 정체성을 공유하는 집단의 눈으로 대상을 환원론적으로 보면서 중도와 무당파 등 다양하고 복잡해진 현실(현장) 속에서 복합적인 의미로 살아가는 사람들의 목소리를 극단적으로 배제하려는 시각과 패러다임을 말한다. 이러한 태도는 보수와 진보 그리고 보수진영과 진보진영 간에 적대적이고 극단적인 이념갈등과 이념대결을 동반한다. 역으로 이러한 이념갈등과 이념대결에 따라 진영논리는 강고하게 절대화되어 신성시되는 경향을 띠게 된다. 진영논리는 자신의 입장을 지지하는 진영을 절대적 선善으로, 자신의 입장을 반대하는 진영을 절대적 악惡으로 보는 선악의 이분법이자 절대 진리를 추구하는 논리로 변질되면서, 상대진영을 더욱 적대적이고 파괴적으로 구분하는 경향을 보이기 때문이다. 부정적 의미의 진영논리의 특징은 일종의 '선악게임' 양상을 드러내면서 진리 독점을 꾀하며, 상대방을 적과 동지의 관계로 파악하고 그것을 극복의 대상으로 삼는다는 점이다.

진영논리의 문제점과 교조주의적 방법론의 의미

우리가 문제 삼는 것은 긍정적 의미의 진영논리가 아니라 시대적 적실성이 떨어졌다는 의미에서 부정적 의미의 진영논리, 즉 진영주의다. 진영주의로서 진영논리는 다음과 같은 문제점이 있다. 첫째, 자신의 이념과 진영 이외에는 중도와 무당파 등 다른 정치적 다양성을 부정하고 자신의 특정 이념만을 부풀려 반영함으로써 정치적 다양성을 정치과정과 대의과정에 반영하려 하지 않는다. 그렇게 다양한 의견의 토론과 대화를 통한 공공성과 합의추구라는 정치적 공론장을 약화시킨다. 대화와 타협을 통해 공공선에 도달해야 한다는 민주주의의 당위적 목표를 방해한다. 둘째, 정치적 다양성과 정치적 공론장의 형성을 약화시키는 진영논리는 민주주의의 절차적인 두 축인 '대표성'과 '숙의성'을 약화시킨다. 셋째, 이러한 대표성과 숙의성을 약화시키는 진영논리는 대표자의 '반응성'과 '책임성'마저 약화시켜 유권자의 정치 불신을 조장하고 정치적 효능감을 낮추게 됨으로써 정당정치와 대의민주주의를 위협한다. 넷째, 진영논리는 결국 이념주의의 관점으로 모든 것을 환원해 해석하기 때문에 정당이 이념적 양극화와 편향성 동원전략을 정치공학적으로 동원하게 만들고 유권자의 민심과 정당의 당심을 분열시킨다.

왜 긍정적 의미의 진영논리가 부정적 의미의 진영논리로 변화해 여러 문제점을 노출하는 교조주의적 성격을 갖게 되었을까? 또한 부정적인 의미의 변화가 보여주는 방법론적 의미는 무엇일까? 이 질문에 대한 답은 실증과학적 방법론이 빠지게 되면서 교조주의 성격의 방법론주의methodologism를 비판하면서 발전한 현상학phenomenology이 던지는 메시지를 통해 보다 풍부하게 이해할 수 있다. 일반적으로 실증과학은 방법에 맞추어 현상에 접근하는 입장이고, 현상학은 현상에 맞추어 방법을 택하는 입장이다. 현상학적 방법론은 다음과 같은 특징이 있다. 원래 실증과학적 방법은 현상에 접근하기 위한 도구로서 고안된 것이나 도구를 반복해서 기계적으로 사용하다 보면, 도구가 주인이 되고 도구를 사용하는 연구자는 도구에 종속되는 현상이 나타난다.[3] 도구에 맞추어서 연구하는 경향 또는 지향성이 지배하게 되는데 이러한 경향은 이른바 방법론주의의 문제점을 노출하게 된다. 방법론주의의 문제점을 극복하기 위해 발견된 현상학은 다음과 같은 명제를 택하게 된다. 첫째, 방법에 맞추어 현상에 접근하는 것이 아니라, 현상에 맞추어 방법을 택하는 입장을 취하는 입장이다. 둘째, 원래의 취지나 의도가 실종되지 않도록 그것을 찾아내고 끊임없이 상기시키는 입장이다. 셋째, 생활세계life-world를 이와 같은 '원래의 취지와 의도들'이 배태되고 서식하는 가장 원초적인 세계로 보는 입장이다.[4] 실증과학이 빠지게 되는 방법론주의의 폐해와 대비되는 현상학적인 방법을 보여주는 사례는 다음과 같다.

『난중일기』를 읽으면서 가장 놀란 것은, 이순신의 그 리더십이나 그의 덕성이 아니라, 사실에 입각하는 그의 리얼리스트 정신이었습니다. 그는 오직 바다에서 벌어지는 사실에만 입각하는 거예요. 그러나 그때 조선 임금을 둘러싼 정치권력은 당파성으로 갈라진 사람들이죠. 사색당쟁으로, 동인과 서인으로, 당파성에 매달려 있었죠. 당파성에 빠져 있는 자들의 눈에는 현실의 올바른 모습이 보이지 않는 것이죠. 자기의 당파성이 지향하는 바의 노선 또는 이익, 그것을 정의라고 말하는 것이죠. 그런데 이순신에게는 어떠한 당파성도 없었어요. 그는 오직 사실에만 입각한 것이죠. 그리고 연전연승을 한 거예요. 사실에 입각한다는 것은 인간이 자기에게 주어진 현실을 과학적으로 인식하는 능력을 가지고 있다는 것입니다. 그의 연전연승은 과학과 사실의 승리인 것입니다. 과학과 사실의 힘이 아니면 그 싸움을 이겨낼 도리가 없는 것이죠. 물론 리더십과 덕성이 그 사실을, 과학을 조직하고 작동시킬 수 있는 힘이 됐겠죠.[5]

김훈의 『바다의 기별』에 나오는 이야기로, 김훈은 이순신의 방법론을 성리학적 이념주의에 기초한 당파성에 빠진 조선의 사색당파들과 달리 오직 '바다'라는 공간적 위치에서 상황을 판단하려는 현장주의적이고 사실주의적 태도로 보았다. 이순신이 연전연승하게 되는 과학주의의 핵심을 이념과 당파의 관점에서 대상에 접근하려는 것이 아니라 바다라는 현장과 어부들의 삶의 공간(즉, 생활세계)에서 출발하려는 태도에서 찾고, 이것을 높게 평가하고 있다.

현상학이 정치적 현상으로 등장한 교조주의로서의 진영논리와 그것의 극복에 대한 정치학적 방법론에 주는 의미는 〈표 2〉와 같은 도식을 통해 확인할 수 있다. 교조주의는 '이념주의 정치'와 같이 이념의 관점에서 출발해 생활세계(현장)를 보려는 경향인 반면 '생활현장 정치'는 이념에서 출발하려는 것을 피하고 그 이전에 우선적으로 생활세계의 관점에서 구체적인 현상과 사례로 출발해 점차 개념과

〈표 2〉 생활현장 정치 vs 이념주의 정치

생활세계(현장) & 정당생활 & 현상과 사례	생활현장 정치 → 이념주의 정치 ←	이념세계 & 정당모델과 체계 & 개념과 이론

이론의 세계로 나아가는 지향을 갖는다.

이러한 접근의 차이는 개념과 이론이 변화된 현실을 얼마만큼 반영하고 있는지, 그 시대적실성을 평가해주는 중요한 분절점이 된다. 이것은 정당체계와 정당생활과의 관계에서도 유효하다. 정당체계와 정당모델의 관점에서 구체적인 정당생활을 볼 것인가, 아니면 구체적인 정당생활의 관점에서 점차로 정당모델과 정당체계로 나아갈 것인가? 연구방법론의 차이는 연구결과의 차이로 이어질 수 있다. 아울러 현장주의와 사실주의를 강조하는 생활현장 정치는 변화된 시대상황을 반영하지 못하는 교조주의적 패러다임으로서 진영논리의 문제점을 극복할 수 있는 단서를 제공한다. 특히, 현장주의와 사실주의는 민생 문제를 이념의 편견이 아닌 '사실(현장, 현상, 상황)'에 입각하여 해결할 수 있는 접근방법론인 '민생주의(민생제일주의)'를 정립하는 데 도움을 준다.

진영논리의 한계 사례와 시사점

일반적으로 정당의 이념적 양극화는 정당 내부에서 다양한 목소리를 배제하고, 양극단으로 분극화되면서 실생활과 무관하게 편향성을 동원하는 전략과 그것의 폐해를 말한다. 예전에는 주로 북한에 대한 인식과 대북정책을 놓고 보수와 진보 간의 정파적·이념적 갈등이 일어나는 이념적 양극화를 보였는데, 최근에는 대북정책 이외의 사회·경제·문화 등 모든 쟁점사항에 보수와 진보라는 이념적 매개가 작동하는 양극화현상이 확대되고 있다. 정당의 이념적 양극화는 정치엘리트가 국민의 선호와 무관하게 극단적으로 움직이면서,

즉 화석화된 진영논리에 빠지게 되면서 국민에게서 멀어지는 현상
이다.

정당의 이념적 양극화 사례 1

〈그림 2〉는 2002년 12월부터 2011년 2월까지 노무현 정부부터
이명박 정부까지 국민들의 이념 성향의 추세를 보여준다. 전반적인
경향을 보면 중도가 점차 증가되는 중도수렴의 현상이 강화되고 있
다. 물론 정당의 양극화가 발견되기는 하지만 그 원인은 〈그림 3〉,
〈그림 4〉, 〈그림 5〉를 비교해볼 때, 정치엘리트의 정당 양극화가 일
반 유권자들에게 영향을 미쳐 발생했다고 보는 것이 적실하다.[6]

〈그림 3〉은 엘리트 수준의 정당 양극화를 보여주는 지표다. 16대
국회 당시 두 정당의 이념 격차는 불과 1.7에 그쳤지만 17대에 1.9,
18대에 2.4, 19대에 3.2로 지속적으로 증가했다. 민주당의원들이 상
대적으로 새누리당에 비해 가파른 이념적 진보화의 길을 걸었기 때
문이다. 〈그림 4〉는 정치엘리트 수준에서 살펴본 정당 양극화를 경
제와 외교안보 영역으로 살펴본 것이다. 정치엘리트 차원의 정당 양
극화는 경제 영역보다 외교안보 영역에서 크게 발생했다. 경제 영역
에서의 정당 양극화는 16대에서 1.1, 17대에서 1.7, 18대에서 2.5로
점진적으로 증가하다가 19대 2.2로 18대에 비해 간극이 줄었다. 하
지만 외교안보 영역에서 정당 양극화는 16대 2.5, 17대 2, 18대 2.6,
19대 3.9로 크게 증가했다. 〈그림 5〉는 유권자 수준에서 관찰된 정
당 양극화다. 2004년에 2.95로 가장 높았고, 그 이후 2012년까지 다
소 감소하는 수준을 유지하고 있다.[7]

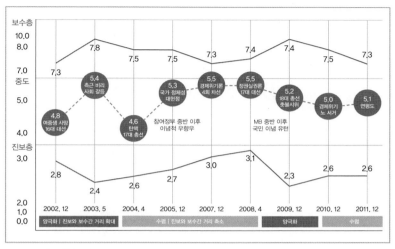

〈그림 2〉 노무현 정부 이후 한국 사회 이념 무드와 양극화 변화 추세

* 출처: 정한울, 「한국인 실용 중도 전성시대」에서 재인용. 10점 척도 중 진보(0-3), 중도(4-6), 보수(7-10).

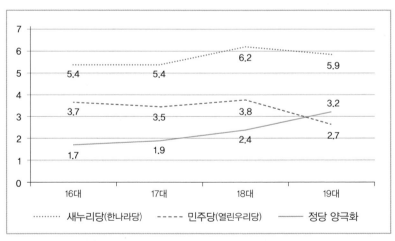

〈그림 3〉 정당의 주관적 이념 지수

* 출처: 『중앙일보』, 2012년 7월 23일, 이재묵, 「정당 양극화를 통해 바라본 한미 정당 비교」에서 재인용.

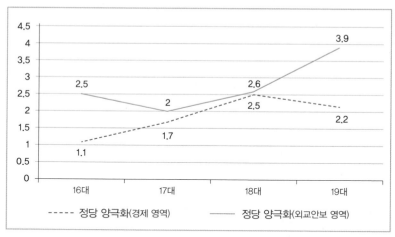

〈그림 4〉 경제, 외교정책 사안별 정당 양극화

＊출처: 『중앙일보』, 2012년 7월 23일, 이재묵, 「정당 양극화를 통해 바라본 한미 정당 비교」에서 재인용.

〈그림 5〉 유권자 수준에서의 정당 양극화 추세

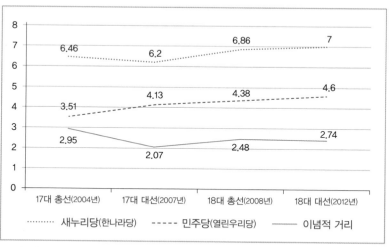

＊출처: 한국 사회과학데이터센터, 2004~2012년 유권자 의식 조사, 이재묵, 「정당 양극화를 통해 바라본 한미 정당 비교」에서 재인용.

정당의 이념적 양극화 사례 2[8]

2011년 8월 24일에 치러진 서울시 무상급식 주민투표는 정당의 이념적 양극화현상을 드러낸다. 무상급식은 복지정책의 대표적인 예로 좌우복지포퓰리즘이 극단적으로 동원될 수 있는 사례다. 서울시 무상급식 주민투표를 둘러싸고 진행된 정치권과 시민사회 진영의 심각한 정치적 양극화는 투표율이 33.3퍼센트를 넘지 못해 개봉이 무산되었음에도 양쪽 진영 모두 승리했다고 주장한 것에서 알 수 있듯이 일상적으로 확대되고 있다. 주민투표 무산 직후 김기현 한나라당 대변인은 "민주당의 반민주적 작태로 개함하지 못했으나 오세훈 시장의 사실상 승리"라고 주장했다. 반면 이용섭 민주당 대변인은 "착한 시민들의 착한 거부가 나쁜 시장의 나쁜 투표를 결국 이겨냈다"고 밝혔다.

이러한 두 당의 시각은 심각한 착오로 드러났다. 2011년 8월 29일 YTN이 『중앙일보』, EAI와 공동으로 실시한 여론조사 결과를

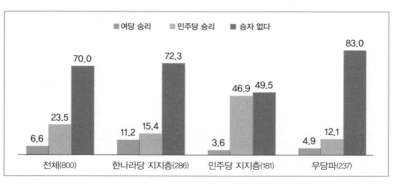

〈그림 6〉 서울시 8·24 무상급식 주민투표에서 누가 승리했는가?

＊출처: YTN·『중앙일보』·EAI 공동 여론조사.

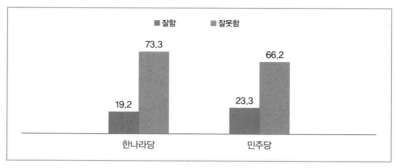

〈그림 7〉 한나라당과 민주당의 주민투표 대응 평가

■ 잘함   ■ 잘못함

한나라당: 19.2, 73.3
민주당: 23.3, 66.2

* 출처: YTN ·『중앙일보』· EAI 공동 여론조사.

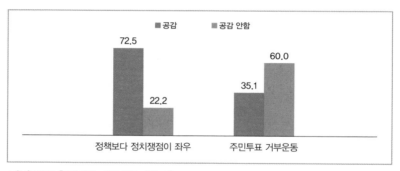

〈그림 8〉 주민투표 과정은 정책보다 정치 쟁점이 우선했는가?

■ 공감   ■ 공감 안함

정책보다 정치쟁점이 좌우: 72.5, 22.2
주민투표 거부운동: 35.1, 60.0

* 출처: YTN ·『중앙일보』· EAI 공동 여론조사.

보면, 두 당의 현실 인식이 민심과 동떨어져 있음을 생생하게 알 수 있다. 〈그림 6〉처럼 '주민투표에서 누가 승리했는가'라는 물음에 응답자의 70퍼센트가 어느 당도 승리했다고 할 수 없다고 답했고, 한나라당이 이겼다는 쪽은 6.5퍼센트, 민주당을 비롯한 야당이 승리했다는 의견도 23.5퍼센트에 불과했다. 투표 결과를 떠나 여야가 대응을 잘했느냐는 물음에도 〈그림 7〉처럼 응답자의 73.3퍼센트가 한나라당이, 응답자의 66.2퍼센트가 민주당이 각각 잘못했다고 답변했다. 이 주민투표가 '정책 대결'보다는 '정치 대결'이었다는 주장에도 〈그림 8〉처럼 응답자의 70퍼센트 이상이 공감해 이 투표가 남긴 한계가 무엇인지 알게 해주었다.

여론조사 결과는 무상급식 정책과 관련한 주민투표를 두고 벌어진 정치권의 논쟁과 주장이 일반 국민의 민심과는 다른 좌우복지포퓰리즘을 동원하기 위한 이념적 양극화임을 보여줬다. 문제가 되는 것은 이념적 양극화의 '실체'가 사실은 다수의 국민과 유권자가 이념적으로 양극화되고, 이것이 정치엘리트인 정당, 시민사회, 지식인, 언론으로 전달되면서 정치적으로 양극화되는 것이 아니라 그 반대라는 점이다. 이념적 양극화는 정치엘리트가 다수 국민의 이념적 성향이나 민심과 무관하게 너무 좌우로 기울어져 있기 때문에 발생한 자기들만의 양극화현상이라는 점이다. 이런 점에서 볼 때, 정치엘리트의 이념적 양극화는 국민 대다수의 이념 성향이 중도로 수렴되는 최근의 추세를 반영하지 못하고 있다는 점에서 '중도수렴 부재의 정치(중도수렴 부재의 정당체제)'라고 할 수 있다. 각종 민생에 대한 정책이 국민들의 실생활에서 출발해 공감하는 방식으로 추진되기보다는 이념적 틀에서 출발할 경우 문제해결이 어렵다. 전면적 무상급식과 선택적 무상급식도 좌우복지포퓰리즘으로 둔갑되어 서로 타협할 수 없는 상황에 이르렀다.[9]

시사점: 전환기적 시대 원인

앞서 살펴본 사례들의 문제점은 다음과 같은 사실을 시사해준다.

첫째, 유권자들의 주관적 이념 성향 분포가 진보와 보수 중심의 쌍봉형에서 중도 중심의 단봉형으로 변화하고 있다는 점이다. 둘째, 변화하는 유권자들의 이념 지형 분포와 정당들이 추구하는 이념 지형 분포가 달라지고 있으며 그 격차가 커지고 있다는 점이다. 셋째, 정당들이 유권자들의 변화된 이념 성향 분포와 무관하게 자기들만의 독백적인 진보·보수 편 가르기 식의 진영논리로 이념적 편향성과 이념적 양극화를 추구하고 있다는 점이다. 넷째, 편 가르기 식 진영논리에 따른 이념적 편향성과 이념적 양극화가 결국 민생을 외면하게 해 정당정치에 대한 국민들의 정치 불신으로 이어진다는 점이다.

교조주의로서의 진영논리는 이제 시대상황에 부합하지 못하고 있다. 이러한 현상은 긍정적 의미의 진영논리가 부정적 의미의 진영논리로 변하는 핵심 배경을 보여주기도 한다. 민주 대 반민주 혹은 진보 대 보수라는 이분법적인 관점이 지구화·후기산업화·정보화·탈물질주의·탈냉전으로 표현되는 전환기적 시대상황에 따라 변화하는 중도와 무당파, 세련된 유권자sophisticated voter[10]와 상충적 유권자ambivalent voter[11] 같은 유권자들의 가치관의 변화를 반영할 수 없다는 데 있다. 이 같은 전환기적 시대상황은 비교적 단순했던 '사회적 이익'과 '유권자 정체성'을 파편화·다양화·복잡화시키고 사회적 유동성과 사회적 불확실성, 정보의 제한성을 증가시킴으로써 사회적 불안감과 불신감을 증대시킨다. 이러한 변수들과 상호작용은 전통적으로 정당과 유권자들이 맺어왔던 지지관계를 해체하거나 이념정당과 계급정당 같은 대중정당mass party이 해왔던 '이익집성'의 기능을 약화시켜 '조직으로서의 정당 기능'을 약화시키는 불가역적인 구조적 환경이 등장하게 되어 이것을 거부하기에는 상당한 제약

이 따른다.[12]

변화된 시대에 진영논리와 이것을 대변했던 정당모델과 정당체계가 더는 긍정적인 의미로 작동할 수 없다. 정당들이 진보, 중도, 보수 등으로 다양하고 복잡하게 혼합되고 상충되어 있는 국민들의 다층적인 가치와 성향을 반영하기 위해서는 교조적인 이념 틀인 진영논리에서 벗어나 현장주의와 사실주의에 입각하는 모습으로 환골탈태할 필요가 있다. 독백적인 진영논리를 고집할 경우, 폐쇄적인 관료주의 정당 이미지가 굳어져 정당정치에 대한 불신감과 이러한 정당질서를 비판하는 세력이 계속 등장할 수밖에 없다.

'중도'의 의미와 개념

진영논리에서 벗어나기 위해서는 정치적 양극화전략과 편향성 동원전략을 사용하지 않는 것이 필요하다. 극단적인 진보와 보수의 목소리를 줄이는 반면 중도와 무당파의 목소리를 확대 대변하는 처방이 필요하다. 그렇다면 극단화되고 양극화된 진보와 보수와 맞서 진영논리에서 벗어나고자 하는 중도의 정체성은 무엇인가? 중도가 어떤 개념이고, 무엇을 의미하는지에 대해서는 아직 분명하게 정립되지 않았기 때문에 열린 태도가 필요하다. 그것의 의미와 개념을 효과적으로 정리하기 위해서는 중도적인 성향으로 보이는 사람들의 태도, 즉 자아정체성의 태도를 추론함으로써 단서를 잡아보고 철학적 기초인 존재론적·인식적 관점에서 접근해볼 필요가 있다.

자아정체성이 드러나는 관점에서 볼 때, 중도는 단일한 자아one self가 아닌 진보와 보수 혹은 좌와 우가 혼재되어 있다. 때문에 상대

<표 3> 자아정체성에 있어서 중도의 의미

	중도의 수준		
	저	중	고
복합적인 정체성에 따른 태도	무 입장 또는 기계적인 중립태	상충적 태도와 절충	제3의 길 태도
중도의 의미	충돌과 혼란	긴장과 다양성의 공존	세련된 종합과 균형

적으로 이념적 농도가 낮고 삶의 가치가 중시되는 '복합적인 자아정체성'을 갖는다. 〈표 3〉처럼 복합적인 자아정체성이 보여주는 중도의 의미는 가치와 행태에서 낮은 수준부터 높은 수준까지 세 가지 수준을 포함하는 개념이다.

첫째는 복합적인 자아multiple self가 보여주는 태도로서, 자아 내충돌과 혼란, 무 입장no attitude 또는 기계적인 중립 태도를 보여준다. 둘째는 중간 수준의 복합적인 자아가 보여주는 태도로, 자아 내의 긴장과 공존 및 다양성의 보존으로써 상충적 태도 또는 절충 ambivalent attitude을 보여준다. 셋째는 높은 수준의 복합적인 자아가 보여주는 태도로 자아 내의 긴장과 혼란을 세련된 균형과 종합 및 통합을 통해 '새로운 정체성'을 지향하는 개념으로써 제3의 길을 보여준다. 제3의 길의 태도로서 중도는 자아정체성을 구성하는 이익, 선호가 외생적인 차원에서 고정되게 '주어진 것'이 아니라 복합적인 자아들 간의 상호작용으로 인해 그 정체성이 변화할 수 있다. 중도의 개념이 포괄적이고 중층적인 의미를 갖게 된 배경에는 지구화, 후기산업화, 정보화, 탈물질주의적 태도, 탈냉전과 같은 시대격변기에 따른 불확실성, 불투명성, 불안과 불신의 증대 속에서 유권자들이

제한된 합리성, 복합적인 심리태도, 복합적인 자아정체성이 있다.[13]

더 명증한 차원에서 존재론적·인식적 관점에서 중도의 의미와 개념에 접근해보면 다음과 같다. 좌와 우가, 진보와 보수가 싸우거나 그 대립이 더욱 극단화되는 배경에는 인식의 주체와 객체가 분리되는 관념론과 유물론의 대립 문제가 있는데, 그 분리 모순은 아직 극복되지 못하고 있다. 관념론은 보수진영에게 유물론은 진보진영에게 철학적 기초를 제공해왔다. 진영논리에서 벗어나기 위해서는 이것의 근거가 되는 주객분리의 문제를 해결하는 철학적 대안이 절대적으로 필요하다. 그것에 대한 대안적 접근이 있지만, 메를로퐁티가 주창한 몸철학, 지각perception의 우선성을 통해서 세계를 보는 지각론적 관점이 적실하다. 몸을 통한 지각 행위를 통해 인간은 관념과 대상을 일치시켜 관념과 분리된 사물 혹은 사물과 분리된 관념을 극복할 수 있다는 것이다. 메를로퐁티에게는 주관과 객관이 분리되지 않는다. 몸의 기관인 지각을 통해 머릿속에 '관념'이 만들어지는 주관화의 과정은 역으로 대상의 실체가 드러나는 객관화의 과정이기에 양자가 분리될 수 없다. 몸과 지각을 통한 주관화의 과정은 객관화의 과정 없이 불가능하고 반대로 객관화의 과정은 주관화 없이 불가능한, 상호주관성inter-subjectivity의 영역이기 때문에 관념론과 유물론으로 분리되지 않는다.[14]

만약 메를로퐁티의 지각론과 같이 관념론과 유물론으로 따로 분리되지 않는다면, 좌와 우, 진보와 보수가 대립하거나 극단화할 가능성이 낮아진다. 좌와 우, 진보와 보수가 더욱 극단화되는 진영논리는 실제 대상에서 의식이 멀어지는 것을 보여주는 '오류의 증표'라 할 수 있다. 이러한 진영논리는 철학적으로 근본적인 한계에도 후기산업화 등 전환기적 시대상황 이전 시기에 실제reality 모습에 들어 있는 이중성과 모순성을 편리하게 설명하고 상대를 이기기 위한 도구적 수단에서 만들어낸 개념 틀로써 어느 정도 의미가 있다. 그러나 이것조차도 변화하는 시대상황에 맞게 상대화되지 못하고 절대적인 교조주의로 전락하게 되었다. 교조주의의 핵심에는 현장과 실제의 모습에서 멀어진 관념의 잔존물인 허구에 기댄 판단이 있다. 문제가 되는 좌와 우, 진보와 보수는 실제로 존재하지 않는 관념상의 허구, 즉 편향성을 가진 왜곡된 의식이라는 점에서 일종의 '틀린 판단'이다. 명증한 차원에서 대안적 개념인 중도는 존재론적·인식적으로 볼 때, 참값이 아닌 좌와 우, 진보와 보수의 단순한 중간 내지 절충이 아니라 '실제'와 '현장'의 모습에 보다 가까이 가서 그 대상에 적중해 최선의 판단과 옳음을 구하려는 태도와 시각이라 정의할 수 있다.

이러한 개념에 비추어보면, '경제는 진보, 안보는 보수'라는 안철수 노선은 그동안 새누리당의 경제관과 민주당의 안보관이 일정 정도 편향되어 있어서 실제에 접근하지 못하는 틀린 판단이었다는 것을 역설한다. 하지만 이러한 개념의 중도는 진영논리가 보여주는 이분법적 대립구도(국가 대 시장, 자유 대 평등, 안보 대 평화, 성장 대 분배, 세계주의 대 민족주의) 모두를 잘못된 것으로 본다. 양자 간에 어느 한쪽만을 선택하는 절대적인 분리가 아니라 적절한 균형을 맞춰 둘 다를 선택해야 한다는 당위적 논리를 내세우지만, 역으로 그것의 적중을 의미하는 구체적인 대안을 내놓기가 매우 어렵다는 약점이 있다. 이런 점에서 중도는 매우 실천하기 어렵고 논란과 논쟁이 많을 수밖에 없다. 그럼에도 중도는 불가피하게 좌우의 편향성에 대한 비판을 기본으로 다양한 대안을 검토하는 지난한 과정에서 사회적 합의를 통해 도출할 수밖에 없다.

소결

이 책에서 사용된 경험적인 데이터는 데이터 수집의 어려움 등으로 인해 선행 연구와 기존의 공개된 자료의 도움을 받았다. 또한 진영논리, 중도, 중도수렴은 아직 논쟁 중인 개념이다. 이러한 한계들은 추후 슬기롭게 개선될 필요가 있다.

중도수렴의 정당정치가 활성화되기 위한 조건들에 대한 제언하자면 다음과 같다. 첫째, 정치 현상에 접근하는 이론과 방법론에 있어서 실사구시의 정신이 필요하다. 서구의 특정한 상황에서 발전한 주요이론과 개념 틀을 절대화해 한국적인 시공간적 맥락을 무시하고 끼워 맞추기보다는 한국의 상황과 사례에서 출발해 이론으로 발전해가는 접근법이 필요하다. 우리가 살고 있는 사회가 산업화와 국가건설기의 유럽이 아니라 아시아의 후발 민주주의 국가이면서 지구화, 후기산업화, 정보화가 심화되는 나라라는 것을 분명히 인식하는 가운데, 변화된 국민의 이념과 가치관에 반응할 수 있는 새로운 정치 패러다임을 모색할 필요가 있다.

이런 측면에서 정당모델과 정당체계모델에 새롭게 접근해야 한다. 한국적인 상황이면서 전환기적 시대상황에 부합하는 정당모델은 이념정당과 계급정당으로 표현되는 대중정당모델보다 약화된 조직으로서의 정당을 정부 내 정당 기능과 유권자 내 정당 기능의 연계를 통해 보완하는 네트워크정당모델network party model[15]이 적실하다. 네트워크정당모델을 활성화하기 위해서는 원내정당화와 유권자

정당화가 결합된 완전국민경선제도가 도입될 필요가 있지만 이것을 실시하면 정당의 정체성이 약화된다는 '완전국민경선제도 정당약화론'이 제기되기도 한다.

이것은 오해다. 후보자의 선출과정에 국민 참여를 확대해 유권자와 소통하는 개방된 정당구조를 만들자는 국민적 염원을 부정하는 시대역행적인 논리이며, 정당개혁을 거부하는 이데올로기다. 이 이데올로기는 정당을 다층적 수준의 정당 기능론(조직으로서 정당, 정부 내 정당, 유권자 내 정당)으로 보지 않는 오해에서 비롯된 측면이 강하다. 만일 당원의 계급적 기반과 이념을 강조하는 조직으로서 정당의 비중이 큰 대중정당모델(계급정당, 이념정당)을 정당이 추구해야 할 이상적인 표준모델로 삼는다면, 정당의 약화가 정말 문제가 될 것이다. 하지만 의원과 유권자, 당원과 지지자를 상징하는 정부 내 정당과 유권자 내 정당의 연계, 조직으로서의 정당과 유권자 내 정당의 연계를 강조하는 네트워크정당모델에서 정당의 약화는 더는 문제가 되지 않는다. 이 모델에서는 위계적이고 폐쇄적인 조직의 비중을 줄임으로써 네트워크를 강화할 수 있기 때문이다. 즉 공천 과정에 유권자의 참여를 보장해 대선후보들과 유권자들을 연계시켜 더 많은 유권자들의 참여가 확대된다면 당의 토대를 확대할 수 있기 때문이다.[16]

정당체계모델 역시 화석화된 진영논리에 따른 이념적 양극화를 벗어나 변화하는 유권자 이념분포를 반영하는 방향으로 중도수렴의 정당체계를 고민해야 한다. 예를 들어, 기존의 '진보 = 친노동 = 복지 = 친북 = 반미', '보수 = 친자본 = 성장 = 반북 = 친미'라는 이분법적 이념 균열과 같은 진영논리를 축소하고,[17] 모순되어 보이는 가치와 정책 선호가 상호 공존하거나 중첩 또는 갈등하면서 종합되는 중도수렴의 논리가 필요하다. 이념의 경계가 허물어지고 이념의 유동성이 커짐으로써 쟁점에 따라 유권자의 태도가 바뀔 가능성이 높아졌고 교육과 미디어 발달에 따른 인지적 수준이 높은 유권자들이 등장했기 때문이다.

변화한 시대상황을 고려한다면, 이념적 대결구도를 대표하는 이슈에 집착해 계급적·이념적 대표성과 책임성을 부각하는 접근보다는 주요 현안과 쟁점에 대해 유동성이 강한 유권자의 태도 변화에 민감하고 유연하게 반응하면서 유권자의 정책 선호를 공공선의 관점에서 변화시킬 필요가 있다. 모든 사안에서 단일한 정체성을 요구하는 교조적인 이념이나 개념 및 이론 틀에서 벗어나 변화하는 현상과 현장에서 출발해 이론을 구하는 중도실용의 실사구시 자세와 현장주의 자세가 필요하다. 유권자들의 보수-진보적 이념 성향이 약해지고 중도로 수렴되고 있다면 정치엘리트인 정당과 시민단체 그리고 언론과 지식인도 이념적·정파적 극단주의를 지양하고 다수의 국민을 위해 이념 성향을 중도에 맞추는 것이 민주주의를 실행하는 적절한 방법일 것이다.

둘째, 정치에 대한 새로운 패러다임의 하나로 변화된 시대상황에 맞는 대의적 대표 체계가 대표성과 결과 중심적인 책임성을 강조하는 '이익집성적 대표체제'에서 다양한 행위자와의 반응성과 과정 중심적인 책임성을 강조하는 '이익통합적 대표체제'로 전환할 필요가 있다. 이런 점에서 초창기 절차적 민주주의와 다원주의적 민주주의 수준에서 벗어나 토의민주주의론과 공화민주주의론이 검토될 필요가 있다. 전환기적 시대상황에 따라 변화한 시민들의 복잡한 정향은 위계적이고 폐쇄적인 조직문화에 저항하면서 자율이고 합리적인 성향을 추구함에 따라 국민이 선거로 정부에 권한을 위임하는 위임명령체계mandate가 종전대로 작동하지 않기 때문이다. 이 사태가 심화되면 정부의 대표성과 책임성의 위기가 발생할 수 있다.

토의민주주의론과 공화민주주의론의 출발점은 시민의 삶의 공간에서 제기되는 다양한 생활 문제를 정치공론화하고, 이것을 정책과 토론으로 대의과정에 반영해 통합과 공공선에 도달하려는 것이다. 때문에 정치의 방향성을 종전의 이념정치에서 생활정치로 전환하는 과정이 필요하다. 이념의 눈으로 생활세계를 보는 것이 아니라 생활세계의 눈으로 이념을 보아야 한다. 생활정치는 정파와 이념, 권력의 장악을 위한 도구적 수단과 합리적 선택의 관점에서 정치 과정과 유권자를 보는 것이 아니라 그것을 유보한 상태에서 거꾸로 유권자와 시민이 살아가는 생활세계의 욕구와 필요 및 문제점의 발견에서 시작하는 것이다.

셋째, 중도수렴의 정당체제를 안정화시키기 위해서는 극단적인 정치세력들을 차단하고 토론과 합의의 정치문화를 정착시켜야 한다. 다수결 선거제도와 양당제 정당체제 간의 부합성이 크다는 뒤베르제Maurice Duverger의 언급대로,[18] 중도수렴을 선택한 주요정당들이 어떻게 이러한 극단적 이념정당들의 전략적 극단주의를 효과적으로 통제하거나 중도수렴에 도움이 되는 방향으로 연합해 안정적인 중도수렴의 정당체제를 구축할 것인가와 직접적인 연관성이 있다. 전략적 극단주의를 효과적으로 통제하면 중도수렴의 정당체계를 내실화하고 안정화시켜 '합의의 정치문화'를 공고히 해 성숙한 민주주의를 촉진할 수 있다.

중도수렴 부재의 정당체제론

갈등을 조장하는 국회의원과 정당정치

2008년도 2월 25일 이명박 대통령은 정부 출범과 동시에 갈등을 조장하는 이념의 시대를 넘어서 실용주의를 바탕으로 사회통합과 국민통합의 시대를 열겠다고 약속했다. 대통령은 이를 뒷받침하기 위해 중도실용주의를 국정기조로 정했다. 후속적인 국정기조로 중반기에는 '공정'과 후반기에는 '공생 발전'을 강조했다. 하지만 미국산 쇠고기 수입을 둘러싼 촛불집회, 용산참사, 미디어법 처리, 4대강 살리기, 세종시 문제, 천안함 사건, 연평도 포격, 무상급식 주민투표 등으로 사회의 갈등과 균열은 오히려 심화되었다. 민주화 이후 민주주의가 사회적 갈등을 관리하고 사회통합을 이룩할 수 있는 체제 통합과 조정 능력을 가지고 있는 것인지 의문이 제기될 수밖에 없었다. 특히 민주주의를 작동시키는 핵심 장치인 정당의 기능과 역할에 회의를 가질 수밖에 없었다.

이명박 정부의 임기가 끝날 때까지를 돌이켜보았을 때, 한국의 주요 정치제도인 국회와 정당은 국민의 대표기관으로서 사회갈등의 해소와 국민통합이라는 본연의 역할을 수행하는 데 성공한 것일까? 이에 대한 대답은 긍정적이지만은 않다. 국회와 정당이 갈등을 해소하기보다는 갈등을 조장해 국민들에게 여전히 국정운영의 파행과 교착의 주범으로 강한 불신을 받고 있으며, 이 같은 상황이 나아지지 않고 있기 때문이다. 이에 대한 해법은 무엇일까? 민주화 이후 성숙한 민주주의의 방향성과 대안적 정당모델은 어떤 것일까? 2009년 12월에 개최된 한국 정치학회 연례학술대회에서 발표된 강원택의 「북한이슈와 한국 사회의 이념갈등」과 이내영의 「한국 정치의 이념지형과 이념갈등」은 이것에 대해 긍정적인 실마리를 보여준다.

강원택은 한국 사회에서 이념갈등이 크게 느껴지는데 반해 북한 및 대미관계, 통일인식 측면에서 통계적 유의미성은 나타나지 않는다는 것을 근거로 한국 사회에서 이념·지역 갈등은 실제보다 부풀려 인식되는 경향이 있다는 의견을 제시했다. 이내영은 일반국민의 이념 성향은 중도로 수렴되는 추세인 반면, 의원들과 정당의 이념적 양극화는 지속적으로 진행되어 진보, 보수 정당의 지지자들과의 이념적 차이를 해소하지 못하고 갈등을 증폭시키는 역할을 하고 있다는 견해를 제시했다. 이들의 견해는 민주화 이후 우리 사회에서 지역 균열과 이념 균열도 모두 약화되었는데, 각종 갈등이 심각하게 계속되는 이유는 무엇이고, 그러한 현상을 어떻게 설명할 수 있을지와 관련해 흥미로운 화두를 던진 것이었다.

그들의 의견을 요약해보면 다음과 같다. 일반 국민들은 전반적인 이념 성향이나 북한 문제에 대해 심각한 의견 차이가 없다. 그러나 의원들의 이념 성향은 이와 다르다. 그들은 정당별로 큰 입장의 차이가 있는 것으로 나타난다. 한국 정치에서 국민들의 이념적 성향이 진보와 보수로 양극화되어 갈등이 발생하는 것이 아니라 정치인들과 정당들의 이념적 양극화전략이 사회적 갈등을 더욱 조장하고 있는 것으로 볼 수 있다.

이러한 논의들은 다음과 같은 시사점과 함께 이론적 쟁점을 제기한다. 첫째, 국회가 종종 극심한 갈등으로 마비되고 교착되는 것은 사회적 갈등이 국회로 수렴되어서 발생하는 것이 아니라 정당과 정치인들의 정치적인 갈등으로 왜곡·조장하거나 부풀려서 만든 갈등임을 의미한다. 이는 곧 국회와 정당이 그동안 왜, 어떻게 국민의 불신을 받게 되었는지, 그 해법의 실마리는 무엇인지를 이해하는데 중요한 단초를 제공한다.

둘째, 이들의 의견 제시는 그동안 하나의 대안으로 주목받았던 '대안적 민주주의론'에 대한 재검토와 더불어 민주화 이후 대안적 민주주의와 정당모델에 대한 새로운 의견을 추가하거나 이것을 반증하는 데 중요한 경험적 근거를 제공한다. 이들의 의견은 '보수독점의 정당체제 개혁론'을 재검토할 필요성과 주요 근거를 제공한다. 보수독점의 정당체제 개혁론의 핵심은 다음과 같이 요약된다. 첫째, 한국 민주주의의 특징을 보수독점의 정당체제에 기반을 두는 '보수적 민주주의'로 진단한다. 둘째, 보수적 민주주의를 정상적인 절차적 민주주의로 전환하기 위해서는 정치적 대표 체계의 개혁의 방향으로 책임정당정부론과 그것과 짝을 이루는 정당의 개혁 방향으로 대중정당모델을 제시한다.

보수독점의 정당체제를 비판하면서 그 대안으로 책임정당정부론과 대중정당모델을 제시하는 연구자들은 한국의 민주주의가, 국민들의 이념 성향은 다양하게 확대되고 있는 반면에 정당의 이익대표

체제는 국민의 다양한 이념 성향을 대표하지 못하는 매우 협애한 이념적 대표체제로 존재하는 것이 가장 큰 문제라고 지적하면서, 보수와 극우만을 대표하는 보수독점의 정당체제를 개혁해야 한다고 주장한다.[1] 정당과 의원은 사회경제적 균열구조를 반영해 보다 이념적 정체성을 뚜렷이 하고 이를 토대로 국민적 지지와 참여를 동원해야 한다고 주장한다.[2] 최장집은 "민주화 이후에도 기존 정당들은 하층과 서민에 대한 정치적 동원 및 조직화를 통해 대중정당으로 전환하려는 노력을 하지 않았다"[3]고 비판하며, "이러한 상황을 지속시키지 않으려면 정당은 사회적 갈등에 자신을 위치시키고 …… 이념과 정책을 갖는 대중정당으로 당의 성격이 변해야 한다"고 역설했다.[4]

강원택과 이내영의 논의는 상술된 보수독점의 정당체제 개혁론의 견해와는 다른 접근을 가능하게 한다는 점에서 매우 중요하다. 어느 쪽이 이론적 적실성이 큰가에 따라 대안적 민주주의의 상像과 정당개혁의 방향이 다르게 설정될 수 있기 때문이다. 만약 강원택과 이내영의 논의와 달리 보수독점의 정당체제 개혁론에서 강조하는 현실 진단과 해법의 적실성이 크다고 가정한다면 국민의 이념성이 상대적으로 높고, 정당과 의원의 이념성이 상대적으로 낮다면 정당의 이념성을 높이는 방향으로 정당개혁이 이루어져야 할 것이다. 이런 방향의 개혁에는 두 가지 노력이 필요하다. 먼저 정당의 이념성이 강조되는 정당모델인 대중정당을 육성하는 것이다. 대중정당은 정당의 이념에 동조하는 진성당원을 중심으로 운영되는 유럽식 정당모델에서 기원한다. 정당의 규율이 매우 강한 반면 의원의 자율성은 낮은 편이다. 둘째, 이념 성향이 강한 정당이 '책임정당정부'를 구성하고 운영할 수 있는 있는 정치 환경을 조성해 주는 것이다. 정당이 정치의 중심이 되고 정당의 다양성을 확보하기 위해 대중정당화, 소선거구제보다는 비례대표제가 필요하다.[5]

만약 강원택과 이내영의 논의처럼 국민의 이념 성향이 상대적으로 낮고 정당의 이념 성향이 상대적으로 높다고 가정한다면, 정당의 이념 성향을 국민에게 맞추는 쪽으로 조정하는 것이 적실하다. 국민의 이념 성향이 상대적으로 낮은 시기에 반응하는 정당모델은 여럿이 있지만, 일반적으로 한국적인 정당개혁의 과정에서 탄생한 원내정당모델parliamentary party model[6]이 적실하다. 이 모델은 이념적 활동당원을 주요 행위자로 하는 조직으로서 정당 기능을 약화시키고, 의원들을 주요 행위자로 하는 정부 내 정당과 인지적 동원능력을 가진 유권자를 주요 행위자로 하는 유권자 속 정당 간의 연계기능을 극대화시키는 모델이다.[7]

이 모델은 다층적인 정당기능론의 측면에서 보면, 유권자의 참여를 개방적으로 촉진한다는 점에서 유권자정당모델, 원내의원들과 유권자들이 적극 결합한다는 점에서 '의원-유권자 네트워크정당모델'로 표현할 수 있다. 이 모델은 필연적으로 인터넷과 SNS 등으로 인지적 동원력을 가진 일반 유권자의 정당 참여를 적극적으로 반영하는 점에서 개방적인 유권자정당을 추구한다.[8] 유권자정당모델은 원내의원들의 자율성은 매우 높은 가운데 당원뿐만 아니라 인지적 동원능력이 큰 일반 유권자들과의 네트워크를 강화한다. 따라서 정당규율은 상대적으로 낮은 형태다. 임성호와 정진민은 정당이 소수의 기간당원(진성당원)의 뜻에 좌우되는 원외정당적 성격에서 벗어나 의원들의 자율성과 유권자들의 반응성에 따른 정책 역량 강화를 중시하는 원내정당으로 가야 한다고 주장한다. 이들은 정당개혁의 일환으로 원내정당화를 위한 핵심적인 개혁 사항으로 의원의 자율성 확대와 의원총회의 정치적 대표성 확대, 중앙당 축소, 지구당개혁, 개방형국민경선제 등을 제안한다.

정치적 양극화의 실체에 대한 논의

1970년대 이전까지 미국 정치는 민주당과 공화당이 대외정책을 제외하고 국내 정치의 측면에서 이념적 스펙트럼이 비교적 좁고 유권자와의 정당일체감도 약해서 중도 성향의 유권자들이 많은 정파성 없는 정당으로 이해되어 왔다.[9] 하지만 미국의 정치학자들은 1980년 이후 미국 정치가 이전과 다르게 정치엘리트 수준에서 정당 양극화가 심화되는 것에 대해 공감하고 이것의 의미와 배경, 해법에 대해 논쟁하고 있다.

임성호는 루이스 하츠Louis Hartz가 『미국의 자유주의 전통』에서 지적하듯이, 미국 사회는 초창기부터 자유민주주의에 대한 사회적 공감대가 워낙 강해서 정치·사회적 균열이 비교적 적었다고 보고 있다. 하지만 그는 1960년대에 민권운동, 베트남전쟁, 워터게이트 사건 등을 거치며 사회적 공감대가 서서히 균열하기 시작했고, 1980년대 들어 탈냉전, 탈산업화, 탈물질주의, 지구화로 대표되는 전환기를 맞아 오늘날 미국 사회가 거대한 이분법적 균열구도에 빠지게 되었다는 견해를 제시했다. 또한 그는 미국 정치의 양극화를 지적하는 학자들 대부분은 양극화가 의회와 정당뿐 아니라 일반 유권자와 이익단체, 시민운동 등 시민사회 영역에서도 증폭되며 각종 경제, 사회, 종교, 문화, 외교정책에도 부정적인 영향을 미치고 있음을 우려한다고 지적했다.

정치적 양극화에 대한 이론적 논의는 1980년대 이후 지구화, 후기산업화, 탈냉전, 정보화 등 변화된 시대환경에 적응하는 과정에서 등장한 미국 정당정치의 분열과 교착 현상의 특징과 배경을 설명하기 위한 연구자들 간의 논쟁에서 시작되었다. 정치적 양극화란 일반적으로 유권자와 정당이 맺는 정치적 대의관계들이 어떤 쟁점에 따라 중간적·중도적인 시각이 빠진 채, 극단적으로 쪼개지거나 그러한 정체성을 가지게 되는 상태와 이것이 시간에 따라 심화되는 과정을 말한다.[10] 정치적 양극화에 대한 논의에서 핵심적 쟁점인 정치적 양극화의 범위와 그 배경에 대한 설명은 대체로 세 가지로 요약된다.

첫째, 정치적 양극화가 미국 사회 전체적으로 존재한다는 입장에서 그 배경으로 정치엘리트의 양극화를 제시한다. 정치엘리트인 정당의 이념적·정파적 양극화가 유권자에게 전파됨으로써 유권자 내부에서도 양극화현상이 심화된다는 견해다.[11] 미국의 민주당과 공화당 간의 이념적·정파적 양극화가 심화됨에 따라 정당 간 차별성이 강화되고 이러한 정치엘리트의 양극화가 유권자에게 전파되어 각종 여론과 선거 과정에서 이념적 활동가를 동원됨으로써 유권자의 내부에서도 이념적 양극화현상이 심화된다. 정당의 양극화는 정치엘리트의 극단적 전략의 결과라고 이해한다. 정치엘리트가 보다 극단적인 좌경적 혹은 우경적 정책을 추진하면서 투표자를 동원한 결과라는 것이다.[12]

둘째, 정치적 양극화가 미국 사회 전체적으로 존재한다는 것에는 동의하지만, 그 배경으로 정치엘리트의 양극화가 아닌 사회경제적 균열에 따른 유권자의 양극화를 제시한다. 유권자들이 사회경제적 균열에 따라 정파적·이념적 정당일체감을 형성해 양극화가 일어나고 이것이 정치엘리트인 정당과 의회의 양극화로 반영되었다는 견해다. 미국 사회의 사회경제적 분열구조가 정치적 양극화의 원인이라는 것이다. 정치학자 매카시Nolan McCarty와 풀Keith T. Poole, 로즌솔Howard Rosenthal은 미국 사회의 소득불평등의 증가가 유권자들의 정당일체감 양극화로 이어져 결국 의회 내 정치적 양극화로 귀결되었다고 주장한다. 조성대도 미국에서 정치적 양극화가 심화된 배경에는 사회경제적인 차원에서 소득수준의 양극화가 근인近因으로 존재하지만, 그와 연관되어 경제적 불평등을 편향적으로 해소하는 정부의 재분배정책이 원인이라고 설명한다.

셋째, 정치적 양극화는 정치엘리트 수준에서는 존재하지만 사회 전체의 수준에서 근본적으로 존재하지 않는다는 입장이다. 의회 내 정당의 양극화가 존재하는 것은 사실이나 유권자 사이에 양극화는 존재하지 않는다는 견해다. 미국 사회가 보수 대 진보로 양극화된 것처럼 보이는데, 이것은 근본적으로 미국 국민들이 이념적·정파적으로 양극화된 것이 아니라 정치권과 언론이 이념 성향과 정당일체감이 약한 중도 성향의 일반 유권자들을 편향성을 동원해서 벌어진 일종의 착시 현상이라는 것이다.[13] 정치학자인 피오리나Morris P. Fiorina는 미국 사회는 원래 이념적으로 양분되지 않았으며, 정치권에서만 정파적 이유로 양극화가 벌어졌을 뿐이라고 주장한다. 정치적 양극화가 유권자의 차원에서 시작되어 정치권으로 확산된 것이 아니라 정치권의 동원전략에 따라 정당일체감이 약하고 유동성이 큰 유권자들이 쟁점에 따라 동원되기 때문에 겉으로는 유권자들의 정당일체감이 형성되어 정파성이 높아진 것처럼 착시효과가 나타나게 된다는 것이다.

임성호도 피오리나의 문제의식을 수용해, 우리 사회의 이념적 대립은 정치권이 쟁점에 따라 정파성과 이념성을 동원하는 과정에서 발생한 현상이라는 견해를 제시했다. 근래 우리 사회에 드러나는 진보 대 보수의 이념적 대립구도는 일반 유권자들의 가치관이 정말 이념적으로 나뉘어 있는 것인지, 아니면 정치권의 이념적 양극화로 인해 수동적으로 반응할 수밖에 없는 유권자가 자신을 합리화하기 위해 대치 양상으로 반응하는 것인지 경험적으로 확인할 필요가 있다는 의견을 제시했다.

미국 정치를 연구하는 학계에서는 아직까지 정치 양극화현상에 대한 정확한 합의를 내지 못하고 있다. 그럼에도 분명한 것은 정치엘리트의 정치적 양극화에는 어느 정도 동의한다는 것이다. 정치엘리트 수준의 정당, 지식인, 시민사회, 미디어와 언론 사이의 갈등이 심화되고 있다. 정치적 양극화에 따른 대통령과 의회 관계가 교착되기 일쑤고, 의회 내 의원들 간의 협의, 흥정, 타협이 힘들어진다. 이러한 상황에서 대통령과 정당, 의원들은 상대를 설득하기보다는 국민여론에 먼저 호소하는 전략을 사용함으로써 상대측을 압박하는 비대의적인 정치 선동이 자주 활용된다. 이러한 연쇄고리들은 국민통합에 기초한 대의민주주의의 국정운영을 더욱 힘들게 한다.[14]

정치적 양극화는 미국에만 나타나는 현상은 아니다. 미국의 민주주의제도를 수입해 채택한 한국에도 민주주의와 정당발전, 시민의 정치 참여와 관련해 흥미로운 토론거리를 제공한다. 정치적 양극화의 배경이 지구화, 후기산업화, 정보화라는 시대상황의 변화와도 관련이 있는 만큼 이러한 정치적 양극화의 개념을 응용해 민주화 이후 거세지는 이념갈등과 정파갈등 및 유권자의 정당불신의 실체를 설명하려는 노력이 필요하다. 특히 학계의 선도적인 연구가 중요하다.

정치적 양극화라는 개념을 명시적으로 사용하지는 않았지만 일부 연구자들은 우리 사회에 만연하고 있는 이념적 갈등과 정파적 갈등의 배경과 해법에 대해 논의했다. 대표적인 연구자는 앞에서 언급한 바 있는 보수독점의 정당체제 개혁론자들이다. 한국 사회의 이념갈등이 발생하는 배경이 분단과 권위주의 정권에 따른 반공주의적 지배담론과 보수독점의 정당체제에서 진보적 가치와 균열갈등이 억제되어 있기 때문이며, 이것을 제도적으로 반영하기 위해 진보와 보수가 경쟁하는 정치구도를 만들어야 한다고 강조한다.[15]

한국 사회의 이념갈등에 대해 조금은 다른 시각도 있다. 한국 사회의 이념갈등이 유권자 수준의 실제보다 과장되어 있어서 문제(즉 과대 대표의 문제)이고, 그 갭을 줄이기 위한 개혁이 필요하다는 시각이다. 이내영은 2002년 대선 이후 우리 사회에서 이념을 둘러싼 대립과 갈등이 심화된 것에 대해, 이것은 국민 사이의 이념적 양극화 때문이라기보다는 오히려 17대 총선 이후 국민들의 이념 성향은 중도로 수렴되고 있음에도 언론이나 지식인, 기성정당 및 정치인들로 인해 편향적으로 동원된 이념갈등이 증폭된 탓이라는 견해를 제시했다.

윤성이는 한국 사회 이념갈등의 실체를 분석하기 위해 한국갤럽이 조사한 2002년, 2004년, 2006년 한국 사회의식조사 자료를 이용해 안보, 경제, 사회가치 세 분야 9개 이슈에 대해 집단 간 태도의 차이가 있는지 조사했다. 그는 분석결과를 통해, 한국 사회의 보수·진보갈등과 세대갈등은 국가보안법을 제외한 모두에서 이념적 차이가 크지 않다는 것을 제시해주었다. 그는 분석을 통해 한국 사회의 이념갈등이 실제보다 과장되게 부풀려져 있다는 의견을 피력했고, 그 배경에 대해서는 정치권이 자신에게 불리한 갈등을 숨기고 유리한 갈등만을 과장해 편향적으로 부각해 시민들의 정치 참여를 동원하는 이른바 편향성의 동원전략을 사용했기 때문이라는 의견을 제시했다.

한국에서의 정치적 양극화는 지구화, 후기산업화, 탈냉전, 정보화 등 시대전환기적인 상황 속에서 이념적인 성향이 약하고 사회적 유동성이 큰 중도유권자들이 점차 증가함에도, 이것에 반응하는 정당정치를 하기보다는 보수적·진보적 성향의 주요정당들이 더욱 보수적으로 혹은 진보적으로 이념적·정파적 편향성을 극단적으로 동원하기 때문에 발생하는 일종의 부조화의 현상으로서 그 성격은 중도수렴 부재의 정당정치다. 지구화 등의 시대전환기적 상황에 따른 유권자의 이념적 약화와 정당일체감의 약화를 돌파하기 위해 정치권이 극단적인 이념의 편향성을 동원하는 전략이 정당의 이념적 양극화로 이어진다. 특히 지구화, 후기산업화에 따른 사회적 연대의식의 약화, 사회이익의 파편화, 개인의 원자화 등으로 사회유동성이 증가되는데, 이러한 상황을 돌파하기 위해 정당지도부들은 극단적인 이념을 동원하는 편향성의 동원을 기반으로 극단적인 네거티브 캠페인 전략과 막강한 자금을 동원해 대중동원전략을 사용할 수 있다.[16]

국민과 정당 간의 이념적 부조화에 대한 경험관찰

전반적인 국민 이념의 변화추세

〈그림 1〉은 EAI(동아시아연구원)가 2002년부터 2011년 2월까지 국민들의 이념 성향을 조사한 데이터다. 데이터는 최근 국민들의 이념 성향은 수렴과 양극화 속에서 전반적으로 중도수렴 현상을 보여준다.[17]

〈표 1〉은 2004년부터 2008년까지 『서울신문』과 한국 사회과학

〈그림 1〉 노무현 정부 이후 한국 사회 이념 성향과 양극화 변화 추세

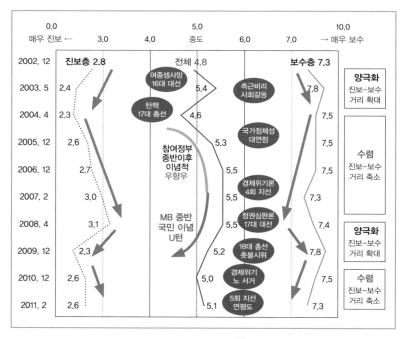

* 출처: 정한울, 「한국 사회 이념 무드의 변동과 정치적 함의」.[18]

	2004년 12월	2005년 12월	2006년 12월	2007년 12월	2008년 12월
보수	38.7	26.0	30.5	33.3	26.2
진보	31.6	20.0	18.8	24.7	25.0
중도	29.1	45.7	47.0	36.1	39.5
모름/무응답	0.6	8.3	3.8	5.9	9.3

＊ 출처: 『서울신문』 2009년 신년 여론조사를 재구성.

데이터센터KSDC가 조사한 국민들의 이념 성향을 정리한 데이터다. 〈그림 1〉과 마찬가지로 국민들의 이념 성향이 보수와 진보를 포함해 중도 역시 존재한다는 사실을 보여준다. 우리 사회의 이념 지형은 진보와 보수가 줄어들면서 중도가 증가되는 추세다. 2004년에는 진보(31.6퍼센트)와 보수(38.7퍼센트)가 균등한 비율을 보이고 중도(29.1퍼센트)가 미약한 쌍봉형의 이념 지형을 보였지만, 2008년에는 진보(25퍼센트), 중도(39.5퍼센트), 보수(26.2퍼센트) 등 중도가 두터운 단봉형의 이념 지형을 이루고 있다.

국민과 국회의원 간 이념의 격차와 추세

〈표 2〉는 2002년 2월부터 18대 총선 직후인 2008년 4월까지 국민과 국회의원의 이념을 비교해 성향의 변화를 비교한 데이터다. 조사결과 국민들은 2004년 이후 중도의 비율이 늘어서 43.1퍼센트에 달하는 데 비해, 국회의원들은 중도의 비율이 지속적으로 감소하는 추세가 나타났다. 2002년 2월 조사에서 나타난 16대 국회의원의 중도 비율은 61.9퍼센트에 달했지만, 2004년 17대 35.4퍼센트,

〈표 2〉일반 국민과 국회의원의 주관적 이념 성향의 분포의 변화 비교(단위: 퍼센트)

	2002년 2월			2004년 4월			2008년 4월		
	보수	중도	진보	보수	중도	진보	보수	중도	진보
일반 국민 이념 성향(A)	28.5	49.5	21.4	26.4	33.0	40.6	33.0	43.1	23.0
국회의원 이념 성향(B)	18.6	61.9	19.5	20.1	35.4	44.5	53.1	22.8	24.0
국민과 의원 간 이념 격차 (A-B)	9.9	12.4	1.9	6.3	2.4	3.9	20.1	20.3	1.0

* 출처: 이내영, 「한국정치의 이념지형과 이념갈등」을 재구성.

2008년 18대 국회 22.8퍼센트로 지속적으로 감소했다. 중도 성향에 대한 국민과 의원들의 이념적 격차(A-B)는 2002년 2월 12.4퍼센트, 2004년 4월 2.4퍼센트, 2008년 4월 20.3퍼센트로 점차 커졌다.

전체적으로 요약하면 국민들의 이념 성향은 중도로 수렴되는 추세가 나타나는 반면, 의원들은 이념적 양극화가 지속적으로 진행되었다. 한국 사회의 진보-보수의 이념 격차는 국민들보다는 정당 소속 국회의원 사이에서 뚜렷하다. 다시 말하면 진보-보수 정당 지지자들 사이에 이념적 격차와 갈등이 존재하지만, 정당 소속 의원들의 이념적 차이가 국민들의 이념적 차이보다 크다는 점에서 의원들이 이념 격차와 갈등을 해소하기 보다는 그것을 거꾸로 늘리거나 증폭시키는 역할을 하는 것이다.

국민들과 정당지도부의 정당 평균이념 간의 격차

〈표 3〉은 서강대학교 현대정치연구소 이현우 교수팀이 2009년도 7월에 정당지도부가 평가한 정당의 평균이념과 국민의 이념 간

	정당 평균이념	국민 평균이념	거리
자유선진당	3.32	2.92	0.4
한나라당	3.07	2.87	0.2
민주당	2.3	2.8	0.5
민노당	2.04	3	0.96

* 출처: 강지남·이현우·이지호, 「'보수' 한나라당, '진보' 민주당 이념 본색」.
** 주: 5점 척도(1-매우 진보, 2-약간 진보, 3-중도, 4-약간 보수, 5-매우 보수).

의 격차를 조사해 『주간동아』에 발표한 여론조사 데이터다. 조사 결과를 보면, 한나라당과 자유선진당 지도부는 자기 정당의 평균 이념이 국민보다 보수적이라고 인식한 반면, 민주당과 민노당 지도부는 자기 정당이 국민보다 진보적이라고 인식하고 있는 것으로 나타났다.[19] 즉, 자유선진당의 정당 평균이념(3.32)은 국민의 평균이념(2.92) 보다 보수 쪽에 있으며, 한나라당의 정당 평균이념(3.07)도 국민의 평균이념(2.98) 보다 상대적으로 보수 쪽에 있다. 반면에 민주당의 정당 평균이념(2.3)은 국민의 평균이념(2.8)보다 진보 쪽에 위치하고 있으며, 민노당의 정당 평균이념(2.04) 역시도 국민의 평균이념(3)보다 진보 쪽에 위치하고 있다.

〈표 3〉은 〈표 2〉와 같은 시사점을 남긴다. 정당지도부의 평균이념과 국민의 평균이념 간에 상당한 격차가 있고, 그 격차의 방향도 국민의 평균이념보다 정당지도부의 이념이 보수와 진보 쪽으로 편향됨으로써, 국민들 사이의 이념 격차보다 정당의 이념적 양극화가 더 심각한 현실이라는 것을 보여주고 있다.

18대 정당별 소속 의원들과 각 정당 지지층 간의 이념적 격차

〈그림 2〉와 〈표 4〉는 2011년 2월 EAI가 발표한 18대 정당별 소속 의원들과 각 정당 지지층 간의 이념적 격차를 나타낸 데이터다. 한나라당 지지층에선 보수(6~10점)로 평가한 비율이 44.0퍼센트로 가장

〈그림 2〉 18대 정당별 소속 의원들과 각 정당 지지층 간의 이념 격차

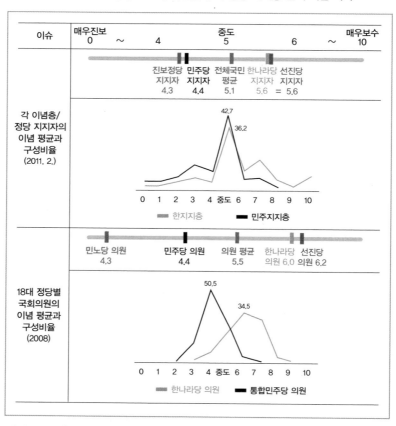

* 출처: 정한울, 「한국 사회 이념 무드의 변동과 정치적 합의」.
** 주: 소수점으로 응답한 경우 소수점 이하는 버림.

〈표 4〉 18대 정당별 소속 의원들과 각 정당 지지층 간의 이념 격차(단위: 퍼센트)

	민주당			한나라당		
	보수	중도	진보	보수	중도	진보
정당 지지자별 일반 국민 이념 성향(A)	18.6	41.7	39.7	44.0	36.2	19.7
정당 소속별 국회의원 이념 성향(B)	5.9	20.9	63.0	69.7	20.9	9.4
지지자와 의원 간 이념 격차 (A−B)	12.7	20.8	23.3	25.7	15.3	10.3

* 출처: 〈그림 2〉를 표로 재구성.
** 각주: 진보(0-4점), 중도(5점), 보수(6-10점).

많았지만 중도 5점을 선택한 응답자도 36.2퍼센트에 육박했다. 한나라당 지지층 중 진보(0~4점)를 선택한 비율은 19.7퍼센트에 그쳤다. 반면 민주당 지지층에서 5점 중도를 선택한 비율은 41.7퍼센트, 진보라고 응답한 비율은 39.7퍼센트다. 민주당 지지자 중에서 스스로 보수라고 응답한 사람은 18.6퍼센트에 불과했다. 양당 지지층은 모두 중도 응답자가 다수를 차지하는 가운데 한나라당 지지층은 보수 성향의 응답자들이, 민주당 지지층에는 진보 성향의 응답자들이 왼쪽에 넓게 퍼져 있어 중도가 넓은 정규분포 곡선을 그리고 있다.[20]

정당별 소속 의원들의 이념분포 곡선은 정당 지지자들과 다른 것으로 드러났다. 한나라당 소속 의원들은 중도라고 답한 비율은 20.9퍼센트에 불과했고, 6~7점(64.7퍼센트), 8~10점(5.0퍼센트)으로 의원의 69.7퍼센트가 보수 범주에 포진된 것으로 나타났다. 민주당 역시 스스로 중도라고 응답한 비율은 20.9퍼센트에 불과했고, 4점을 택한 의원이 50.0퍼센트, 3점을 택한 의원이 13.2퍼센트, 2점은

1.5퍼센트에 그침으로써 의원의 63퍼센트가 진보 범주(3~4점)에 포진한 것으로 나타났다. 이러한 결과는 정당별 소속 의원들의 이념분포가 정당 지지자들의 것과 다르게 편향적으로 기우는 이념분포 곡선을 보여줌으로써 정당의 이념적 양극화가 심각하다는 것을 보여준다. 민주당 지지자와 의원 간 이념 격차(A-B)는 20.8퍼센트, 한나라당 지지자와 의원 간 이념 격차(A-B)는 15.3퍼센트를 보여주고 있어 양당 모두 그 격차가 매우 큰 것으로 분석되었다.

경험관찰에 대한 시사점과 이론적 함의

시사점

국민 이념의 중도수렴화 추세에도 정당의 이념이 극진보와 극보수로 양극화되어 국민과 정당 간의 부조화가 발생하고 있다. 이러한 경험적 관찰은 다음과 같은 시사점을 준다. 첫째, 우리 사회에서 진행되고 있는 거시적인 이념 성향의 추세는 진보나 보수의 어느 한 방향으로 쏠리기보다는 노무현 정부 이후부터 점차 중도로 수렴되고 있다는 점에서 통념적으로 사용되던 인식 틀의 재검토가 필요하다. 진보 이념과 보수 이념을 대변하거나 이것을 동원하기 위해 정당화되었던 정치 패러다임과 이론들이 재검토될 필요가 있다.

예를 들어, 기존의 '진보=친노동=복지=친북=반미', '보수=친자본=성장=반북=친미'라는 이분법적 이념 균열이 약화되고, 서로 모순되어 보이는 가치와 정책 선호가 상호 공존하는 트렌드가 강화될 것으로 보인다.[21] 이념의 경계가 허물어지면서 이념의 유동성이 커짐으로써 쟁점에 따라 유권자의 태도가 바뀔 가능성이 크다. 변화된 시대상황을 고려한다면, 이념적 대결구도를 대표하는 이슈에 집착해 계급적·이념적 대표성과 책임성을 부각하기보다는 주요 현안에 대해 유동성이 강한 유권자의 태도 변화에 민감하게 반응하면서 유권자의 정책 선호를 공공선의 관점에서 변화시킬 필요가 있다. 모든 사안에서 단일한 정체성을 요구하는 교조적인 이념이나 개념 및 이론 틀에서 벗어나 현상과 현장에서 출발해 이론을 구하는 실사구시의 자세가 필요하다.

보수독점 정당체제 개혁론의 주요 가정과 명제 역시도 재검토의 대상이 될 수밖에 없다. 왜냐하면 보수독점 정당체제 개혁론자들의 주장처럼 국민의 이념 성향이 높은데도 이를 반영하지 못하는 편협한 정당체제가 문제라면 책임정당정부론과 이념을 중시하는 대중정당모델이 적실성을 가지고 정당화될 필요가 있다. 앞서 검토한 바와 같이 우리 사회의 이념 구도는 서구의 산업화와 국가건설기와 달리 이념적 진보화도 이념적 보수화도 아닌 중도수렴 현상을 보이고 있다. 문제가 되는 것은 정치엘리트인 정당들만의 이념 양극화다. 국민이념의 중도수렴 현상과 정당 이념의 부조화현상은 민주주의와 관련해 많은 문제점을 내포할 수밖에 없다.

국민들의 보수와 진보적 이념 성향이 약해지고 중도로 수렴되고 있다면 정치엘리트인 정당과 시민단체, 언론과 지식인 사회도 그러한 추세에 맞춰 다수의 국민들을 위해 자신의 이념 성향을 중도에 맞추는 것이 민주주의를 실행하는 적절한 방법이다.

정당의 이념적 양극화가 개선되지 않는다면, 결국 의원과 정당들이 대변하지 않는 다수의 중도적인 혹은 온건 성향의 국민들은 정치적 불만과 냉소를 불러일으킬 것이다. 따라서 정당과 의원들이 언론의 주목을 받기 위한 과장된 몸짓으로 폭력과 갈등을 조장하는 행태를 멈추지 않는다면, 한국 정치는 영원히 국민에게 버림을 받을지 모른다. 따라서 정당정치의 이념적 양극화 문제, 다시 말해서 중도수렴 부재의 정당정치를 개선하는 방향으로 민주주의의 방향성과 정당모델이 설계, 제시되어야 한다. 한국 정당정치의 핵심문제가 보수독점의 정치적 대표체제가 아니라 중도이념의 유권자를 대변하지 못하는 정당들만의 이념적 양극화라는 것을 분명하게 재인식하는 것이 무엇보다 중요하다.

책임정당정부론과 대중정당모델의 의의와 한계

지구화와 후기산업화 및 정보화가 본격화되기 이전 국민국가 건립기와 산업화시대의 지배적인 정당모델은 '책임정당정부모델'로 정리할 수 있다. 책임정당정부모델에서는 정당의 대표성을 선거를 통한 명령electoral mandate에서 찾는다. 이 모델의 관건은 책임지는 정당과 적극적인 유권자 간의 선순환이다. 정당은 선거에서 자신의 정체성을 반영하는 정책 프로그램을 유권자에게 제시하고, 유권자는 이를 보고 자신의 이익을 대변하는 정당을 선택한다. 승리한 정당은 선거 결과를 유권자의 명령적 위임으로 해석해 관련 정책을 책임지고 집행한다. 그다음에 정당은 차기 선거에서 정책수행에 대한 심판을 받게 된다. 따라서 이 모델에서 유권자와 의원들은 개별적인 차원에서의 유권자와 의원이 아니라 정당의 정체성을 중심으로 자신의 이익과 정체성을 표출하고 대변하는 집합적 담지자다. 의원은 정당이 선거에서 제시한 정책 프로그램을 실현하기 위해 집단적인 책임을 지게 되며, 책임과 관련한 정당의 강한 기율은 필수적인 조

건이 된다.[22]

　책임정당정부모델과 이것의 철학적 원리는 '위임명령이론'이고, 이 모델의 조직적 기반이자 실현체인 대중정당모델은 비교적 국민국가의 경계, 계급·계층적인 사회적 균열구조가 분명한 가운데 사회적 이익이 표출되고 집성되던 산업화시대와 국민국가의 건설기에 적실했다. 산업구조와 사회 이익구조가 비교적 단순했던 산업사회는 대부분의 사람이 회사, 노조, 이익단체 등의 대조직에 속하기 때문에 공동체의식이나 집단의식이 조직적으로 형성되어 대중정당모델과 연계되어 잘 운영될 수 있었다.[23] 이 모델의 시대 적실성은 립셋Seymour Martin Lipset과 로칸Stein Rokkan이 제기한 사회균열구조cleavage structures의 단일화 이론과 정당체계결빙 이론으로 설명될 수 있다.[24] 이 모델의 의의는 보통선거권을 갖게 된 시대적 배경에서 시민들을 당원으로 조직하고 선거 참여에 동원함으로써 생활세계와 정치과정을 연결시키고 민주주의를 대중화하는 정당의 역할을 부각했다는 점이다.

　20세기 후반부터 시작해 최근까지 심화된 지구화와 더불어 촉진된 후기산업화, 탈냉전, 정보화 등은 이러한 책임정당정부모델과 대중정당모델의 시대적 적실성에 타격을 가한다. 직업 구조가 매우 복잡하고 다양하게 쪼개지는 후기산업화사회에서는 인간의 원자화와 파편화가 촉진되고, 이에 따라 사회적 유동성이 커진다. 원자화되고 파편화된 개인들은 자연히 사회적 소외감을 느끼고, 공동의 사회문제에 깊은 관심을 기울이지 않은 채, 자기만의 이익에 몰두한다. 다양하고 복잡한, 상호양립 불가능한 이익들이 등장하고 사회의 이질성이 심해진다.

개인들의 집합적 정체성(계급, 계층)에 따라 '이익표출과 이익집성'이라는 기능을 비교적 잘 조직해왔던 대중정당모델은 그 작동과 적실함에 있어 위기에 처하게 된다. 대중정당모델은 인간의 원자화가 심화되고 사회이익이 파편화됨으로써 사회의 이질성과 유동성이 커지는 후기산업사회에서 작동성이 떨어질 뿐만 아니라 무리하게 작동시킬 경우 편향성의 동원 현상[25]에 따른 불신이 극대화되기 때문에, 제대로 기능하기가 어려워진다.[26] 이러한 책임정당정부모델과 대중정당모델의 시대 적실성의 위기와 한계는 잉글하트Ronald Inglehart와 파네비앙코Angelo Panebianco 등이 제기한 '사회균열구조 다원화론'으로 설명할 수 있다.[27]

책임정당정부모델과 대중정당모델의 시대 적실성 한계는 정당의 기능론에 따라 정당의 변화와 쇠퇴를 설명하는 여러 연구자들이 비판했다. 키르크하이머Otto Kirchheimer, 파네비앙코, 엡스타인Epstein 등 많은 학자는 유럽 사회가 후기산업사회로 이행하면서 나타난 정당의 변화와 의미를 설명하면서, 1960년대 공동체에 기반을 둔 정치사회와 동원의 대리인으로서의 정당의 기능과 그 대표적인 유형인 대중정당모델이 사망했다고 진단했다.[28] 대중정당에 대한 사망진단은 포괄정당의 확대, 합리적·효율적 정당조직의 등장, 선거전문가 정당의 출현, 다당제의 생산적인 양상의 종말, 정당의 카르텔화, 정당의 실패, 우파로부터의 조직적인 감염 등으로 묘사되었다.[29] 포괄정당으로의 변화를 주장한 키르크하이머는 종래의 대중정당이 선거에서 승리하기 위해, 즉 계급적 이해관계를 초월해 광범위한 유권자들의 지지를 획득하기 위해, 이념적 성격과 당원의 역할을 줄이면서 계급 간 또는 집단 간의 이익을 조정하는 최소한의 기능만으로 변화

하는 주변 환경에 대응해왔다고 보았다.[30]

대중정당모델의 시대 적실성에 대한 한계와 관련해 돌턴Russell J. Dalton과 와텐버그Martin P. Wattenberg는 산업사회에서 후기산업사회로 이행함에 따라 정당과 시민들 간의 관계가 근본적으로 변화했기 때문에, 민주주의에서의 정당 기능과 모델은 샤츠슈나이더가 주창해온 전통적인 책임정당정부모델 또는 대중정당모델로 뒤돌아가는 것이 불가능하다고 말했다.[31] 돌턴과 와텐버그는 정당의 '이익집성 기능'이 약해짐으로써 정당은 정부 정책에 다양한 이익집단들의 정치적 이해를 집합시키는 능력이 쇠퇴하게 되었고, 이익집성능력의 쇠퇴는 결국 정부의 통치행위를 더욱 어렵게 한다고 보았다.[32] 마찬가지로 콜Miki Caul과 그레이Mark M. Gray도 점차적으로 책임정당정부모델은 시대착오적인 것이라고 지적하면서, 이 모델은 지난 과거에는 이상적인 정당이론이었으나 정파심과 정당일체감이 쇠퇴한 현대정당체제에서는 살아남을 수 없다고 보았다.[33]

소결

우리 사회의 이념 성향이 중도로 수렴되는 추세에도 정당정치의 이념적 갈등이 극단적으로 심해지는 딜레마의 배경에는 정당엘리트들이 국민들의 이념 성향과 다르게 극단적인 이념을 가공해 부풀리는 편향성의 동원을 통한 정당의 정치가 작동되기 때문이라는 강원택과 이내영의 논의에서 출발했다. 그 문제의식의 연장선상에서, '편향성의 동원에 의한 정당정치의 이념적 양극화'에 대한 명제, 즉 중도수렴 부재의 정당정치현상에 대한 이론적 논의와 그것의 관찰을 통해 대안적 민주주의론의 하나로 주목받아왔던 보수독점의 정당체제 개혁론을 재검토하는 것을 목적으로 했다. 그 목적이 실험적이고 탐색적인 수준인 만큼 많은 한계가 있을 수밖에 없다.

이론적 논의도 매우 초보적일 뿐만 아니라 경험적인 데이터도 초보적이라 한계가 있다. 국민과 정당엘리트 간 이념의 격차에 대한 변화와 추세를 보여주는 자료 수집의 한계와 축적의 어려움으로 인해 직접적인 원자료를 사용하기보다는 기존 자료를 재구성하고 재해석한다는 점에서 보다 정밀하고 세밀한 접근을 시도할 수 없는 한계가 있을 수밖에 없었다. 이 부분은 추후 연구 자료가 축적되면 보완될 필요가 있다.

본 글은 실험적인 문제의식과 초보적인 데이터 분석을 통해 보수독점의 정당체제 개혁론의 주요 가정과 명제에 문제제기했다는 데 소박한 의의가 있다. 보수독점의 정당체제 개혁론자들이 주장처럼 국민의 중도적 이념 성향이 높은 데도 이를 대변하지 못하는 편협한 정당체제가 문제라면 당연히 그들의 주장처럼 보수독점의 정당체제 개혁론과 그 핵심내용인 책임정당정부론과 대중정당론이 적실성을 가지고 정당화될 필요가 있다. 하지만 우리 사회의 이념 구도는 보수독점의 정당체제 개혁론자들이 가정하는 시대상황인 산업화와 국가건설기와 다르게 지구화, 후기산업화, 정보화 등에 맥을 같이하는 차원에서 이념적 진보화도 이념적 보수화도 아닌 중도로의 수렴현상을 보여주고 있어 그들의 주요 가정과 명제에 적실성이 떨어진다는 것을 밝혔다. 한국 정당정치의 중요한 과제는 보수독점의 정당체제 개혁이 아니라 중도와 무당파를 배제한 채, 극진보와 극보수의 이념을 편향적으로 동원하는 전략에 따른 정당정치의 이념적 양극화체제, 즉 중도수렴 부재의 정당체제라는 것으로 새로운 문제 설정이 필요하다. 이 부분은 아주 초보적인 문제설정인 만큼 추후 많은 지적과 비판 속에서 보완될 수 있을 것이다.

한국 정당의 발전 수준이 서구와 다르게 대중정당모델이 정착되지도 못한 상황에서 그 이후의 단계인 선거전문가정당과 카르텔정당 수준의 문제를 성급하게 접목시키는 태도는 재검토될 필요가 있다. 한국의 현행 정당이 대중정당 이후 단계인 선거전문가정당과 카르텔정당으로 진화되었다면 왜 이합집산을 거듭하는지 설명하기 어렵다. 한국의 현행 정당은 서구의 정당처럼 이념이나 노선을 지지하는 열렬한 진성당원을 확보해 시민사회에 대중적인 기반을 제대로 구축한 적이 없는 상태에서 정당지도자의 정치적 부침에 따라 창당과 해산을 거듭하는 무정형의 정당인 대중이전정당per-mass party의 성격도 가지고 있기 때문이다.[34]

정치에 대한 새로운 패러다임의 하나로 변화된 시대상황에 맞는 대의적 대표체계가 이익집성적 대표체제에서 토의민주주의적 이익통합체제로 전환될 필요가 있다는 점에서 토의민주주의론이 검토될 필요가 있다. 토의민주주의에서 강조하는 목표는 사람들이 타고난 이익, 선호, 정체성을 단순히 이익집성하는 것이 아니라 공공선과 공동선을 목표로 더 좋은 이익, 선호, 정체성을 찾기 위한 이익통합을 추구하는 과정이다. 이 같은 목표를 위해 대화와 설득, 토론, 대면관계가 중시되며 그 과정에서 형성되는 신뢰와 새로운 정체성의 창조가 강조된다. 그 과정에서 어떤 합의에 이르지 못하더라도 관계를 공동으로 성찰한다는 점이 중요하다.[35] 토의민주주의적 이익통합체제는 지구화, 후기산업화, 정보화 등으로 공동체의 연대의식이 약하고 개인이 시민사회에 긴밀하게 연결되지 못한 시대상황에 적실하다. 대화와 토론을 통해 서먹하던 개인들을 결속시키고 사회전체의 응집력을 높일 수 있다.[36]

이념정치에서 생활정치life politics로의 전환이 필요하다. 이념의 눈으로 생활세계를 보는 것이 아니라 생활세계의 눈으로 이념을 보는 접근이 필요하다. 생활정치는 거시적인 차원의 이념정치와 중앙정치, 권력정치, 선거공학적 정파정치의 비판에서 출발했다. 생활정치는 정파와 이념, 권력의 장악을 위한 도구적 수단과 합리적 선택의 관점에서 정치과정과 유권자들을 보는 것이 아니라 그것을 유보한 상태에서 거꾸로 유권자와 시민들이 살아가는 생활세계의 욕구와 필요 및 문제점의 발견에서 시작하는 '인식의 전환과정'을 말한다.[37]

보수·진보의 이념을 과잉적으로 동원하는 편향성 동원전략에서 벗어나 중도적 실용노선으로 전환해야 한다. 국민들의 실생활과 유리된 편향된 이념에서 출발하는 것이 아니라 이념을 유보한 상태에서 우선 국민들의 실생활의 필요와 욕구 및 문제점에 초점을 맞추는 접근법인 중도실용노선이 검토되어야 한다. 여기서 실용practical이란 기회주의적으로 움직이라는 의미보다는 프랙티컬하다는 의미로 실제적이고 실천적인 접근을 사용하라는 의미에 가깝다. 중도실용노선으로 전환할 경우 이념의 과잉 문제를 해소하고 국민들의 실생활과 소통할 수 있는 민생정치가 강화될 것이다. 중도적 실용노선의 전환은 극단적인 진보-보수의 극단적 양당체제를 중도수렴의 방향으로 견인함으로써 온건한 양당체제로 변화시킬 것이다.

생활정치와 민생정치가 강화되기 위해서는 원내의원들의 정책개발 능력과 국회의 토의적인 정책 결정이 획기적으로 강화될 필요가 있다. 이념갈등을 줄이기 위해서는 국민들의 실생활과 관련한 구체적인 정책 개발과 정책 결정 과정에서의 소통이 필요하다. 이를 위해서는 원내정당화를 강화하는 쪽으로 정당개혁을 추진해야 한다.

국민의 실생활과 유리된 이념갈등과 정파갈등을 조장하는 정치를 막기 위해서는 무엇보다도 국회의원과 대통령의 공천방식이 혁신되어야 한다. 그 방향은 당연히 '유권자정당화'를 강화하는 것이다. 중앙당 지도부와 대통령 등 원외 지도부에게 과잉 충성하는 의원들에게 공천을 주는 관행을 개선할 필요가 있다. 이를 위해서 모든 국민이 참여할 수 있는 완전개방형 국민참여경선제도를 주요 정당들이 동시에 진행할 수 있도록 제도화해야 한다.

위에서 상술한 내용을 종합적해 볼 때, 적실성이 있는 대안적 정당모델은 토의민주주의론과 짝을 이루는 원내정당모델(유권자 정당모델)을 정당개혁의 방향으로 상정하는 것이다. 이 모델을 통해 글로벌 정당화globalizing political party를 추진해야 한다. 글로벌과 리저널 차원에서 제기되는 초국가적 문제인 황사와 쓰나미 같은 자연재해, 마약, 인신매매 같은 초국가적 범죄, 사스와 조류독감 같은 광역 질병, 이주 노동, 인간 안보, 해적과 해양 테러리즘, 난민 문제, 탈북 여성의 문제, 이주 아동 문제, 에너지 위기, 식량 위기 등에 정당이 대응할 수 있도록 준비해야 한다. 이를 위해서는 우선 아시아 주요정당들의 네트워크인 아시아정당국제회의ICAPP에 참여하면서 교류와 협력을 강화해야 한다. 그 속에서 민주적인 거버넌스의 규범과 틀을 발전시킬 필요가 있다.

제2부

중도 확대와 중도 거부 간의 투쟁과 교훈

제1장

무당파·SNS 유권자의 등장 배경과 특성

박원순 서울시장 당선의 배경과 무당파

2011년 10월26일 서울시장 보궐선거에서 무소속 박원순 후보가 당선되었다. 박원순 서울시장 당선자의 득표율은 53.6퍼센트로 한나라당 나경원 후보가 얻은 46.2퍼센트의 득표율보다 7퍼센트 이상 앞선 것이었다. 무소속의 박원순 후보가 후보 단일화 과정에서 민주당의 박영선 후보를 이기고 이후 한나라당의 나경원 후보와 경쟁에서 승리해 서울시장으로 당선된 사건은 정치사에서 드문 일이다. 그가 당선될 수 있었던 배경은 무엇일까?

여러 변수가 있지만 핵심 요소는 여론조사 항목에서 '특정 정당을 지지하지 않는다'고 답한 무당파와 SNS를 이용하는 유권자들의 전폭적인 지지가 있었기 때문인 것으로 드러났다. YTN과 아산정책연구원이 한국리서치에 의뢰해 2011년 10월 26일 서울시장 보궐선거 투표를 마치고 나온 1,194명을 대상으로 한 출구조사를 보면, 서울시장 선거 투표에 참여한 유권자 가운데 '지지하는 정당이 없다'고 답한 무당파가 3분의 1(한나라당 35.8퍼센트, 민주당 21.4퍼센트, 지지정당 없음이 33.1퍼센트)에 달했고, 그 무당파 중 69.7퍼센트가 박원순 후보를, 29.8퍼센트가 나경원 후보를 지지한 것으로 나타났다.

조사를 보면, 무당파는 주로 20~30대의 젊은층과 고학력자, 사무직군과 전문직군에 분포하며 이념적으로는 중도 성향이 강한 것으로 나타났다. 이 무당파는 안철수 현상을 통해 급속하게 존재감을 드러냈으며, 트위터와 같은 SNS를 통해 결집해 박원순 후보의 당선에 결정적인 영향을 미친 것으로 드러났다. 2012년 대선에서 비한나라당 후보에게 투표하겠다는 무당파가 40.7퍼센트, 한나라당 후보에게는 투표하겠다는 무당파가 5.6퍼센트로 나타나서 이들의 영향력은 갈수록 커질 것으로 예상한다. 이들의 지지를 받기 위한 대책 마련이 선거성패의 중요한 변수가 되었다.[1]

기성정당정치에 대해 불신과 염증을 느끼는 무당파와 중도 성향의 유권자들이 안철수 현상을 몰고 왔고, 이 후광을 입은 박원순 후보의 승리는 한국 정치의 지각변동을 초래할 수 있는 중요한 계기가 되었다. 여기서 한국 정치의 커다란 변화 가능성을 읽을 수 있다. 총선과 대선을 앞두고 지지정당이 없는 무당파의 숫자가 전체 유권자의 거의 3분의 1을 넘나들며, 한국 정치의 최대 정파가 무당파라는 농담이 있다. 문제는 선거에 임하면 대부분의 무당파 유권자들이 투표를 포기하거나 혹은 기존 정당의 후보를 선택했다는 사실이었다. 하지만 2011년 서울시장 보궐선거에서 무당파의 행동은 과거와 조금 달랐다.

이 선거는 정당정치와 시민정치, 정치 발전을 고민하는 사람들에게 많은 고민거리를 남겼다. 그중에서도 첫째는 '중도 성향의 안철수 지지 현상'과 '정당을 이긴 무소속 박원순 시장의 당선 현상'을 통해 드러난 무당파의 존재와 SNS 유권자들의 정치적 특성에 대한 종합적 이해가 필요하다는 점이다. 언뜻 무당파라고 하면 정치적 무관심층으로 분류되어 정치적 참여를 하지 않는 유권자로 이해되어온 측면이 있다. 하지만 이 선거에서 드러난 것처럼, 무당파가 곧 정치적으로 무관심한 유권자는 아니다. 무당파 유권자들은 누구며, 왜 그들은 특정 정당에 일체감을 갖지 않게 되었는가? 그들은 어떤 방식으로 정치에 참여하기를 바라는가? 이러한 무당파의 등장은 일시적인 것인가? 아니면 사회구조적인 변화와 연관된 시대적인 대세인가?

둘째는 정당의 위기 현상에 대처하기 위해 추진된 많은 정당개혁에도 무당파·SNS 유권자가 계속 등장한 시대적 배경은 무엇인가라는 것이다. 이러한 시대상황이 대세라고 한다면, 변화된 상황에 부합하는 대안적 정당모델은 어떤 것일까? 이 선거는 정당정치에 대한 중도 성향의 무당파 유권자들의 불신과 불만이 표심으로 드러났다는 점에서 '정당정치의 위기 현상'을 보여주었다. 이런 점에서 이념적 양극화 정치[2]로 중도와 무당파를 배제해왔던 정당정치에 타격을 가하고 그 한계를 드러냄으로써 정당정치의 반성과 시대상황에 부합하는 정당개혁을 촉구하는 측면이 있다.[3]

본 글은 무당파·SNS 유권자들이 등장하게 된 사회구조적 배경과 이들의 특성을 이론적·경험적으로 살펴보고, 이들의 등장이 정당개혁에 주는 시사점을 탐색할 것이다. 이를 위해 첫째, 무당파·SNS 유권자의 특징과 등장 배경과 의미에 대한 이론적 논의를 살펴본다. 둘째, 현상적으로 우리 정치에 등장한 무당파·SNS 유권자의 현황과 의미를 경험적으로 살펴본다. 셋째, 경험적 관찰의 시사점으로 무당파·SNS 유권자의 등장 시대에 부합하는 대안정당의 모델을 탐색한다.

이론적 논의: 무당파·SNS 유권자의 등장 배경과 특성

정치개혁이 본격적으로 논의되기 시작한 2002년 16대 대선 이후 한국 정치의 큰 특징 가운데 하나는 각종 여론조사에서 '어느 정당을 지지하고 있는가'라는 질문에 특별히 지지하는 정당이 없다고 답하는 이른바 무당파층이 전체 유권자에서 상당한 비중을 차지하고 있다는 사실이다. 그럼에도 이에 대한 학계의 연구는 다소 미흡하다. 무당파의 증가 현상은 한국만의 고유한 현상이 아니라 서구의 선진 민주국가들에서 공통적으로 등장하는 일반적인 현상이고,[4] 이러한 무당파의 존재감과 선거 과정에서의 영향력, 그들의 투표 행태에 대한 분석은 한국 선거의 특징과 향후 정당정치의 전망에 대한 설명과 예측을 위해 반드시 필요한 작업이었음에도 연구가 미흡했다.[5]

상황이 이렇게 된 것은 정당정치와 선거, 유권자의 투표 행태를 설명하는 데 지역주의 변수가 설득력을 가짐에 따라 상대적으로 무당파와 관련 있는 변수가 중요하게 취급되지 않았기 때문이다. 이러한 경향 속에서도 무당파에 대한 선각자들의 논의는 있었다. 대표적인 연구자는 소순창과 이현출이다. 이들의 논의는 대체로 일본 무당파의 투표 행태에 대한 경험적 연구를 15대, 16대 총선 등에 적용한 것이다. 이들의 연구는 무당파에 대한 거의 최초의 연구라는 데 의의가 있으며 대체로 연구의 초점은 선거 결과에 대한 무당파의 영향력과 투표 행태분석에 집중되어 있다. 따라서 무당파가 증가되고 있는 사회구조적 배경과 이것의 추세가 거시적인 차원에서 정당정치의 변화와 재편에 미치는 영향력에 대한 논의로 나아가지 못하는 한계를 보여준다. 또한 뉴미디어인 SNS를 활용하는 유권자의 등장은 최근의 일이기 때문에 무당파와 SNS와 같은 뉴미디어의 연관성에 대한 연구 역시도 한계를 보일 수밖에 없었다.

무당파·SNS 유권자의 등장 배경과 특성에 대한 이해는 정당-유권자 간의 지지관계의 형성alignment과 관계 해체dealignment 및 관계 재편성realignment 논의를 통해 접근할 수 있고, 이것을 위해 시대상황의 변화에 따른 '정당 기능의 변화'에 대해 이해할 필요가 있다.[6] 정당연구의 권위자인 키V. O. Key는 〈그림 1〉처럼 정당의 기능을 세 수준으로 분류했다. 조직으로서의 정당은 정당지도자를 발굴, 교육, 훈련하는 기능과 지지자들의 이익 표출과 이익집약을 위한 기능이다. 정부 내 정당은 의원과 행정부의 입법과 관련된 기능이다. 유권자 속의 정당은 일반 유권자들의 정당일체감과 충성심 제고 및 선거에서의 지지와 참여 활성화 등과 관련된 기능이다.

돌턴과 와텐버그는 키의 관점을 수용해 후기산업화라는 전환기에 따른 정당-유권자 관계의 변화를 통해 정당 기능의 재편성을 설명했다. 그는 후기산업화의 도래가 유권자들의 이익과 가치를 다양

〈그림 1〉 **정당 기능의 세 수준 모델**

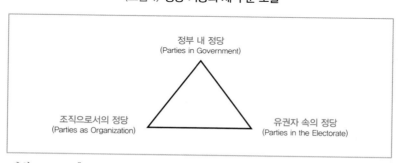

* 출처: V. O. Key, 『Politics, Parties and Pressure Groups』를 근거로 재구성.

하고 복잡한 형태로 분절화시켰으며, 사회이익의 유동성도 증가시켰다고 보았다. 후기산업화의 도래가 결국 조직으로서의 정당 기능 약화, 유권자의 정당일체감의 약화, 선거유동성을 증가시켰다고 지적했다. 그가 언급한 이러한 변화는 종전에 지배적인 것으로 작동해 왔던 정당·유권자의 지지관계를 해체시켜 정당과 정치인에 대한 정치적 불신감을 증대시켰다.

후기산업화에 따른 탈물질주의적 가치관을 분석한 잉글하트는 세대 변수로 정당일체감의 약화를 설명했다. 젊고 교육을 많이 받은 새로운 세대가 등장하면서 정당에 대한 충성심과 정당일체감이 약화되었다고 분석했다.[7] 이러한 탈물질주의적 세대 가치관의 등장은, 정당으로 표현되는 엘리트정치에 도전하는 시민들의 직접행동과 직접참여 등 상향식 정치 양식을 촉발시킴으로써, 산업국가 시기에 적실성을 가졌던 정당엘리트에 의한 대중동원을 어렵게 한다고 평가했다. 하지만 그는 시민들의 정치참여 양식이 종전의 투표와 선거로부터 비대의제적인 직접적 정치 행동으로 변화되었기 때문에 투표율 하락이 곧 정치적 무관심이라고 볼 수는 없다고 진단했다. 또한 시민들이 이제는 투표 참가와 선거 동원으로 만족하지 않고 투표율 하락과 무관하게 정당엘리트에 도전한다는 점에서 시민들의 정치관심도가 더욱 커질 것으로 예측했다.[8]

돌턴은 후기산업화에 따른 탈물질주의적 가치의 등장, 정당의 이익집성 기능의 약화, 교육 수준의 향상과 TV와 같은 미디어 확산 및 획기적인 정보통신기술의 발전으로 일반 시민들의 정당에 대한 의존도가 떨어지고 불신도가 높아졌다고 지적했다.[9] 교육 수준의 향상과 그에 따른 인식능력의 신장, 정치적 정보획득이 보다 용이해지면서 일반 시민들의 독자적인 정치적 판단 및 선택이 가능해지는 이른바 인지적 동원능력 향상으로, 그동안 정당과 맺었던 관심과 지지관계가 약해졌다는 것이다. 인지적 동원능력[10]을 갖춘 시민과 시민사회의 등장에 따라 새로운 환경변화에 반응성이 떨어지는 기존의 정당들은 불신과 불만족의 대상이 될 수밖에 없었다. 무당파층은 정당 일체감의 약화에 따라 정치에 무관심해지는 정치무관심층과 정치에는 많은 관심을 갖고 있으나 기존의 정당(즉 역사적으로는 대중정당모델)에는 관심이 없는 인지적 무관심층으로 분화되었다는 것이다.

돌턴은 증가하는 서구 무당파층의 많은 수는 정치무관심층 Apolitical이 아니라 인지적 무관심층이라고 보았다.[11] 인지적 무관심층이란 정치에 대한 관심과 지식이 충분히 높으면서도, 후기산업화와 탈물질주의의 도래, 교육과 미디어의 발전 등 새로운 환경에 대응력이 없는 세련되지 못한 정당정치에 불만족을 느끼는 무당파층을 말한다. 돌턴은 인지적 무관심층은 주로 젊은 세대에 많으며 그 성향은 탈물질주의적 가치 정향이라고 진단했다. 그는 이러한 문제의식에 따라 정당정치에 무관심을 보이는 무당파층을 인지적 동원과 정당 지지의 강도에 따라 〈표 1〉처럼 네 가지 유형(인지적 무관심층, 정치적 무관심층, 인지적 정당 지지층, 관습적인 정당 지지층)으로 분류했다.

〈표 1〉의 기준으로 볼 때, 2011년 서울시장 보궐선거에서 영향력을 행사한 무당파 유권자들은 대체로 정당 지지에 대한 강도가 낮지만 인지적 동원능력이 크고 새로운 정치에 관심이 많다는 점에서, 특정 정당을 지지하지는 않지만 적극적으로 투표에 참여하려는 경향이 큰 인지적 무관심층이라 추론할 수 있다. 이러한 인지적 무관심층은 인지적 동원능력을 가지고 있음으로 인해 정당을 통하지 않

	정당지지의 강도	
	약함	강함
인지적 동원	정당 지지 없음 무당파	정당 지지 있음 정당일체감
높음	인지적 무관심층	인지적 정당 지지층
낮음	정치적 무관심층	관습적인 정당 지지층

* 출처: Russell J. Dalton, 『Citizen Politics』.

고, 대정부(의회, 행정부)에 대한 직접행동이라는 새로운 정치 참여 양식을 통해 자신의 목적을 관철시킨다는 것이 가장 큰 특징이다. 인지적 무관심층은 정당과 연결된 활동과 선거라는 좁은 채널을 넘어 직접행동하기를 좋아한다. 효과적인 직접행동을 위해 시민행동그룹, 시민 로비, 데모, 그밖에 틀에 박히지 않는 행동을 선호한다. 활동의 핵심적 특징은 탈정당적-이슈 중심적 활동이며, 이러한 활동 방식이 인지적 무관심층을 정치에 참여하도록 만드는 현실적인 모델이 된다.[12]

인지적 무관심층은 정보화의 진전에 따라 발전되는 컴퓨터, 인터넷, 트위터 등 SNS와 미디어를 적극적으로 활용해 정당을 초월하는 비대의제적 정치에 참여할 가능성이 크다. 인지적 무관심층의 직접적 정치 참여 사례는 키가 제시한 정당 기능의 세 수준 모델의 관점에서 볼 때, 조직으로서의 정당 기능을 약화시키지만 역으로 원내의 원을 중심 행위자로 하는 정부 내 정당과 관습적인 정당 참여에 불신을 갖고 있으면서도 인지적 동원능력을 갖춘 유권자를 중심 행위자로 하는 유권자 속 정당 간의 연계가능성을 보여준다는 점에서 대

안적 정당모델의 동력을 구체화할 있는 가능성을 예시해 준다.[13]

정보화의 진전에 따른 새로운 정보통신기술ICTs과 뉴미디어의 등장은 종전에 지배적인 정치를 담당해왔던 정당조직과 그것의 기능에 타격을 가함으로써 매개조직intermediary organizations으로서 이익대표의 기능을 상실하게 만든다.[14] 인지적 동원능력을 가진 시민들은 이제 자신의 의사결정권을 정치적 대표자에게 위임하지 않고 직접행동에 나서는 직접적 참여정치를 활성화시키게 된다. SNS와 같은 새로운 미디어의 등장은 유권자뿐만 아니라 정치인들을 정당조직의 도움이 없이, 시민들과 효과적으로 접촉할 수 있는 네트워킹의 가능성을 열어줌으로써 정치인들을 정당조직에서 해방시키는 기회를 제공한다.[15] 정당조직의 약화에도 정치인들은 SNS를 통해 유권자들을 설득하고 동원하며 정당조직의 도움 없이 '정부 내 정당'의 기능을 활성화시킬 수 있게 되었다. 웹 2.0 기술 기반으로 유연하고 수평적인 네트워크 구조를 형성함으로써 시민과 시민, 유권자와 유권자 간의 협력과 정보 공유를 통한 참여적인 정치문화의 생산과 확산이 가능해졌다. 이는 전통적으로 대의 기능을 담당했던 정당 및 의회의 기능에 타격을 가했다. SNS와 같은 획기적인 정보통신기술의 혁신과 미디어의 활성화 역시도 키가 제시한 정당 기능의 세 수준 모델의 관점에서 볼 때, 조직으로서의 정당 기능을 약화시키지만 역으로 정부 내 정당 기능과 유권자 속의 정당 기능이 실질적으로 연계될 수 있는 가능성을 높인다.

경험적 관찰: 무당파·SNS 유권자의 현황과 의미

이제 뉴미디어의 등장 배경과 특성에 대한 이론적 논의에 기반을 두고 우리 사회에 등장한 무당파와 SNS 유권자의 현황과 특성을 경험적으로 관찰하고 그것의 시사점을 살펴보겠다. 돌턴이 제기한 '인지적 무관심층' 테제가 한국의 맥락에서도 적실성을 갖는지 자세히 살피고, 이를 위해 아산정책연구원이 한국리서치에 의뢰해 조사한 2011 서울시장 보궐선거 출구조사 결과 데이터를 활용할 것이다. 이 데이터를 돌턴이 제기한 인지적 무관심층의 등장 배경과 특성으로 지적한 탈물질주의적 가치, 젊은 세대적 가치, 인지적 동원능력, 정보화와 미디어 변수에 맞게 각각 소득 변수, 연령 변수, 학력 변수, SNS 사용 변수로 조작화해 투표에 참여한 무당파의 존재적 특성을 전체적으로 살펴보겠다.

무당파 유권자 증가 현황

(1) 10·26 서울시장 보궐선거에서 무당파 유권자 현황

무당파의 존재적 특성을 이해하기 위해 연령 변수, 학력 변수, 소득 변수와의 상관성을 살펴보면 다음과 같은 특성이 나타난다. 첫째, 무당파는 연령대가 젊을수록 많은 것으로 나타났다. 29세 이하는 55.1퍼센트, 30대는 44.6퍼센트, 40대는 32.3퍼센트, 50대는 21.0퍼센트, 60세 이상은 20.6퍼센트가 나왔다. 둘째, 무당파는 학력이 높을수록 많은 것으로 나타났다. 고졸 이하는 24.8퍼센트이며 대학 재학 이상은 36.6퍼센트가 나왔다. 셋째, 무당파는 소득이 많을수록 많은 것으로 나타났다. 소득이 100만 원 이하는 26.1퍼

센트, 201~300만 원은 34.7퍼센트, 401~500만 원은 35.1퍼센트, 701~1,000만 원은 39.3퍼센트로 나왔다.

〈표 2〉에서 언급한 무당파의 현황과 존재적 특성은 다른 조사에서도 유사하게 나온다. 〈그림 2〉는 한국갤럽이 선거 당일 투표에 참여한 서울의 19세 이상 성인 1,002명을 대상으로 실시한 집전화와 휴대전화 병행 조사로 '지지하는 정당이 없다'고 답한 무당파 유권자는 40퍼센트에 달한 것으로 조사되었다. 나머지는 한나라당 32.7퍼센트, 민주당 21.7퍼센트, 민노당 3.0퍼센트, 국민참여당 1.4퍼센트, 진보신당 1.3퍼센트 등이었다. 민주당 등 야당의 지지율의 합은 27.4퍼센트로 한나라당 지지율(32.7퍼센트)에 미치지 못했음에도 박원순 후보가 승리할 수 있었던 것은 무당파의 다수(64.8퍼센트)가 표를 몰아줬기 때문인 것으로 분석된다. 한나라당 지지층의 92.1퍼센트는 나경원 후보를, 민주당 등 야당 지지층의 88.7퍼센트가 박원순 후보를 선택한 가운데, 무당파의 선택이 승부에 결정적인 영향을 미친 것이다. 무당파는 연령대별로 20대 43.1퍼센트, 30대 41.8퍼센트, 40대 42.5퍼센트 등이었다. 50대(31.8퍼센트)와 60대 이상(34.6퍼센트)에서도 적지 않은 수가 무당파였다.

10·26 서울시장 보궐선거의 투표자 중에는 지지하는 정당이 없는 무당파가 가장 많았다. 이들 중 다수는 무소속 후보로 나선 야권의 박원순 후보를 찍은 것으로 나타났다. 특정 정당을 지지하지는 않지만 적극적으로 투표에 참여하려는 경향이 큰 '행동하는 무당파'의 존재가 선거에서 본격적으로 드러난 것이다.[16]

〈표 2〉 서울시장 보궐선거에서 무당파 유권자의 현황과 특성

Base=전체	사례수 (명)	한나라 당	민주당	자유 선진당	미래 희망 연대	민주 노동당	창조 한국당	진보 신당	국민 참여당	지지 하는 정당 없다	계
전체	(1194)	35.8	21.4	1.4	0.4	3.6	0.1	1.9	2.3	33.1	100.0
연령											
29세 이하	(186)	17.2	17.6	1.1	0.0	4.3	0.5	1.9	2.4	55.1	100.0
30대	(227)	18.0	20.4	0.5	0.4	6.2	0.0	4.8	5.1	44.6	100.0
40대	(256)	28.0	28.2	1.2	0.3	4.1	0.3	2.1	3.4	32.3	100.0
50대	(276)	46.6	26.9	1.3	0.3	2.2	0.0	0.8	1.0	21.0	100.0
60세 이상	(250)	61.8	12.0	2.6	0.8	1.8	0.0	0.4	0.0	20.6	100.0
소득											
100만 원 이하	(99)	48.8	17.2	0.9	0.9	5.3	0.0	0.0	0.9	26.1	100.0
101~200만 원	(173)	35.6	26.2	1.4	0.7	4.6	0.0	3.1	2.0	26.5	100.0
201~300만 원	(239)	31.7	22.4	2.2	0.0	2.6	0.0	3.4	2.9	34.7	100.0
301~400만 원	(187)	35.8	20.9	0.5	0.0	4.2	0.0	3.0	1.4	34.1	100.0
401~500만 원	(148)	33.4	23.9	1.6	0.6	2.4	0.6	0.6	1.8	35.1	100.0
501~700만 원	(140)	34.6	24.6	0.0	0.6	4.4	0.6	0.6	3.1	31.4	100.0
701~1,000만 원	(67)	29.9	13.2	1.8	1.3	6.6	0.0	2.6	5.3	39.3	100.0
1,001만 원 이상	(50)	42.2	13.0	2.4	0.0	1.8	0.0	0.0	1.8	38.9	100.0
모르겠다	(90)	39.1	16.5	2.3	0.0	1.0	0.0	0.0	2.0	39.2	100.0
학력											
고졸 이하	(346)	44.3	23.4	1.9	0.3	2.3	0.5	1.6	1.0	24.8	100.0
대학 재학 이상	(848)	32.3	20.6	1.2	0.5	4.2	0.0	2.0	2.8	36.6	100.0
지지 정당											
한나라 당	(427)	100.0	0.0	0.0	0.0	0.0	0.0	0.0	0.0	0.0	100.0
민주당	(255)	0.0	100.0	0.0	0.0	0.0	0.0	0.0	0.0	0.0	100.0
다른 정당	(116)	0.0	0.0	14.1	4.1	37.2	1.5	19.5	23.6	0.0	100.0
지지 정당 없음	(396)	0.0	0.0	0.0	0.0	0.0	0.0	0.0	0.0	100.0	100.0

* 출처: 아산정책연구원, 2011 서울시장 보궐선거 출구조사 결과표.
** 조사기관: 한길리서치.
*** 신뢰도: 95퍼센트 신뢰 수준에서 최대허용 표집오차는 ±2.8퍼센트.

〈그림 2〉 서울시장 보궐선거에서 무당파 현황에 대한 조사 결과

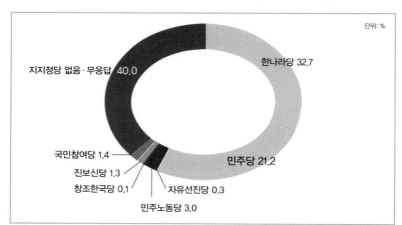

단위: %

지지정당 없음·무응답 40.0

한나라당 32.7

국민참여당 1.4

진보신당 1.3

창조한국당 0.1

자유선진당 0.3

민주노동당 3.0

민주당 21.2

* 출처: 한국갤럽.

(2) 2010~2011년 무당파 유권자 현황

〈그림 3〉은 EAI와 한국리서치가 2010년 1월부터 2011년 보궐선거 전까지의 정당 지지와 무당파 유권자 현황을 집계한 자료다. 무당파 유권자는 2010년 26.7퍼센트에서 시작하여 2011년 2월에 33.2퍼센트, 동년 9월에 38.6퍼센트로 나타났다.

(3) 2003~2008년 무당파 유권자 현황

〈그림 4〉는 2008년 12월 『서울신문』과 한국 사회과학데이터센터가 집계한 2003년부터 2008년까지의 정당 지지와 무당파 유권자 현황을 집계한 자료다. 무당파 유권자들은 2003년에 57.3퍼센트, 2004년에 63.5퍼센트, 2005년 62.5퍼센트, 2006년에 49.0퍼센트, 2007년에 45.5퍼센트, 2008년에 53.8퍼센트로 정당 지지자보다 많

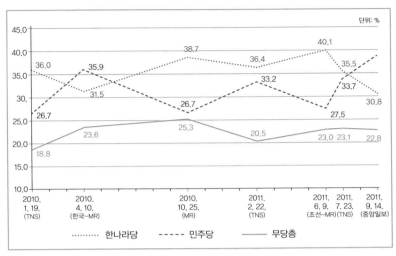

〈그림 3〉10 · 26 서울시장 보궐선거 이전 무당파 유권자 현황

* 출처: EAI · 한국리서치 여론조사 공동기획.

〈그림 4〉10 · 26 서울시장 보궐선거 이전 무당파 유권자 현황

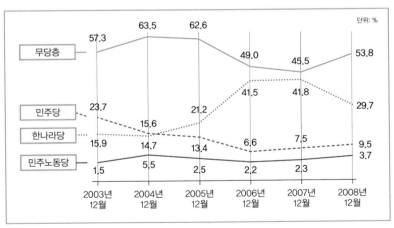

* 출처: 『서울신문』 · 한국 사회과학데이터센터.

은 것으로 나타났다.

(4) 무당파 유권자와 중도 성향과의 상관성에 대한 현황

〈그림 5〉는 2011년 5월 『한겨레』와 한국 사회과학데이터센터가
조사한 한국인의 이념 성향 추세를 집계한 자료다. 중도 성향의 추
세는 2002년 30.4퍼센트에서 2004년 37.8퍼센트, 2006년 47.4퍼
센트, 2007년 35.5퍼센트로 점차 증가해 2011년 43.9퍼센트로 진
보와 보수보다 다수를 점하는 것으로 드러났다. 앞에서 언급했듯이
〈표 2〉와 〈표 3〉처럼, YTN과 아산정책연구원이 한국리서치에 의뢰
해 2011년 서울시장 보궐선거 투표를 마치고 나온 1,194명을 대상
으로 한 〈2011 서울시장 재보궐선거 출구조사 결과표〉에서도 드러
났듯이, 무당파 유권자의 이념적 성향은 55.7퍼센트가 중도인 것으
로 조사되었다. 〈그림 4〉와 〈표 1〉에서 드러난 바와 같이, 무당파의

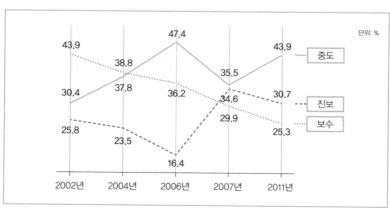

〈그림 5〉 한국 국민의 주관적 이념 성향 추세 현황

* 출처: 『한겨레』·한국 사회과학데이터센터.

<표 3> 무당파 유권자와 중도 성향과의 상관성

Base=전체	사례수(명)	매우 진보 ①	진보 ②	①+②	중도	보수 ④	매우 보수 ⑤	④+⑤	계
전체	(1,194)	5.5	29.8	35.3	41.1	19.1	4.5	23.6	100.0
연령									
40대	(422)	15.6	84.4	100.0	0.0	0.0	0.0	0.0	100.0
50대	(490)	0.0	0.0	0.0	100.0	0.0	0.0	0.0	100.0
60세 이상	(282)	0.0	0.0	0.0	0.0	80.9	19.1	100.0	100.0
지지 정당									
한나라 당	(427)	4.2	15.2	19.4	32.8	39.5	8.4	47.8	100.0
민주당	(255)	8.4	50.7	59.1	35.1	5.1	0.7	5.8	100.0
다른 정당	(116)	13.7	46.1	59.8	34.8	5.4	0.0	5.4	100.0
지지 정당 없음	(396)	2.7	27.2	29.2	55.7	10.3	4.1	14.4	100.0

* 출처: 아산정책연구원, 2011 서울시장 보궐선거 출구조사 결과표.
** 조사기관: 한길리서치.
*** 신뢰도: 95퍼센트 신뢰 수준에서 최대허용 표집오차는 ±2.8퍼센트.

추세가 증가하는 것과 중도 성향의 유권자의 증가는 상당한 상관관계가 있는 것으로 추론된다.

SNS 유권자의 등장 현황

SNS가 선거운동의 중요한 매체로 등장한 것은 2010년 6·2전국동시지방선거 이후다. SNS의 영향력은 2011년 4·27재보선, 무상급식 투표, 서울시장 보궐선거에 이르기까지 급증했다. SNS 분석 전문 회사 트윗믹스가 분석한 자료에 따르면 4·27재보선 기간 동안 후보였던 국회의원·광역단체장 이름이 포함된 트윗은 9만 5,000여 건이지만, 서울시장 선거운동 과정에서 나경원, 박원순 후보 이름이 거론된 트윗 수는 98만 5,000건으로 10배를 넘었다. SNS는 정치 성향을 바꾸진 않더라도 투표 같은 정치행위를 끌어내는 데 매우 효과적인 도구가 되고 있다.[17]

〈그림 6〉과 〈그림 7〉은 인터넷 여론분석 전문기관인 다음소프트가 『중앙일보』와 함께 지난 9월 12일부터 2개월 간 6억 1,700만 건의 한국어 트윗(트위터의 개별 메시지)을 분석한 자료다. 이는 그동안 막연하게 짐작된 'SNS와 선거운동 현실과의 연관성'을 어느 정도 객관적으로 확인할 수 있는 계기가 되었다. 〈그림 6〉은 박원순 후보와 나경원 후보가 발언한 쟁점에 대해 트윗의 양이 어느 정도인지를 보여준다. 나경원 의원이 한나라당 후보로 결정된 뒤부터 버즈의 양이 박원순 후보를 앞서는 경우도 많이 있었다. 특히 장애인 목욕봉사

〈그림 6〉 '서울시장 보궐선거 승부처' 2개월 트윗 6억 건 분석

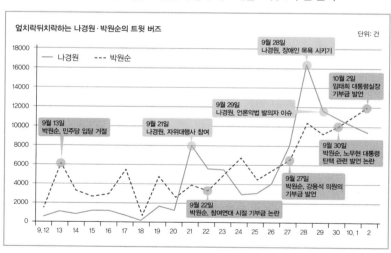

* 출처: 『중앙일보』 · 다음소프트.

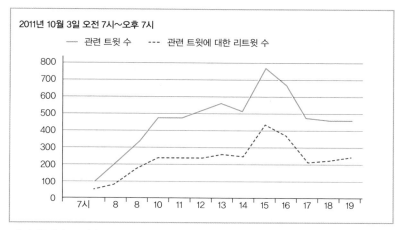

〈그림 7〉 박원순 후보 투표 독려 트윗 현황

2011년 10월 3일 오전 7시~오후 7시

— 관련 트윗 수   ⋯ 관련 트윗에 대한 리트윗 수

* 출처: 『중앙일보』·다음소프트.

공개, 김영삼 전 대통령 면담과 관련되었을 때 트윗 양이 압도적으로 많았다. 〈그림 7〉은 야권 단일후보를 위한 경선이 있는 당일, 박원순 후보에 대한 투표를 독려하는 유권자의 지지가 트윗을 통해 드러난 현황이다. 당일 오후 투표를 독려하는 트윗이 급증한 것이 박원순 후보의 지지 표가 증가해 당선으로 연결되는 배경이 되었다.[18] 10월 26일 박원순 후보와 나경원 후보를 언급한 트윗은 이날 작성된 전체 트윗의 10퍼센트와 8퍼센트를 점유했으며 이는 각각 4만, 3만여 건에 이른다. 투표 독려의 키워드였던 '인증샷'은 투표 시간 동안 2만여 개의 트윗에서 언급되었다.[19]

박원순 후보가 시장으로 당선된 배경에 무당파층과 중도층 SNS 유권자의 힘이 크게 작동했다는 것은 2011년 10월 10일 『한겨레』가 한국 사회여론연구소에 의뢰한 여론조사 결과에서 잘 드러나고 있다. 여론조사를 보면, 무당파 유권자층의 박원순 후보 지지율(62.5퍼센트)이 나경원 후보 지지율(22.7퍼센트)의 3배 가까이 되었고, 중도층에서도 박원순 후보가 57.4퍼센트를 얻은 반면 나경원 후보는 32.0퍼센트에 그쳤다. SNS를 이용하고 있다고 답한 응답자 중 59.0퍼센트가 박원순 후보에게 투표하겠다고 답했다. 그러나 나경원 후보 지지율은 33.9퍼센트에 그쳤다.[20]

경험적 관찰의 함의와 시사점

한국 정당개혁의 방향성에 주는 시사점

한국의 정치 맥락에서 무당파·SNS 유권자가 정치적 영향력을 발휘한 적은 다수 있지만, 구체적인 데이터를 통해 확인된 것은 2011년 서울시장 보궐선거가 처음이었다. 미래를 성급하게 전망하는 사람들은 2012년 양대 선거에서 승패를 가르는 결정적 변수도 무당파·SNS 유권자의 영향력이며, 이들의 영향력이 계속해서 성장할 경우 결국은 기존 정당들이 패배하게 될 것이다. 무당파·SNS 유권자가 새로운 세력에게 힘을 실어주는 방식으로 영향력을 발휘하게 된다면 우리 정치에서 기존 정당들이 설 자리가 없어질지도 모른다. 하지만 이러한 예측은 기존 정당들이 변화하지 않는다는 가정에서 나온다. 이것은 정당들이 수많은 위기에서도 끊임없이 변화된 시대환경에 적응해왔고 진화와 개혁을 통해 살아감으로써, 경험적으로 보여준 '정당의 변화된 역할상'을 지나치게 과소평가한 것이다.

성급한 예측에 대한 응답으로서 무당파·SNS 유권자의 정치적 등장은 한국의 기성정당에게 주는 정치적 시사점으로서 새로운 환경에 부응하는 차원에서 정당개혁의 필요성을 제기한다. 무당파·SNS 유권자들이 기성의 제도권 정당을 불신하고, 불만족스러워 한다는 것, 유권자들이 정당과의 소통과 네트워크를 요구한다는 것은 분명한 사실이다. 무당파·SNS 유권자들의 이념적 성향이 대체로 중도라는 점에서 이들의 등장은 진보와 보수 중심의 이념적 양극화 정치를 해왔던 한나라당과 민주당의 반성과 함께 방향 전환의 개선책을 촉구하는 의미가 크다. 이것은 종전까지 이념적 양극화 정치로 중도 성향의 유권자를 배제해왔던 정당정치에게 타격을 가하고 그 한계를 드러냄으로써 정당정치의 반성을 촉구하는 한편, 이후 정당정치의 방향을 중도수렴의 정당체제와 중도실용의 정치, 민생정치와 생활정치로 전환할 것을 촉구하는 것으로 해석된다.

기성정당이 실질적인 변화를 보여주지 못한다면 무당파 유권자들은 정당을 불신하며 점점 멀어질 것이고, 이러한 사회적 기반 속에서 대의정치가 약해질 것이다. 이럴 경우, 제3지대의 리더들 예컨대 시민사회 리더나 명망이 있는 지식인 혹은 연예인들에게 기대는 심리가 더욱 확산될지도 모른다. 기성정당들이 무당파·SNS 유권자들이 등장할 수밖에 없는 시대에 적실한 대안을 찾지 못할 경우 포퓰리즘과 인기 영합적인 다수결주의가 득세함으로써 대의민주주의가 긍정적으로 작동될 수 없는 매우 혼란한 상황에 직면할지 모른다.

SNS의 활성화는 유권자의 소통과 네트워크 및 정치 참여를 활성화시켜 대의민주주의의 보완재 역할을 한다. 하지만 허위정보에 따른 선전선동과 조작으로 공론을 왜곡해 정당정치와 대의민주주의를 위협할 수도 있다. 대의민주주의와 정당정치를 위협하는 비극적 상황을 막기 위해서는 무엇보다 기성정당들이 무당파·SNS 유권자들의 특성을 올바로 이해하고, 이들이 등장할 수밖에 없는 사회구조적 배경을 이해하는 것이 중요하다. 이것을 기초로 변화된 시대상황에 부합하는 대안적 정당모델을 고민하고, 이에 근거해 정당개혁을 추진해야 안정적인 대의민주주의를 이룰 수 있다.

대안적 정당모델의 탐색

안철수 현상과 박원순 당선 현상을 통해 영향력을 행사하면서 급부상한 무당파·SNS 유권자들의 등장은 기성의 여야 정당정치에 타격을 줌으로써 정당정치의 위기와 함께 새로운 지각변동의 가능성을 심화시키고 있다. 만일 기성정당정치가 무당파·SNS 유권자들의 도전을 대의민주주의의 보완제로서 순기능하도록 적절하게 반응하지 않는다면, 대의정치의 핵심인 정당정치는 더 큰 위기를 맞이할 것이다. 무당파·SNS 유권자들이 등장해 정치에 도전할 수밖에 없는 시대적 상황이 시대불가역적이라는 점을 인정하는 가운데, 변화된 시대상황에 능동적으로 대응하는 정당개혁의 방향성은 어떤 것일까?

인지적 무관심층과 SNS 유권자들이 등장하는 시대상황에 부합하는 대안적 정당모델은 어떤 것인가? 어떤 정당모델이 시대적 적실성을 가질 것인가? 선진 민주주의 국가에서 산업화 시기 때 적실성을 가졌던 대중정당모델인가? 한국적인 정당개혁의 맥락에서 탄생한 원내정당모델인가? 이 중에서는 전자보다 후자가 적실성을 가질 것으로 판단된다. 인지적 무관심층과 SNS 유권자들은 대체로 후기산업화의 진전, 탈물질주의적 가치의 등장, 교육 수준의 향상, 대중매체의 확산 등에 따라 등장했으며 유권자들의 인지적 동원 현상과 이에 따른 정치엘리트와 유권자들 간의 인식 격차가 좁혀지는 새로운 시대환경에는 종전의 대중정당모델보다는 원내정당모델이 적실하기 때문이다.[21] 특히 산업화시대의 이상적인 정당모델로 작동되었던 대중정당모델이 정당의 이익집성 기능의 약화로 정파심과 정당일체감이 쇠퇴한 후기산업화와 정보화가 발전한 현대사회에서는 시대착오적인 모델이며, 더는 살아남을 수 없기 때문이다.[22]

원내정당모델이 추구하는 핵심적 문제는 대중정당모델에서 강조해왔던 조직으로서의 정당을 상대적으로 약화시킴으로써, 정부 내 정당과 유권자 속 정당 간의 연계기능을 극대화하는 것이다. 후기산업화와 지구화의 도래로 인해 기존의 사회적 이익들이 파편화되고 유동성이 커져서 종전에 대중정당모델에서 강조해왔던 정당의 이익집성 기능이 상대적으로 작동하기 어렵다. 왜냐하면 정당일체감의 약화와 인지적 동원능력이 있는 인지적 무관심층의 등장으로 이념적 정체성을 지닌 진성당원을 안정적으로 확보할 수 없는 환경에서 대중정당모델을 대안으로 선택하는 것은 유권자들의 변화된 실생활과 동떨어진 매우 시대착오적인 이상론이기 때문이다.[23]

원내정당모델은 유권자 속의 정당 기능을 강조하기 때문에 대중정당모델에 비해 상대적으로 인지적 유권자·중도적 유권자들과도 개방적인 관계를 맺을 수 있다. 특히 시민사회와의 관계설정에도 협력적이어서 시민사회가 요구하는 요구와 필요에 즉각적이며 유연하게 반응할 수 있다. 대중정당모델은 기본적으로 이념과 정파 및 조직으로 대표되는 조직으로서의 정당 기능과 이익집성 기능을 강조하기 때문에, 인지적 동원능력을 갖춘 유권자들이 모여 있는 시민단체와의 관계가 경쟁적일 수밖에 없다. 하지만 원내정당모델은 대중정당모델에서 강조했던 기능들을 약화시키는 대신에 상대적으로 정부 내 정당 기능과 유권자 속의 정당 기능의 연계성을 강조하거나 이익통합에 기초한 정책 조정기능에 중점을 두기 때문에, 시민단체와의 경쟁보다는 그들과 일종의 분업적 협력관계를 맺을 수 있다.

소결

무당파·SNS 유권자들이 등장하게 되는 배경에는 후기산업화에 따른 사회이익의 파편화와 그것에 따른 정당일체감의 약화, 탈물질주의적 세대 가치관, 미디어와 정보통신기술의 혁신을 촉진하는 정보화, 교육 수준의 향상에 따른 인지적 동원능력의 활성화와 같은 시대전환기적 요인이 있다. 이러한 전환기적 요인에 따라 정당-유권자의 지지관계가 해체되고 새롭게 재편되는 과정에서 무당파·SNS 유권자들이 등장했다. 이들은 단순한 정치무관심층이 아니라 인지적 정당무관심층이다. 이들의 특성은 기본적으로 정당을 통하지 않는 직접행동을 선호하고 그들의 활동방식은 탈정당적-이슈 중심적이라는 점이다. 이러한 무당파·SNS 유권자들의 도전이 대의민주주의의 보완제로서 순기능으로 작동하도록 유도하기 위해서는 대안적 정당모델로 조직으로서의 정당을 약화시킴으로써, 정부 내 정당과 유권자 속의 정당 간의 연계기능을 강화하는 원내정당모델이 대중정당모델보다 강조될 필요가 있다.

기성 제도권 정당들이 무당파와 SNS 유권자들의 정치적 등장에 부응하기 위해서는 원내정당모델에 기초해 다음과 같은 정치개혁 과제를 우선적으로 추진할 필요가 있다. 첫째, 친서민 중도실용노선

기조의 지속화다. 2011년 서울시장 보궐선거에서 중도 성향의 안철수에 대한 지지 현상과 무당파와 SNS 유권자의 등장은 시민들의 실제생활과 동떨어진 기성정당들의 보수·진보라는 이념정치의 과잉과 편향성에 대한 반발로 해석된다. 정당과 정치권이 자신의 지지기반을 넓히기 위해서는, 즉 무당파와 중도 성향의 유권자들이 소통하고 참여할 수 있도록 하기 위해서는 이념적 편향성에서 벗어나 중도적 실용노선으로 기조를 전환할 필요가 있다. 국민들의 실생활과 유리된 편향된 이념에서 출발하는 것이 아니라 이념을 유보한 상태에서 국민들의 실생활의 필요와 욕구 및 문제점에 초점을 맞추는 중도 실용노선의 기조가 지속적으로 유지될 필요가 있다.

둘째, 완전개방형 국민참여경선제도를 선거법으로 제도화해야 한다. 공천방식을 당원 중심으로 할 경우 정파성과 이념 성향이 강한 후보자가 선택될 가능성이 크다. 이런 경우에는 민심보다는 당심을 중심으로 정치활동이 진행될 가능성이 높아 정치적 양극화가 심화될 가능성이 크다. 당심과 민심이 소통되지 않고 분리될 수밖에 없는 현행 정당구조에서 당원과 당지도부 중심의 공천방식을 채택했을 경우, 국민 다수의 중도적 이념 성향을 대변하기보다는 당심을 반영해 이념적·정파적 양극화를 심화시킬 수 있다. 당심을 반영하는 공천을 할 경우 상대적으로 본선 경쟁력이 약화되어 당선에 실패할 수 있다. 이를 개선하기 위해서는 완전개방형 국민참여경선제도를 주요정당들이 같은 날 동시에 실시하는 내용으로 선거법을 개정해야 할 것이다.

셋째, 정당이 무당파와 SNS 유권자, 중도 성향의 유권자와 소통하기 위해서는 온-오프를 결합하는 개방된 정당시스템을 제도화해야 한다. 당내 주요 의사결정과 공천 및 선거 방식에서 온-오프를 결합시켜야 한다. 당의 주요한 정책 결정 과정에 대해서는 객관적이고 중립적인 전문가와 시민 및 시민사회단체의 대표들의 참여가 이루어지도록 당내 정책테스크포스TF, 정책포럼, 국민멘토단, 정책패널, 정책서포터즈단 등을 구성해 운영할 필요가 있다. 아울러 무당파와 SNS 유권자들의 참여를 확대하기 위해 당내 경선에서도 인터넷 투표와 모바일 투표를 확대할 필요가 있다.

제2장

중도수렴에 중도·무당파는 어떻게 반응했나

18대 대선의 변수: 중도 무당파

2012년 12월 19일에 치러진 18대 대선은 새누리당 박근혜 후보의 승리로 끝났다. 새누리당은 곧바로 대통령직인수위원회를 가동해 48일간의 인수위 활동을 진행했고, 마침내 인수위 활동을 마감하고 2013년 2월 25일 박근혜 정부를 출범시켰다.

민주통합당 대선평가위원회는 전국을 12개 권역별로 나눠 간담회를 진행하면서 대선 패배의 원인에 대한 의견을 수렴했다. 캠프의 선거전략의 부재, 후보의 리더십 부재, 친노세력의 패권주의 등을 넘어서지 못하고 있는 실정이었다. 특히, 언론을 통해 지역순회 간담회에서 대선 패배 후 정치적으로 책임지는 사람이 없다는 점이 지적되었다. 5·4 전당대회에 대선 선대위 고위 간부들이 출마해선 안 된다는 의견이 간담회에서 공통으로 나왔다.[1] 이것은 대선 평가 내용의 옳고 그름을 떠나 평가를 임하는 태도에 정파적인 시각이 강하다는 것을 보여준다. 교훈과 시사점으로서의 평가보다는 당 주류에 대한 공격과 비판으로서의 의미가 크다.

민주통합당 전북도당이 주최한 대선 평가 토론회는 대선 평가의 방향과 내용과 관련해 긍정적인 실마리를 제공했다. 토론회에서 이경재『전북일보』수석 논설위원은 "대선 패배 원인은 중도층 끌어안기 실패, 후보 단일화 무산, 과거사 프레임과 정권 심판 프레임 등 효과 못 본 선거 프레임, 계파 패권주의, 어젠더 실패 등 총체적 전술전략 부재 때문이었다"고 주장했다. 송준호 우석대 교수도 전략 부재를 대선 패배의 가장 큰 원인으로 지목했다. 그는 특히 후보 단일화 실패로 100만 표를 잃었다고 지적하면서 단일화 실패를 가장 큰 패인으로 지목했다. 또한 이정희 후보의 폭탄 발언으로 30만 표, 편파보도로 30만 표를 잃었다고 했다. 김영기 참여자치전북시민연대 공동대표 역시 국민들은 민주당이 아니라 안철수에게 희망을 걸었지만 안철수 사퇴로 대선 결과는 예견되었다고 해도 과언이 아니었다며 민주당을 비판했다.[2]

이러한 민주통합당 전북도당 대선평가 토론회에서 나온 이야기들은 대선 패배의 책임 공방과 내용의 시비是非를 떠나 전반적으로 당시 민주통합당이 18대 대선의 구조화된 선거환경이었던 안철수 교수를 대통령 후보로 만들었던 중도와 무당파층의 지지를 획득하고 흡수하기 위해 사활적 노력을 펼친 중도수렴전략이 안철수 후보와의 단일화 등 구체적인 정책 경쟁에서 어떻게 실현되었는지에 초점을 맞추고 있다는 점에서 타당한 접근이다. 이념적으로 진보와 보수가 아닌 중도와 무당파층을 흡수하기 위해 민주통합당이 사활적으로 전력을 다했던 전략적 활동에 대해 실제로 중도와 무당파 유권자들이 어떻게 반응했는가를 분석하는 것은 실사구시의 자세다. 왜냐하면, 우리나라 선거 역사상 18대 대선만큼, 안철수 현상에 따른 중도와 무당파층 흡수가 선거 승패의 중요한 변수로 작동한 적이 없었을 뿐만 아니라 주요 당의 후보들에게 중요한 선거전략으로써 중도수렴전략을 강력하게 강제한 전례가 없었기 때문이다. 이런 선거환경은 전면적인 중도수렴전략이 아니더라도 과거 선례와 비교해 볼 때, 일종의 분기점을 보여주는 중요한 사례이자 과거에 볼 수 없었던 새로운 사례다.

안철수 현상은 기성정당의 이념정치와 진영논리에 대해 강한 불신과 염증을 느끼는 중도와 무당파 유권자들이 안철수를 통해 결집하고 정치적으로 등극한 현상이다. 이는 2012년 총선과 대선에서 한국 정치의 지각변동을 초래할 수 있는 중요한 계기가 되었다. 안철수 현상의 배후에 있는 중도·무당파가 주요 당 후보들에게 중도수렴전략을 얼마나 강제했는지에 대해서는 몇 가지 현상적인 사례를 보면 금방 알 수 있다.

여기서 중도수렴전략이란 보수의 좌클릭, 진보의 우클릭으로 순수한 이념형이다. 실제 현실에서 좌우정당들은 자신의 보수적 혹은 진보적인 지지기반을 최대한 지키면서 이념적 중도와 무당파로 조심스럽게 움직일 수밖에 없다. 박근혜 후보는 전례 없이 당명과 당의 정강정책을 바꾸고 경제민주화와 복지 관련 정책을 선점하기 위해 보수적 이념보다는 민생을 강조하면서 중도를 향해 좌클릭전략을 펼쳤다. 문재인 후보는 성장과 분배가 선순환하는 창조적 성장론, 안보와 남북교류의 균형론과 같은 정책 등으로 우클릭전략을 펼치는 가운데 안철수 후보와의 아름다운 단일화와 공동정부, 안철수와의 정책연대와 문재인-안철수 연대 정책공약집 등 친중도전략을 제시했다. 문재인 후보는 중도와 무당파의 이탈을 막기 위해 좌익적 이념 성향을 지닌 통합진보당 이정희 후보와 야권연대를 하지 않았다. 박근혜, 문재인 두 후보는 안철수 후보가 내놓은 새로운 정치에 대한 비전과 정책을 최대한 흡수하기 위해 정치쇄신에 대한 정책 경쟁을 벌였으며, 그 결과 국회의원 정수 축소와 기득권 내려놓기에 동참할 수밖에 없었다.

18대 대선 전후 과정의 일관된 흐름으로서 안철수 현상을 낳게 한 중도와 무당파층을 어떻게 흡수할 것인가? 중도수렴전략은 뭐라고 표현하든지 간에 새누리당 박근혜 후보와 민주통합당 문재인 후보를 제약하는 요인이었다. 일반적으로 중도수렴전략이란 다운스가 중위투표자정리median voter theorem에서 밝힌 명제를 반영한 전략이다.[3] 다운스는 유권자의 이념분포가 중도가 다수인 좌우 대칭의 단봉형 정규분포도에서 이념적 중도에 위치하는 유권자가 선거의 승패를 쥐기 때문에, 좌우정당들은 필연적으로 중도적인 이념과 정책 및 정파[4]의 지지를 채택하게 된다는 중도수렴론을 강조했다. 18대 대선에 대한 평가에서는 가장 중요하게 다뤄져야 할 부분이 바로 이것이다. 그런데 새누리당을 포함해서 민주통합당 역시 이 부분에 대해 평가를 제대로 못하고 있다. 대의민주주의에서 선거 결과를 평가하고 분석하는 중요한 목적 중에 하나는 선거를 통해 드러난 유권자의 마음, 즉 민심民心을 제대로 이해하고 파악해 선거 이후 정치과정과 국정운영의 나침반으로 삼는 것이다. 유권자의 마음을 제대로 파악하기 위해서는 정치를 공급하는 엘리트의 시각에서 벗어나 수용자의 입장에서 충분한 검토가 필요하다. 이것의 출발점은 대선에서 드러난 유권자의 마음을 유권자의식조사를 통해 확인하는 것이다.

왜 중도와 무당파에 대한 흡수와 분석이 중요한가?

이론 차원에서의 중요성

각종 여론조사에서 발견되는 주관적 이념 성향으로서 중도의 의미와 행태를 어떻게 인식해야 하는가? 이에 관한 거의 최초의 연구는 강원택의 「한국 정치에서 '주관적 중도' 유권자의 특성과 의미: 2004년 국회의원선거를 중심으로」다. 그는 '중도'의 이념적 실체(중요성과 영향력)를 놓고 경쟁하는 다운스의 중위투표자정리와 라비노위츠George Rabinowitz와 맥도널드Stuart Macdonald가 주장하는 방향 이론을 소개했다. 강원택은 다운스의 유권자 이념 성향 분포가 중도를 중심으로 정규분포를 그릴 때, 좌우의 대칭에서 경쟁하는 두 정당은 중위투표자 획득으로 승리하기 위해 중도수렴하기 때문에 중도적 이념 성향이 매우 중요하고, 그것을 정치적 실체가 있는 것으로 보았다.

그는 다운스와 전혀 다른 시각으로 중도를 보고 있는 라비노위츠-맥도널드의 시각을 소개했다. 이들은 이념적으로 중앙 지점에서 벗어나면 벗어날수록 이념의 강도가 커진다는 점에서 중도의 이념적 실체를 부정한다. 정당이 추구하는 이념이 명확하면 할수록 지지의 강도가 커지기 때문에 좌우에서 경쟁하는 두 정당은 중도로 수렴하기보다는 양극단으로 움직인다는 것이다. 따라서 중도는 정치적 선호가 부재하거나 이념적 차별성이 없는 일종의 중립적 지역으로, 정치적 실체가 '없는 것'이라 본다. 강원택은 자신의 연구에서 중도를 보수나 진보와 전혀 다른 별개의 속성을 가진 이념적 집단으로 보기 어렵다는 결론을 내린다.

정치적이고 이념적 실체를 갖는 영향력과 중요성의 관점에서 중도를 거의 처음으로 다룬 연구는 이내영의 「한국 정치의 이념 지형과 이념갈등」이다. 그는 자신의 연구에서 여론조사를 기초로 경험적인 차원에서 국민의 이념 성향은 전반적으로 중도로 수렴되는 추세인 반면, 의원들과 정당은 이념적 양극화가 지속적으로 진행되어 그 격차로 진보정당과 보수정당 간의 이념과 진영갈등이 증폭되고 있다는 견해를 밝혔다. 이내영의 연구는 한국에서 벌어지는 이념갈등의 실체와 그 원인이 사실은 국민들 사이의 갈등이 아니라 국민과 무관한 '정치엘리트 차원의 진영갈등'이라는 점에서 갈등의 원인과 해법에 대한 새로운 시각을 제공했다.

이내영의 경험적 연구를 적극 수용한 연구는 필자의 「'보수독점의 정당체제 개혁론'의 재검토: 정치적 양극화와 중도수렴 부재의 정당체제론을 중심으로」다. 이내영의 경험적 분석을 근거로 한국 정치를 심각한 이념갈등과 진영갈등으로 몰아가서 국민들의 정치불신을 가중시키는 배경적 실체로서 정치적 양극화를 지적하고, 이것의 핵심을 중도수렴 부재의 정당체제라고 의미를 부여했다. 중도수렴 부재의 정당체제를 개선하기 위해서는 다운스가 중위투표자정리에서 강조하는 중도수렴의 정당체제를 확립하고 중도실용의 생활정치를 펼쳐야 한다.

무당파의 정파적 중요성과 정치적 영향력 역시 최근의 현상이라 선행연구는 많지 않다. 무당파에 관심을 기울인 연구는 소순창의 「한국 지방선거에서 나타난 '무당파층'의 실증 분석: 특징과 전망」, 이현출의 「무파층의 투표 행태: 16대 총선을 중심으로」다. 대체로 일본 정치에서 정치적 불신의 중요한 현상으로 등장한 무당파의 투표 행태의 영향력에 대한 경험적 연구를 배경으로 한국의 15대 총선과

16대 총선에 적용시켜 무당파의 투표 행태를 분석했다. 이들은 무당파의 투표 행태를 경험적으로 연구했지만 무당파의 등장을 기존의 정당체계에 도전하는 정당일체감의 이탈과 정당재편상의 문제로 접근하지 않았다. 무당파의 등장을 정당-유권자의 지지관계의 이탈과 재편성이라는 이론적 관점으로 접근해 무당파의 투표 행태를 연구한 것은 고승연의 「16대 대선에서의 무당파無黨派층 특성 및 행태연구」다. 그는 안철수 현상이 등장하기 이전인 2004년 여론조사에서 입증된 무당파의 증가 현상은 한국만의 고유한 현상이 아니라 서구의 선진 민주국가들에서 공통적으로 등장하는 일반적인 현상으로 엄밀한 개념정의가 필요하다고 말한다. 이것에 대한 이론적 근거로 돌턴의 논의[5]를 소개했다.

고승연의 연장선상에 있는 연구는 필자의 「무당파·SNS 유권자의 등장 배경과 특성에 대한 이론적 함의와 시사점」이다. 인지적 동원과 정당 지지의 강도에 따라 무당파층을 네 가지 유형으로 분류한 돌턴의 논의를 근거로 한국에서 안철수 현상으로 드러나고 있는 무당파들은 정치에 관심이 없는 정치무관심층이 아니라 정치에 관심은 많으나 식상하고 매력적이지 못한 정당정치를 거부하고, 세련된 정치 참여를 추구하는 인지적 무당파로 이해할 필요가 있다고 강조했다. 기존의 정치를 거부하고 새로운 정치를 추구하는 인지적 무당파들의 등장 배경으로 지구화, 후기산업화, 정보화, 탈물질주의 등장과 교육 수준의 향상에 따라 사회이익이 파편화되고 그것에 따라 정당일체감이 약화되는 시대전환기적 요인을 꼽는다.

박원호, 송정민의 「정당은 유권자에게 얼마나 유의미한가?: 한국의 무당파층과 국회의원 총선거」는 정당과의 일체감을 잃은 무당파

		정당 지지의 강도Strength of Partisanship	
		약함Weak	강함Strong
		정당 지지 없음 무당파Independents	정당 지지 있음 정당일체감Party Identification
인지적 동원 Cognitive Mobilization	높음 High	인지적 무관심층Apartisans	인지적 정당 지지층 Cognitive Partisans
	낮음 Low	정치적 무관심층Apoliticals	관습적인 정당 지지층 Ritual Partisans

* 출처: Russell J. Dalton, 『Citizen Politics』.

충에 대한 이해를 통해 한국 정당정치의 위기를 이해하려고 한 시도다. 그들은 무당파층의 특징으로 당파층에 비해 낮은 연령과 높은 학력, 이념적으로 진보이나 약한 이념을 가지고 있다고 보았고, 19대 총선에서 야권연대의 패배의 이면에 무당파층의 이탈이 존재한다고 분석했다. 이상을 종합해볼 때, 중도와 무당파에 대한 연구가 중요한 이유는 이들이 기존의 정당체제에 불만족을 느끼며 이탈하면서도 끊임없이 기존의 정당체제를 위협하고 재편하기 위해서 도전하는 특성과 행태를 보여주기 때문이다. 이들의 존재를 분석하는 것은 이들을 흡수해 정당 재편을 막기 위해서든 아니면 정당 재편을 시도하기 위해서든 꼭 필요한 과정이다.

경험 차원에서의 중요성

중도와 무당파 연구는 이론 차원에서 뿐만 아니라 경험 차원에서도 매우 중요하다. 한국에서 중도와 무당파는 안철수 현상과 박원순 서울시장 당선을 통해 본격적으로 나타났다. 박원순 서울시장이 보궐선거에서 당선되던 당시 YTN과 아산정책연구원[6]이 조사한 출구조사를 보면, 중도와 무당파는 안철수 현상을 통해 급속하게 존재감을 드러냈으며, 트위터와 같은 SNS를 통해 결집해 결정적으로 박원순 후보의 당선에 영향을 미친 것으로 드러났다. 이들은 〈그림 1〉과 〈그림 2〉처럼, 2012년 대선에서 비한나라당 후보에게 투표하겠다는 여론이 40.7퍼센트, 무당파층의 55.7퍼센트가 이념적으로 중도 성향이어서 이들의 영향력이 선거성패의 중요한 변수가 되었다는 것이 알려졌다. 〈그림 3〉처럼, 2012년 6월 당시 중도와 무당파의 안철

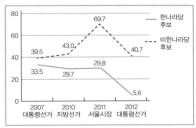

〈그림 1〉 무당파의 영향력

* 출처: 아산정책연구원.

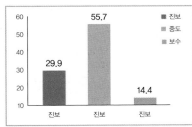

〈그림 2〉 무당파의 이념 성향

* 출처: 아산정책연구원.

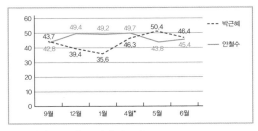

〈그림 3〉 유력후보 여론조사추이

* 출처: EAI 여론브리핑 제117호.

수 지지율이 박근혜 후보와 1퍼센트 차이를 보일 만큼 경합을 보여주었다.

중도와 무당파들의 정치적 영향력은 2012년 4·11총선에서 드러났다. 4·11 총선에서 당초 많은 전문가가 민주당의 압승을 예상했다. 그러나 정권 심판을 할 수 있는 유리한 환경에서 민주당이 패했다. 민주당의 중요한 패인은 중도와 무당파들의 이탈이었다. 패인은 통합진보당과 나꼼수와의 연대 등 좌경화노선에 따른 중도와 무당파층의 불만과 이탈로 보는 것이 적절하다. 여론조사기관 리얼미터 이택수 대표는 이러한 사정을 당시 언론인터뷰를 통해 "여론조사 공표 금지기간에 박근혜 위원장과 새누리당 지지율이 40퍼센트대로 치솟았다"며 "민주당이 진보당과 나꼼수에 끌려 다니자 보수층은 위기감에 결집했고, 중도관망층 유권자는 수권 정당의 모습을 못 보여준 민주당에서 떨어져 나갔다"고 설명했다.[7]

이용섭 민주당 정책위의장도 『매일경제』와의 인터뷰에서 "김용민 막말, 공천 과정에서의 잡음으로 정책연대가 부각되지 못한 면이 패배의 원인"이라고 지적하면서도 "진보색채가 강한 당과의 연대로 야권이 정권을 잡으면 불안해질 것이라는 인식을 심어줬다"고 진단했다. 이후 민주통합당 내부에서는 중도층 잡기에 소홀했다는 지적과 더불어 통합진보당과의 정책연대 수정의 필요성이 제기되고 중도층 강화론이 토론되었다.[8]

2012년 18대 대선에서 중도와 무당파의 영향력은 얼마나 되었을까? 먼저 박근혜, 문재인 후보가 이들을 흡수하기 위해 어떠한 노력을 했고, 실제 중도와 무당파들은 어떤 반응을 보였는지를 분석해야 한다.

'야권 단일화' 변수와 중도와 무당파의 반응

4·11 총선에 이어서 18대 대선에서 중도와 무당파의 존재적 의미를 이해하는 것은 매우 중요하다. 〈표2〉와 〈표3〉은 EAI 패널조사 연구팀이 2012년 12월 20~22일 전국 만 19세 이상 성인남녀 유권자 패널 1,355명을 대상으로 지역·성·연령 비례층화 후 무작위 추출(학력/직업/자가소유 비율 반영)을 통해 확보한 데이터(95퍼센트 신뢰 수준에서 ±2.7퍼센트 패널유지율 67.8퍼센트)다. 이 데이터는 중도와 무당파에 대한 분석의 중요성을 거듭 인식하게 하면서도 18대 대선에서 박근혜 후보가 승리한 결과 요인에 대한 유권자의 생각을 잘 보여준다. 그 핵심에는 중도와 무당파가 적극 지지하고 있는 안철수 후보와 문재인 후보와의 정책연대와 후보 단일화가 있다. 왜냐하면 정책연대와 후보 단일화의 성패에 따라 중도와 무당파가 뭉치고 흩어지기 때문이다.

〈표 2〉처럼 18대 대선 결과에서 박근혜 후보의 승리 요인으로 '박근혜 후보가 잘해서'(15.4퍼센트)와 '민주당이 잘못해서'(18.2퍼센트), '문재인 후보가 잘못해서'(4.7퍼센트)보다 '야권 후보 단일화가 잘 안되어서'(50.1퍼센트)라는 요인이 가장 높은 응답을 보여주고 있다. 박근혜 후보에게 투표한 사람들 중에도 선거 결과에 대해 '박근혜 후보가 잘해서'(15.4퍼센트)라기보다는 '야권 후보 단일화가 기대만큼 잘 안되어서'(42.6퍼센트)라는 응답이 높다. 응답 결과는 민주통합당 문재인 후보가 추구했던 중도수렴전략의 실제적인 예인 안철수 후보와의 단일화 과정에서 많은 문제점을 노출했고, 중도와 무당파의

<h2 style="text-align:center">〈표 2〉 18대 대선 결과 평가(퍼센트)</h2>

사례수(명)		박근혜 후보가 잘해서	새누리 당이 잘해서	이명박 대통령과 정부가 잘해서	문재인 후보가 잘못해서	민주당이 잘못해서	야권 후보 단일화가 기대만큼 안되어서	모름/무응답
전체		15.4	1.2	1.0	4.7	18.2	50.1	9.3
투표	박근혜	26.5	1.6	1.1	6.2	17.3	42.6	4.7
	문재인	4.6	0.7	1.0	2.4	20.1	57.7	13.6
세대	19-29세	6.8	1.3	0.0	3.9	21.5	56.0	10.4
	30대	7.9	1.1	1.7	4.5	17.0	55.4	12.4
	40대	10.4	0.4	1.2	3.1	18.0	56.2	10.6
	50대	18.6	0.4	0.6	6.1	19.4	48.6	6.1
	60세 이상	33.5	2.7	1.4	6.0	15.6	34.2	6.7
거주 지역	서울	10.8	0.9	1.3	5.1	19.3	53.8	8.7
	인천경기	15.5	0.7	1.4	4.5	15.7	53.7	8.5
	대전충청	15.8	0.7	0.0	4.2	23.1	47.7	8.5
	광주전라	9.7	1.4	0.7	3.2	21.5	49.4	14.1
	대구경북	23.6	0.7	1.3	5.8	15.4	46.5	6.8
	부울경남	18.4	2.6	0.8	6.2	19.4	43.3	9.3
지지 정당	새누리당	31.1	1.8	1.4	7.4	16.2	36.6	5.5
	민주통합당	7.5	1.1	1.2	2.1	16.9	61.7	9.4
	무당파	7.1	0.5	0.5	4.0	19.3	56.9	11.7
이념 성향	진보	6.3	1.1	1.0	2.9	19.3	56.5	13.0
	중도	11.9	1.3	0.8	3.7	18.3	53.8	10.2
	보수	22.6	1.2	1.3	6.5	17.6	44.8	5.9

* 출처: EAI 여론브리핑 제130호.

흡수가 성공적이지 못했다는 것을 보여주었으며 상대적으로 박근혜 후보가 반사 이득을 많이 얻었음을 암시한다.

　박근혜 후보 당선의 이유로 '야권 후보 단일화가 기대만큼 잘 안 되어서'를 꼽는 비율이 박근혜 후보에게 투표한 응답자들의 비율(42.6퍼센트)과 문재인 후보에게 투표한 응답자들의 비율(57.7퍼센트) 모두에서 절대적으로 높다는 사실에서도 새누리당을 지지하는 유권자들의 비율(36.6퍼센트)과 민주통합당을 지지하는 유권자들의 비율(61.7퍼센트) 모두에서 절대적으로 높다. 안철수 후보의 지지층인 중도와 무당파 유권자들만 집중적으로 볼 경우, 동일 항목에 대해 중도 성향의 유권자(53.8퍼센트)들과 무당파(56.9퍼센트) 역시 더 높은 응답을 보여주고 있다. 이러한 결과는 18대 대선 결과에 대한 분석, 특히 박근혜 후보의 승리 요인, 문재인 후보의 패배 요인에 대한 평가와 분석이 중도수렴전략의 실태인 안철수 후보와의 단일화 등의 분석에서 출발해야 할 필요성을 제기한다.

이슈 영향력 변수와 중도와 무당파의 반응

　〈표 3〉을 보면, 선거승패에 영향을 미친 가장 커다란 이슈는 안철수 후보의 사퇴 및 문재인 후보지원(32.9퍼센트), 이정희 후보 TV토론과 후보사퇴(15.0퍼센트), 국정원 여직원의 비방댓글 의혹'(8.1퍼센트), 박정희 전 대통령의 친일논란(4.9퍼센트), NLL 녹취록 공개논란(4.4퍼센트) 등이다. 안철수 후보의 사퇴 및 문재인 후보지원(32.9퍼센트) 변수는 〈표 1〉의 후보 단일화 변수와 동일하게 선거 승패의 결정적인 요인이었다. 이것과 함께 선거 승패에 영향을 미친 요인은 이정희 후보 TV토론과 후보사퇴로 표현되는 이정희 후보 변수가 중요했다.

<표 3> 주요 변수별 이슈별 영향력 인식(퍼센트)

사례수(명)		안철수 후보의 사퇴 및 문재인 후보지원	이정희 후보 TV토론과 후보사퇴	국정원 여직원 비방댓글 의혹	박정희 전대통령 친일논란	NLL녹취록 공개논란
전체		32.9	15.0	8.1	4.9	4.4
투표	박근혜	21.0	22.4	9.7	2.8	5.9
	문재인	44.8	6.8	7.0	7.1	2.8
세대	19-29세	47.9	12.9	6.0	8.7	2.8
	30대	40.7	15.7	9.8	4.4	2.6
	40대	35.3	15.2	7.1	4.2	5.1
	50대	21.9	18.4	8.9	5.3	4.5
	60세 이상	18.6	12.9	8.4	2.3	6.8
지지 정당	새누리당	19.5	20.8	10.2	2.5	6.2
	민주통합당	42.8	7.3	8.9	5.8	1.4
	무당파	39.0	14.9	5.8	5.0	4.3
이념 성향	진보	42.6	8.8	7.4	7.8	2.1
	중도	35.6	14.8	6.7	3.8	1.9
	보수	25.4	19.5	9.8	4.2	0.5

* 출처: 정원칠. 2012. "대선 평가와 박근혜 당선인 국정운영 전망." EAI 여론브리핑 제130호.

박근혜 후보에게 투표를 했다고 답한 유권자 중 이정희 후보 TV토론과 후보사퇴를 꼽는 비율이 22.4퍼센트로 가장 높았으며 '안철수 후보의 사퇴 및 문재인 후보지원'을 꼽는 비율이 21.0퍼센트로 두 번째로 높았다.

반대로 문재인 후보에게 투표했다고 답한 유권자들은 '안철수 후보의 사퇴 및 문재인 후보지원'을 꼽은 비율이 44.8퍼센트로 가장 높았으며, 박근혜 당선인에게 투표했다고 답한 유권자 중에서 가장 높은 응답비율을 보였던 '이정희 후보 TV토론과 후보사퇴'를 꼽는 비율은 문재인 후보 투표층에서 6.8퍼센트로 상대적으로 낮았다.

이러한 비교 차이는 본 글에서 집중적으로 관찰의 대상이 되고 있는 중도와 무당파에서도 명증하게 보인다. 중도는 안철수 후보의 사퇴 및 문재인 후보지원을 꼽은 비율이 35.6퍼센트로 가장 높았고, 이정희 후보 TV토론과 후보사퇴를 꼽는 비율은 14.8퍼센트로 문재인 후보에게 투표했던 유권자 비율(6.8퍼센트)보다 약 2배 정도 높았다. 무당파도 '안철수 후보의 사퇴 및 문재인 후보지원'을 꼽은 비율이 39.0퍼센트로 가장 높았고, '이정희 후보 TV토론과 후보사퇴'를 꼽는 비율도 14.9퍼센트로 문재인 후보에게 투표했던 유권자 비율(6.8퍼센트)보다 약 2배 높은 응답을 보였다. 이러한 결과는 전반적으로 중도와 무당파 유권자들에게 영향을 미친 중요한 요인이 '안철수 후보의 사퇴 및 문재인 후보지원'과 '이정희 후보 TV토론과 후보사퇴'라는 점이고, 이러한 응답결과는 박근혜 후보에게 투표한 유권자들의 응답방향과 유사하다는 점에서 중도와 무당파들의 후보선택을 위한 투표 행태에 지대한 영향을 미쳤다는 것을 추론할 수 있다.

중도와 무당파는 누구에게 투표를 했나?

안철수 사퇴 이후 중도와 무당파는 누구를 얼마나 지지하고, 18대 대선에서 어느 후보에게 얼마나 투표했을까? 〈그림 4〉는 안철수 후보가 사퇴한 다음날인 2012년 11월 25일 『한겨레』가 여론조사 전문기관인 한국 사회여론연구소에 맡겨 조사한 긴급 여론조사 결과다. 안철수 후보를 지지해왔던 중도와 무당파 층 가운데 50.7퍼센트는 문재인 민주통합당 후보를 지지한다고 밝혔고, 26.4퍼센트

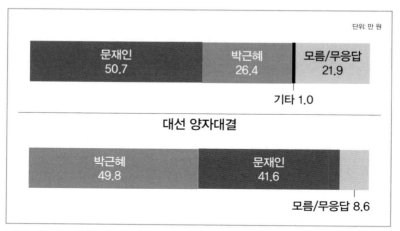

〈그림 4〉 안철수 후보사퇴 이후 지지층 이동

단위: 만 원

| 문재인 50.7 | 박근혜 26.4 | 모름/무응답 21.9 |

기타 1.0

대선 양자대결

| 박근혜 49.8 | 문재인 41.6 |

모름/무응답 8.6

* 출처: 한겨레-한국 사회여론조사연구소. 2012. 긴급여론조사결과(11.25).
   http://blog.naver.com/PostView.nhn?blogId=ewon33&logNo=110152749821(검색일 2013년
   2월 28일)

는 박근혜 새누리당 후보를 지지한 것으로 드러났다. '모름·무응답'
도 21.9퍼센트를 보여서 약 20퍼센트 수준의 부동층이 발생한 것으
로, 부동층으로 돌아선 안철수 지지층의 표가 누구에게로 향하느냐
가 18대 대선의 최대 변수가 될 것으로 분석되었다.

부동층으로 분류되는 무응답층이 20대, 무당파, 중도 성향에 몰
려 있다는 분석이다. 연령대로 40대 이상은 무응답층이 14~15퍼센
트, 20대는 25.9퍼센트, 지지 정당을 묻는 질문에서 '없다' 또는 응답
하지 않은 계층에서 특정 후보를 선택하지 않은 응답자가 41퍼센트
다. 안철수 지지층의 이동을 반영해 '박근혜 새누리당 후보와 문재인
민주통합당 후보가 맞붙을 경우 누구에게 투표하겠느냐'는 질문에
49.8퍼센트는 박근혜 후보, 문재인 후보라고 답한 응답자는 41.6퍼

센트로, 박 후보가 문 후보를 8.2퍼센트 앞선 것으로 나타났다.[9] 이러한 결과에서 알 수 있는 것은 안철수 후보를 지지하는 중도와 무당파층의 표심분산의 격차는 박근혜 후보와 부동층보다 문재인 후보에게 약 2배 정도로 더 많이 이동된다는 것이다. 그렇다면 안철수 사퇴 이후 새누리당 박근혜 후보와 민주통합당 문재인 후보의 양자구도에서 실시된 18대 대선에서 중도와 무당파는 누구에게 얼마나 투표했을까?

〈표 4〉 18대 대선후보 선택 결과

		사례수(명)	투표 후보		
			박근혜(A)	문재인(B)	A : B 비율격차
전체		(1078)	51.0	48.0	1 : 0.94
연령대별	20대	(189)	29.6	68.3	1 : 2.30
	30대	(212)	32.1	66.5	1 : 2.07
	40대	(240)	52.5	46.7	1 : 0.88
	50대	(214)	60.7	39.3	1 : 0.67
	60세 이상	(223)	76.2	22.9	1 : 0.30
이념 성향별	진보	(232)	13.4	85.3	1 : 6.36
	중도	(367)	43.9	54.8	1 : 1.24
	보수	(448)	75.0	24.3	1 : 0.32
정당별	새누리당	(460)	97.2	2.8	1 : 0.02
	민주통합당	(369)	3.8	95.9	1 : 25.2
	통합진보당	(5)	20.0	80.0	1 : 4.00
	진보정의당	(4)	14.3	85.7	1 : 5.99
	무당파	(221)	37.4	58.7	1 : 1.56

＊출처: 한국 사회과학데이터센터. 2012. 18대 대선사후 유권자의식조사.

〈표 4〉는 전체 유권자, 중도와 무당파가 어느 후보에게 얼마나 투표했는지를 보여주는 데이터다. 전체 유권자는 문재인 후보(48.0)보다 박근혜 후보(51.0)에게 더 많이 투표한 것으로 나타났으며 그 격차는 3퍼센트다. 또한 이념 성향별로 볼 때, 중도층에서 박근혜 후보(43.9퍼센트)보다 문재인 후보(54.8퍼센트)가 더 많이 득표했고 그 비율격차(A:B)는 1:1.24퍼센트다. 〈그림 4〉와 비교해 보았을 때, 약 0.76퍼센트(2배- 1.24배) 차로 줄어들었다는 점에서 그 사이 박근혜 후보의 중도층 흡수가 더 많이 진행되었음을 추론할 수 있다. 무당파층에서도 박근혜 후보(37.4퍼센트)보다 문재인 후보(58.7퍼센트)가 더 많이 득표했으며, 그 비율격차(A:B)는 1:1.56퍼센트다. 이러한 격차는 〈그림 4〉와 비교했을 때, 0.44퍼센트(2배-1.56배) 차로 줄었음을 보여준다.

이정희 후보 변수에 대한 중도와 무당파의 반응

이정희 후보 선호도에 대한 유권자 반응

〈표 2〉, 〈표 3〉, 〈표 4〉를 근거로 18대 대선 결과로 드러난 유권자의 투표 행태, 중도와 무당파층의 투표 행태를 전체적으로 종합해 보았을 때, 중요한 의문이 제기된다. 중도와 무당파층에서는 문재인 후보가 박근혜 후보보다 약 1.5~2배 정도 더 득표한 것으로 보인다. 진보층과 2030세대에서 문재인 후보가 더 많이 득표했고, 역으로 보수층과 5060세대에서 박근혜 후보가 더 많이 득표한 것으로 확인된다. 그렇다면 문재인 후보가 중도와 무당파, 진보층과 2030세대에서 승리했음에도 대선에서 패배한 이유는 무엇일까? 중도와 무당파

에서 패배한 박근혜 후보가 선거 결과에서 최종적으로 승리한 이유는 무엇일까?

이것은 보수층과 5060세대의 투표 참여율과 득표의 응집비율에서 박근혜 후보가 조금 더 승리했기 때문이다. 그렇다면 박근혜 후보가 승리할 수 있었던 투표 참여율과 득표 응집비율에 영향을 미쳤던 요인은 무엇일까? 〈표 2〉 18대 대선 결과 평가와 〈표 3〉 주요 변수별 이슈별 영향력 인식(퍼센트)을 고려해 볼 때 중도와 무당파층, 진보층에 대비해서 보수층과 5060세대의 결집 효과를 자극했던 요인은 이념적 극단주의를 보여주었던 '이정희 후보 TV토론과 후보사퇴' 변수로 요약된다. 이정희 후보 변수에 대해 중도와 무당파들, 진보층과 2030세대, 보수층과 5060세대가 어떻게 반응했는지 그 격차가 어떠한지를 확인할 필요가 있다.

이정희 후보 혐오에 따른 투표 참여와 투표 선택

이정희 후보를 혐오하는 유권자들은 얼마나 18대 대선에 참여했을까? 투표에 참여해서 누구를 찍었을까? 이것에 대한 대답의 실마리는 〈표 6〉과 〈표 7〉을 통해서 설명이 가능하다. 〈표 6〉과 〈표 7〉은 〈표 4〉의 데이터 출처와 동일하게 한국 사회과학데이터센터가 조사한 데이터다. 우선 〈표 6〉은 이정희 후보 선호도를 보여주는 〈표 5〉를 크게 '싫어한다', '보통', '좋아한다'로 재코딩해 투표 여부의 교차분석을 시도한 데이터다. 〈표 6〉은 '싫어한다'는 유권자보다 '좋아한다'는 유권자가 투표에 참여하는 비율이 높고, 이러한 격차는 각각 통계적으로 유의미함을 보여주고 있다.

매우 특징적인 것은 각 후보의 '싫어한다'는 항목과 '투표 여부'만

〈표 5〉 이념 성향에 따른 이정희 후보 선호도

		\0\ (아주 싫어함)	1	2	3	4	5 (보통)	6	7	8	9	10 (아주 좋아함)
		통합진보당 이정희 후보 선호도										
진보	빈도	47	20	20	34	29	60	15	13	5	2	4
	퍼센트	18.4	7.8	7.8	13.3	11.4	23.5	5.9	5.1	2.0	.8	1.6
중도	빈도	145	26	44	47	28	82	9	16	9	2	4
	퍼센트	33.7	6.0	10.2	10.9	6.5	19.1	2.1	3.7	2.1	.5	.9
보수	빈도	255	39	46	43	19	32	9	10	4	2	6
	퍼센트	52.9	8.1	9.5	8.9	3.9	6.6	1.9	2.1	.8	.4	1.2
전체	빈도	447	85	110	124	76	174	33	39	18	6	14
	퍼센트	38.3	7.3	9.4	10.6	6.5	14.9	2.8	3.3	1.5	.5	1.2
통계량		Pearson 카이제곱=135.914a df=22 P 〈 .001										

* 출처: 한국 사회과학데이터센터. 2012. 18대 대선사후 유권자의식조사.

을 교차시켜 보았을 때, 박근혜, 문재인, 이정희 후보 중에서 이정희 후보를 싫어하는 유권자들의 투표참여율이 90.1퍼센트로 박근혜 후보와 문재인 후보를 싫어하는 유권자들의 투표 참여율(각각 89.8퍼센트, 89.5퍼센트)보다 조금 높다는 것을 확인할 수 있다. 이정희 후보가 사퇴했음에도 이렇게 높은 비율이 나온 것은 유권자들의 혐오감이 어느 정도로 높았는지를 상상하게 한다. 이러한 결과는 이정희 후보에 대한 혐오가 실제로 연령별로 5060세대와 이념 성향별로 보수층의 투표 결집효과를 일으켜 18대 대선 결과에 영향력을 미쳤을 가능성이 있다. 이것은 〈표 7〉을 통해 충분히 확인할 수 있다.

〈표 7〉은 이정희 후보를 '싫어한다', '보통', '좋아한다'는 선호도와

〈표 6〉 각 후보의 선호도에 따른 투표여부

			투표 여부		전체	통계량
			투표했다	투표하지 않았다		
박근혜	싫어한다	빈도	318	36	354	Pearson 카이제곱 = 28.602a df = 2 P〈 .001
		퍼센트	89.8	10.2	100.0	
	보통	빈도	199	47	246	
		퍼센트	80.9	19.1	100.0	
	좋아한다	빈도	531	38	569	
		퍼센트	93.3	6.7	100.0	
문재인	싫어한다	빈도	205	24	229	Pearson 카이제곱 = 16.117a df = 2 P〈 .001
		퍼센트	89.5	10.5	100.0	
	보통	빈도	303	56	359	
		퍼센트	84.4	15.6	100.0	
	좋아한다	빈도	522	41	563	
		퍼센트	92.7	7.3	100.0	
이정희	싫어한다	빈도	773	85	858	Pearson 카이제곱 =5.298a df = 2 P〈 .010
		퍼센트	90.1	9.9	100.0	
	보통	빈도	149	27	176	
		퍼센트	84.7	15.3	100.0	
	좋아한다	빈도	101	9	110	
		퍼센트	91.8	8.2	100.0	

＊ 출처: 한국 사회과학데이터센터. 2012. 18대 대선사후 유권자의식조사.

'투표후보(박근혜, 문재인)'를 교차시켜서 나온 데이터다. 데이터 결과
는 이정희 후보를 싫어하는 유권자들은 박근혜 후보에게 그리고 이
정희 후보를 좋아하는 유권자들은 문재인 후보에게 더 많이 투표했

			투표 후보		전체
			박근혜	문재인	
이정희	싫어한다	빈도	469	296	765
		퍼센트	61.3	38.7	100.0
	보통	빈도	32	115	147
		퍼센트	21.8	78.2	100.0
	좋아한다	빈도	13	88	101
		퍼센트	12.9	87.1	100.0
전체		빈도	514	499	1,013
		퍼센트	50.71	49.3	100.0
통계량			Pearson 카이제곱=141.489a df=2 P 〈 .001		

* 출처: 한국 사회과학데이터센터. 2012. 18대 대선사후 유권자의식조사.

다는 것을 보여주고, 이것의 격차는 통계적으로 유의미하다. 이정희 후보를 싫어하는 유권자들은 문재인 후보(38.7퍼센트)보다 박근혜 후보(61.3퍼센트)에게 더 많이 투표했음을 보여준다. 이 격차는 실제 이정희 후보에 대한 혐오가 5060세대와 보수층의 투표결집효과를 일으켜 박근혜 후보의 승리 요인으로 작동했다는 것을 보여준다.

보수 표심의 결집 이유는 무엇일까?

이정희 후보에 대한 혐오가 5060세대와 보수층의 결집효과에 어느 정도 많은 영향을 미쳤는지는 〈표 8〉을 통해 확인된다. 〈표 8〉의 주요 메시지는 '이정희 후보의 공격적인 토론 태도'로 보고 있는 유권자가 전체 중 31퍼센트로 가장 높게 나왔다는 점이다. 이 결과는

사례수(명)		보수표심의 결집 이유								
		이정희 후보의 공격적인 토론태도	국정원 여직원 사건	사이버 종교 신천지 논란	억대굿판 논란	초박빙 여론조사 보도에 의한 정권교체 위기의식	아이패드 커닝논란	여론조사 기관 5억 수수 논란	기타	계
전체		31.0	7.8	2.2	1.1	27.8	1.5	1.0	27.6	100.0
연령	19-29세	16.3	6.4	1.5	.0	45.4	.0	.0	30.4	100.0
	30대	27.3	3.0	.9	1.0	31.0	2.5	1.5	32.9	100.0
	40대	27.7	9.6	2.4	.3	29.6	.8	1.1	28.3	100.0
	50대	38.2	7.5	2.3	2.6	23.0	.8	.9	24.8	100.0
	60세 이상	42.7	11.9	3.5	1.7	13.7	3.1	1.3	22.2	100.0
이념 성향	진보	16.6	6.1	2.3	.4	44.0	.7	1.2	28.7	100.0
	중도	33.9	6.2	1.2	1.3	26.5	.9	.7	29.2	100.0
	보수	38.4	9.0	3.3	1.4	22.1	1.6	.9	28.7	100.0
정당	새누리당	43.1	10.3	1.9	.8	18.7	1.3	.5	23.4	100.0
	민주통합당	18.6	4.7	2.8	1.5	39.8	1.5	1.7	29.5	100.0
	통합진보당	18.0	.0	3.5	2.5	36.4	.0	.0	42.1	100.0
	진보정의당	24.0	.0	.0	2.5	63.6	.0	.0	9.9	100.0
	무당파	20.4	1.1	1.9	26.7	2.6	1.0	37.6	100.0	100.0
투표	박근혜	42.1	10.2	2.2	.7	18.5	1.3	.4	24.5	100.0
	문재인	18.2	4.9	2.2	1.7	38.4	1.7	1.5	31.4	100.0

* 출처: 리얼미터. 2012. 이슈 조사 통계표(12월 20일).

이정희 후보의 극단적 태도에 따른 혐오가 보수층의 표심에 상당한
영향을 미쳤음을 암시한다. 이정희 후보에 대한 혐오가 5060세대와
보수층의 표심결집의 원인으로 작동된 것이다.

소결

　18대 대선의 전 과정을 둘러싸고 있는 구조적인 상수임에도 대선 평가와 분석에서 소홀히 다뤄지고 있는 중도수렴전략과 이에 대한 중도와 무당파의 반응을 다루었다. 본 글은 그 출발부터 다소 실험적이고 탐색적인 성격을 가졌던 만큼 한계를 갖는다. 통계적으로 풍부한 데이터를 보여주지 못하는 한계도 있지만 근본적인 한계는 대선 승패 요인의 비중상, 지면의 제약상 중도수렴전략의 구체적인 예를 '안철수 후보와의 단일화' 변수와 '이정희 후보' 변수에 집중할 수밖에 없었고, 그에 따라 중도수렴전략의 다른 예들인 '정책변수'(경제민주화, 복지, 안보, 정치쇄신)에 대한 중도와 무당파의 반응이 어떻게 드러났는지에 대해 풍부하게 다루지 못했다. 그럼에도 본 글은 다음과 같은 실험적인 의의가 있다. 그것은 18대 대선 평가에서 이념적으로 정파적으로 진보와 보수가 아닌 중도층을 흡수하기 위한 중도수렴전략과 이에 대한 중도와 무당파의 반응 결과를 분석하고, 사례에 따라 유권자의식조사를 통해 경험적으로 분석했다는 점이다.

　중도와 무당파의 반응 결과를 요약해보면 다음과 같다. 첫째, 18대 대선의 승패 요인으로 중도수렴전략과 이에 대한 중도와 무당파의 반응이 중요했다는 것이 입증이 되었다. 〈표 2〉와 〈표 3〉을 볼 때, 중도수렴전략과 관련해 18대 대선 결과에 영향을 미친 변수는 야권 후보 단일화가 기대만큼 잘 안 돼서'와 '안철수 후보의 사퇴 및 문재인 후보지원, 이정희 후보 TV토론과 후보사퇴다. 이러한 변수에서 중도와 무당파는 진보와 보수, 다른 정파들보다 많은 응답 비율을 보여주었다. 둘째, 중도와 무당파가 '야권 후보 단일화가 기대만큼 잘 안 되어서'와 '안철수 후보의 사퇴 및 문재인 후보지원'에 반응을 보였다. 이러한 변수와 직접적인 연관이 있었던 문재인 후보가 후보 단일화 과정에서 많은 문제점이 있었다는 것을 암시한다. 셋째, 〈표 2〉, 〈표 3〉, 〈표 4〉를 근거로 18대 대선 결과로 드러난 유권자의 투표 행태에서 중도와 무당파는 박근혜 후보보다 문재인 후보를 약 1.24~1.56배 더 지지한 것을 확인할 수 있었다. 넷째, 문재인 후보가 중도와 무당파, 진보층과 2030세대에서 상대적으로 더 많이 득표했음에도 대선 결과에서 박근혜 후보가 승리할 수 있었던 배경에는 '이정희 후보 TV토론과 후보사퇴' 변수가 이정희 후보에 강한 혐오를 느끼는 5060세대와 보수층을 결집하는 효과가 더 크게 작동했던 것이 확인되었다.

이상의 결과들을 종합해 볼 때, 민주통합당 문재인 후보가 중도수렴전략의 운영에서 패배한 것은 크게 '안철수 후보와의 단일화 실패'와 '이정희 후보의 극단주의 선거전략에 대한 통제 실패'로 요약된다. 역으로 박근혜 후보가 승리한 것은 박근혜 후보의 중도수렴전략이 성공해서 그렇다기보다는 상대적으로 문재인 후보의 중도수렴전략의 실패에 따른 반사 이득이 컸기 때문으로 분석된다. 이것을 포함해 문재인 후보의 패배 요인에 대한 집중적인 분석과 평가가 더욱 요구된다. 분명한 것은 이러한 두 변수는 결과적으로 중도수렴전략과 연관되고, 특히 안철수 후보의 일방적 사퇴로 인한 아름다운 단일화가 실패한 만큼, 문재인 후보가 중도와 무당파층을 충분히 기대만큼 흡수하는 데 실패했음을 의미한다.

중도와 무당파를 흡수하는 중도수렴전략이 성공한다는 것은 쉽거나 단시간에 가능한 일은 아니다. 많은 시간과 노력이 필요한 부분이다. 중도와 무당파들의 특성과 성향은 기본적으로 '정당'이란 매개를 통하지 않는 직접행동을 선호하며 그들의 활동방식은 탈정당적-이슈 중심적 활동이기 때문이다. 인지적 무당파층은 정보화의 진전에 따라 발전되는 미디어인 컴퓨터와 인터넷 및 트윗 등 SNS와 같은 미디어를 적극적으로 활용해 인지적 동원능력을 극대화해 정당을 초월하는 비대의제적인 정치 참여를 선호하기 때문이다.

중요한 것은 정당과 정당체계의 체질을 중도와 무당파들을 흡수하는 방향으로 맞추고 그것을 일관되게 실천하는 것이다. 정당개혁의 핵심은 중도와 무당파를 흡수하기 위한 정당체계의 안정화다. 이를 위해서 어떤 노력이 필요할까? 그 방향은 무엇일까? 계급정당, 이념정당, 정파정당으로 표현되었던 대중정당모델 노선일까? 아니면 약화된 조직으로서의 정당 기능을 정부 내 정당 기능과 유권자 속의 정당 기능의 연계를 통해 보완하는 네트워크정당모델 노선일까?

중도와 무당파라는 새로운 지지층을 흡수하기 위해서는 후자모델이 적실하다. 진성당원의 부재로 약화된 조직 중심의 정당을 의원과 유권자들이 연계되어 정당의 사회적 기반을 확충하기 위해선 네트워크정당모델이 작동할 수 있는 방향으로 정당개혁을 추진해야 한다. 그것의 핵심은 원내정당화와 유권자정당화의 연계이며, 디지털정당화와 유권자정당화의 연계다. 따라서 정책정당화와 유권자정당화의 연계로 맞출 필요가 있다. 당의 주요 정책 결정 과정에도 전문가와 시민 및 시민사회단체의 대표들의 참여가 이루어지도록 정책포럼, 국민멘토단, 정책패널, 정책서포터즈단 등을 구성해 운영해야 한다. 원내정당화와 유권자정당화의 연계를 위해서는 무엇보다도 완전국민경선제를 제도화하는 것이 시급하다. 이러한 방향성은 최근 민주통합당의 향후 노선과 관련한 여론조사결과에서도 잘 드러나고 있다. 모노리서치가 지난 2월 1일 전국 성인남녀 1,082명을 대상으로 '민주통합당 향후 진로 관련 조사'[10]를 실시한 결과 40퍼센트가 이념 정치에서 벗어나 생활정치 지향을 변화의 우선순위로 손꼽았으며, 향후 민주통합당이 가져가야 할 노선[11]으로 39.8퍼센트가 중도노선을 취해야 한다고 가장 많이 응답했듯이, 중도수렴에 대한 요구가 커지고 있다.[12]

제3장

중도수렴과 중도수렴 거부 간의 투쟁

18대 대선에서 박근혜 후보가 이긴 배경

지난 19대 총선에서 전문가들은 민주당의 패배 원인을 통합진보당과의 연대에 따른 중도층 이탈로 지적했다. 18대 대선을 결정지을 주요 변수는 중도무당파 변수, 안철수 변수, 2030세대 변수, 투표율 변수 등이었다. 11월 23일 문재인 후보와 안철수 후보의 단일화가 안철수 후보의 사퇴로 정리되면서 선거일이 다가올수록 투표율 변수와 세대 변수가 중요하게 부각되었다. 선거일이 임박한 시점에서는 투표율이 70퍼센트가 넘으면 야권후보가 이긴다는 속설과 함께 40대 연령층에서 이기는 후보가 당선된다는 속설이 유행할 만큼, 투표율 변수가 주목받았다.

투표 종료와 함께 발표된 지상파 방송 3사의 출구조사와 최종개표 결과는 이러한 기대를 완전히 무너뜨렸다. 대선 결과 투표율이 75.8퍼센트로 70퍼센트대를 넘어 상대적으로 높았다. 연령별 투표에서도 20대, 30대, 40대에서 모두 문재인 후보가 승리했음에도 박근혜 후보의 승리로 결론이 났다. 50대 투표율이 89.9퍼센트, 60대 이상이 78.8퍼센트로 상당히 높았고 5060세대의 결집효과가 양적으로 2030세대의 투표율을 압도해 박근혜 후보의 당선에 결정적인 영향을 끼쳤다.

종전의 투표 속설과 관행이 무너진 선거 결과에 언론과 전문가들은 의문을 제기했다. 그리고 당선 배경을 찾기 시작하면서 몇 가지 단서를 가지고 설명할 수 있었다. 그 단서는 먼저 유권자의 분포 변화로 2030세대는 17대 대선보다 줄었고, 반대로 5060세대는 상대적으로 늘었다는 주장이다. 50대 이상은 596만 명(1025만 명 → 1621만 명)이 증가했고, 30대 이하는 141만 명(1690만 명 → 1549만 명) 감소했다. 5060세대의 유권자가 양적으로 증가했다고 하더라도 50대 유권자들이 90퍼센트 가까이 투표에 참여했다는 사실을 설명할 수는 없다.

전문가와 언론은 5060세대의 결집 요인을 TV토론에서 박근혜 후보를 공격한 이정희 후보의 극단적인 네거티브 행태에 따른 결집효과로 설명한다. 또한 박근혜 후보가 50대가 겪는 사회경제적 고통과 욕망을 자극하고 이를 적극적으로 대변했기 때문인 것으로 설명한다. 50대가 겪는 고통과 욕망에 대한 접근은 선거의 승패를 떠나 생활정치의 필요성과 향후 새로운 정치가 무엇을 선택해야 하는지 시사한다. 현재 50대가 처한 현실은 한국 사회의 고통과 욕망을 응축한 것으로 자식의 사교육과 등록금에 허덕이며 부모를 모셔야 하고 은퇴 이후 본인의 삶을 고민해야 하는 삼중고에 시달리고 있다. 20~30년 전의 50대보다 훨씬 고통스러운 세대다.

18대 대선은 박근혜 후보의 대세론과 문재인의 입지를 위협했던 안철수 변수와 중도무당파 유권자들이 누구에게 투표할 것인가 하는 초미의 관심사가 하나의 구조적 환경으로 있었다. 각 후보는 유권자의 반응과 결과에 대한 분석을 놓쳤다. 통합진보당 이정희 후보의 TV토론 태도 등의 극단적인 행태가 박근혜 후보에 대한 이른바 5060세대의 결집효과를 이뤄냈는지에 대한 경험적인 확인 작업도 부족하다. 이 변수가 연령 변수를 넘어 이념 변수로 확대되어 보수층의 결집효과를 일으켜 박근혜 후보 당선에 영향을 주었는지에 대한 경험적 분석을 놓치고 있기 때문이다.

이제 18대 대선의 구조적인 환경 변수로 작동했던 '전략'을 '중도수렴전략'으로 보고자 한다. 이론적·실천적 수준에서 정치권과 학계의 오랜 화두로서 연구할 가치가 있지만, 이론의 적실성과 관련한 논쟁이 많은 주제다. 우리나라는 미국과 같은 안정적인 양당체제가 아닌 분단에 따른 반공주의와 지역주의, 이념 변수와 연령 변수까지 복잡하게 얽혀있기 때문에 정당들은 지금까지 고정된 자기 지지층을 정파적으로 흥분시키거나 결집하는 극단주의전략과 양극화된 차별화전략을 주로 사용해왔다. 이념 성향이 강한 민주노동당과 통합진보당과 같은 좌파정당들은 전략적 이익을 위해 중도수렴보다는 극단적 전략주의나 양극화된 차별화전략을 생존전략으로 추구해오거나 사용해왔다.

선거 승리전략은 핵심 지지층을 결집하고, 새로운 유권자의 개발 및 동원, 부동층 유권자에 대한 설득이다. 18대 대선 과정에서 박근혜 후보와 문재인 후보의 선거전략 역시 큰 틀에서 이와 유사하다.[1] 이는 중도무당파의 흡수가 선거 승패의 중요한 변수로 각 당의 주요 후보에게 중도수렴전략을 선택하도록 압력을 가한 구조적인 선거환경이 변수였다는 것이다. 이런 선거환경은 종전에 거의 존재하지 않았지만, 과거와 현재가 구분되는 일종의 분기점이다.

박근혜-문재인 후보가 중도층과 무당파의 지지를 얻기 위해 치열하게 경쟁하는 초박빙의 상황에서 중도수렴을 펼쳤다. 그럼에도 중도수렴을 거부하는 이정희 후보의 전략적 극단주의가 보수의 지위가 과소 대표된다는 불안감을 가졌던 5060세대를 흥분시켜 수적으로 응집하는 결집효과를 만들어냈다.

이론적 논의: 다운스의 중위투표자정리

선행연구가 빈곤함에 따라 불가피하게 선거공간에서 오랜 화두가 되었던 중도수렴전략을 뒷받침하는 이론적 논의의 기원을 찾을 수밖에 없다. 그 출발점은 다운스가 『An Economic Theory of Democracy』에서 구체화한 중위투표자정리다. 물론 다운스의 이 이론은 미국 경제학자 해럴드 호텔링Harold Hotelling이 공식화했던 게임이론인 호텔링의 법칙을 투표라는 정치적 현상과 공간에 적용해서 탄생한 이론이다.

호텔링은 1929년 경쟁에서의 안정성에서 어느 거리의 위치에 있을 때 매출을 극대화할 수 있는지 최적 입지조건에 대해 고민했다. 소비자 전체를 아우를 수 있는 중간의 중요성을 강조하고, 멀리 떨어져 경쟁하던 상점들은 점점 이동해 바로 옆에서 영업하게 된다는 '제품 차별화 최소 원리'를 주장했다. 그의 핵심적인 주장은 가장 많은 고객에게 접근할 수 있는 최고의 방법은 상품을 정확히 중간 지점에 갖다놓는 것이고, 그렇게 하지 않을 경우 그렇게 하는 사람들에게 반드시 패배할 수밖에 없다는 것이다.[2]

다운스는 중위투표자정리의 기원을 설명하면서 호텔링이 이미 호텔링의 법칙을 정치공간에도 적용해 사용했다고 밝히고 있다. 호텔링은 사람들이 직선 척도 상에 균일하게 분포해 있다고 가정하고, 양당제하에서 경쟁은 각 당을 이념적으로 상대편 쪽으로 이동하게 해 결국 중도로 수렴한다고 추론했다. 각 당은 자기 쪽의 사람들이 반대쪽에 있는 당보다는 자기 쪽에 있는 당을 선택한다는 것을 이미 알고 있다. 더 많은 득표를 위해 다른 쪽 극단을 향하게 되고 이러한 움직임에 따라서 각 당의 이념과 정책은 더 온건하고 덜 극단적이 된다는 것이다. 양당은 두 당 사이에 있는 결정적인 다수인 중간적인 유권자를 얻으려고 노력하기 때문이다.

다운스는 1차원적인 거리 개념에서 출발한 호텔링의 주장을 가로축과 세로축이 있는 2차원적인 정치 공간에 적용하기 위해 유권자의 이념적 분포상태(정규분포상태, 분극화된 상태, 좌측으로 기운 경우)의 종류와 정당체제의 종류(양당제, 다당제)를 교차적으로 대입해 그것들의 효과를 연역적으로 추론했다. 가로축 유권자들의 이념적 성향을 극좌(0)에서 극우(100)로 연속선상에 표기하고, 세로축 유권자들의 수를 나타내는 분포 곡선을 제시하면서, 이것에 따라 나타나는 정당의 정책적·이념적 성향이나 정당체계의 변화를 연역적으로 설명하고자 했다.

다운스는 〈그림1〉과 같이 유권자들의 이념 성향이 정규분포인 양당제에서는 이념적 성향이 다른 A와 B는 급속하게 중앙값(50)으로 수렴하게 된다고 말한다. 중도로 수렴함으로써 양극단의 극단주의자들이 이탈하게 되지만, 이러한 이탈이 중도로의 수렴을 막지는 못한다고 본다. 중도수렴으로 얻는 유권자의 숫자가 극단에서 잃게 되

는 숫자보다 많기 때문이다. 극단적 유권자들은 기권 등을 통해 중
도수렴을 거부하고 이를 막고자 적극적으로 행동하지만, 아이러니
하게도 자신이 지지하는 정당보다 나쁜 정당이 선거에서 승리하는
것을 허용한다는 주장을 펼쳤다.

　다운스는 〈그림1〉과 같은 유권자의 이념분포는 상대적으로 중도
를 취하면서 중앙에 가까운 양당제를 갖춘 정당체제, 즉 중도수렴의
양당체제를 촉진한다. 이런 체제는 비교적 온건한 이념 성향을 지닌
정당들이 정책 대결을 벌이기 때문에 안정된 정책을 입안하고 시행
할 수 있다. 어느 정당이 정권을 잡든 집권당과 집권정부의 정책은
국민 대다수의 입장에서 크게 벗어나지 않아 안정된 민주주의의 작
동이 가능하다. 이런 체제에서 양당은 서로의 이념과 정책을 가능한
한 닮으려고 노력하기 때문에 양당의 정책은 명료성을 갖기보다는
모호하고 중첩된 성격을 갖게 되고 이러한 특징이 정당과 유권자의
합리성을 제도화하게 된다. 정당 간의 경계가 모호해지는 정당체제
에서 유권자들은 이념적 순수성과 차별성보다는 인격이나 능력 등
비이념적인 선택 기준을 통해 투표의사를 결정하게 된다.

　〈그림 2〉처럼 유권자의 이념 성향 분포가 분극화된 경우 A와 B는
중앙으로 중도수렴하기 보다는 원래의 위치를 공고하게 한다. 중앙
으로 이동함으로써 얻게 되는 유권자의 숫자보다 잃는 숫자가 더 많
기 때문이다. 이처럼 유권자의 이념 성향이 분극화된 양당체제하에
서 각 정당은 자신의 이념적·정파적·정책적 차이를 더욱 극단적으
로 차별화하고 고집함으로써, 선거에서 어느 당이 승리하더라도 집
권 후에 상대당과 반대되는 이념적 정책들을 입안하고 실행하려는
전략적 극단주의가 횡행해 정치적 갈등과 대결을 지속하고 이로 인

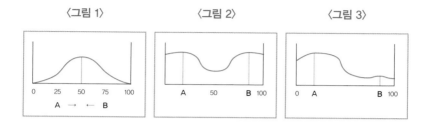

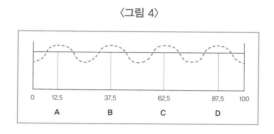

해 정부의 정책과 통치가 불안정해져서 민주주의가 혼란에 빠질 가
능성이 높다. 이런 상황에서 정당 간의 연합과 연립정권의 운영, 민
주적인 정부의 작동은 어렵고 국민의 대다수를 만족하게 할 수 없
다. 유권자들이 중앙을 중심으로 수렴하지 않는 한 분열과 갈등을
제거할 수 없고, 극단적인 유권자의 분포상황에서 한쪽 극단이 다른
쪽 극단을 무리한 힘과 강제로 제거하려고 해서 혁명, 전쟁, 폭력, 테
러, 쿠데타 등이 일어나게 된다.

　〈그림 3〉과 같이 유권자의 이념분포가 중산층이 성장하지 않아
중도층이 매우 취약한 상황에서는 노동계급과 하층계급의 이념분포
가 수적으로 우세할 경우에 좌파 정권이 출현하게 된다. 이러한 결과
에 대한 두려움 때문에 많은 유럽의 귀족들이 보통선거의 도입에 반
발했던 것처럼, 중산층과 상류층의 반발은 매우 거칠 것으로 보았다.

유권자들의 이념분포가 〈그림 4〉와 같은 경우 다당제 정당체제의 출현이 불가피하게 되고, 이러한 상황에서 각 정당은 〈그림 1〉처럼 중앙으로 수렴할 유인을 받지 못하기 때문에 이념적으로 서로를 차별화하면서 이념적 순수성을 지키려 한다. 정당 B나 A가 C쪽으로 이동해도 더 많은 표를 얻지 못하기 때문이다. 만약 B가 C로 움직여서 C에게 표를 얻겠지만, 정당 A에게 똑같은 수를 내어주게 되어 〈그림 1〉의 정당 B와 달리 37.5퍼센트에 머물려고 할 것이다. 이러한 다당제의 정당체제에서 유권자들은 중도수렴의 양당체제와 다르게 이념적 변수에 따라 더 많이 움직이고 투표하는 성향을 지니게 된다.

　다운스는 〈그림 1〉과 같은 이념적 분포에서 정당 B가 왼쪽의 A에 있는 반대로 정당 A가 오른쪽의 B에 있는 유권자 집단의 지지를 얻기 위해 보수적이거나 진보적인 구성원들에게서 벗어나 중앙을 향해 좌클릭 또는 우클릭할 경우, 보수와 진보의 극단적인 유권자들은 정당 A와 B로 하여금 다시 왼쪽과 오른쪽으로 되돌아오지 않으면 패배할 것이라고 협박하거나 견인하기 위해 더 극단적인 극우정당과 극좌정당을 결성하거나 정치세력화하는 방법을 찾는다고 주장했다. 극우정당과 극좌정당은 승리할 가능성은 없지만, 정당 A와 B의 중도수렴을 거부하거나 막아내는 일종의 '협박정당' 혹은 '영향력 정당'의 역할을 하게 된다. 아울러 자신의 목적을 극대화하기 위해 상대 당 혹은 더 나쁜 정당에 선거의 승리를 안겨줄 수 있다.

　주의할 점은 다운스가 이념적인 수준으로 좌와 우, 중도를 다루면서 이것에 부응하는 정파로 극단주의 정당과 좌우 정당만을 다루고 무당파를 다루지 않았다는 점이다. 이 글에서는 기존의 극단주의 정당과 좌우정당에서 이탈한 무당파의 상당수가 이념적으로 중도와 연관되어 있다고 보기 때문에 중도수렴론에 이념적 중도에 부응하는 정파로 무당파를 포함한다.

다운스의 이론적 논의에서 중도수렴과 관련한 핵심적인 사항을 몇 가지 요약하면 첫째, 유권자의 이념적 분포상태가 정규분포인 양당제하에서 정당들은 득표를 극대화하기 위해서 중도수렴을 선택하는 것이 합리적이다. 둘째, 양당이 선택하는 중도수렴전략은 양 정당의 이념과 정책의 차별성보다는 모호성을 추구하게 한다. 셋째, 유권자들은 이념과 정책보다는 인물이나 인물이 갖춘 능력 등의 비이념적 요소로 후보를 선택하는 투표 행태를 만든다. 넷째, 극단적인 좌우 유권자들은 중도수렴전략을 거부하고 정당의 이념적 위치를 원래대로 돌려놓기 위해 극단적인 정당(이른바 협박정당, 영향력 정당)을 결성하는 등 전략적 극단주의를 사용하게 된다. 다섯째, 극단주의 세력은 자신의 이익을 극대화하기 위해 상대 정당 혹은 더 나쁜 정당에 선거 승리를 안겨주는 방법을 선택할 수 있다.

다운스의 중위투표자정리를 근거로 한국의 선거행태 또는 정당체계의 흐름을 경험적으로 분석한 선행연구로 모종린의 「세계화와 한국의 이념정치: 한국 예외론에 대한 비판적 고찰」이 있다. 그는 '한국 정치에서의 이념 경쟁도 시간이 갈수록 중도수렴이라는 세계적 패턴을 따라가고 있다. 이는 급속도로 진행되고 있는 정보화와 세계화로 인해 전 세계적으로 사회갈등의 구조와 내용이 동일화되고 있으며, 한국 정치의 이념구조도 궁극적으로 서구모델로 수렴될 수밖에 없음을 의미한다'고 강조했다.

이론적이고 경험적인 차원에서 중도실용 노선과 중도수렴의 정당체제를 강조한 대표적인 연구자인 필자는 「보수독점의 정당체제

개혁론'의 재검토: 정치적 양극화와 중도수렴 부재의 정당체제론을 중심으로」에서 유권자의 이념 성향 분포가 시계열적으로 중도 성향이 강화되고 있음에도 편향성을 동원하는 정당의 양극화전략이 유권자들의 정당 불신을 초래하고 있다고 지적했다.

이상의 논의를 근거로 18대 대선 결과를 분석하기 위한 가설을 도출해 보면 다음과 같다.

가설 1. 박근혜-문재인 후보는 중도수렴을 위한 전략으로 중도를 겨냥한 정책 변화를 추구했을 것이다.

가설 2. 박근혜-문제인 후보의 중도수렴전략으로 정책의 유사성이 커졌고, 따라서 후보선택 기준으로는 '인물'과 '인물의 능력'에 비중을 두어 후보를 선택했을 것이다.

가설 3. 중도수렴을 거부하는 이정희 후보는 정책적 차별화와 이념적 극단주의전략을 가지고 사활적 투쟁으로 임했을 것이며, 중도수렴전략에 동의하는 유권자는 이러한 전략적 극단주의에 대해 강한 거부감을 가졌을 것이다.

가설 4. TV토론회에서 드러난 이정희 후보의 전략적 극단주의는 보수적 성향의 5060세대를 자극하여 박근혜 후보에게 더 많이 투표하는 보수층의 결집효과를 가져왔을 것이다.

박근혜-문재인 후보의 중도수렴과 유권자의 반응 결과

이제 앞서 논의한 가설을 경험적으로 관찰하고 통계적으로 확인할 것이다. 첫째, 박근혜-문재인 후보가 추구했던 중도수렴전략의 실태와 이것에 대한 유권자의 반응과 결과를 유권자 의식조사를 통해 경험적으로 관찰한다. 둘째, 박근혜-문재인 후보가 추구했던 중도수렴전략에 대한 이정희 후보의 거부 실태와 이것에 대한 유권자의 반응과 결과를 유권자 의식조사를 통해 경험적으로 관찰한다.[3]

박근혜-문재인 후보의 중도수렴 실태

18대 대선의 전후 과정에서 새누리당 박근혜 후보와 민주통합당 문재인 후보는 부동층을 포섭하기 위해 정책공약과 선거전략의 중심을 보다 중간적 이념으로 이동할 수밖에 없었고, 이러한 이동에 따라 중도수렴 현상이 강하게 나타났다. 새누리당은 당명과 로고 색을 바꾸고 경제 민주화와 복지의 진보적 의제를 적극적으로 흡수했다. 민주통합당은 야권연대를 통한 진보 측의 전통적 지지기반의 결집과 안철수 후보와의 단일화를 통해 중도적 유권자층과 20~30대 연령층의 정치동원을 극대화하는 전략을 구사했다.[4] 정책 변화를 시도함에 따라 각 진영 간에 '정책의 유사성'이 커졌고, 세력연합과 후보자 행보에서 극단주의를 배격하면서 이질적인 세력을 최대한 포용해 외연을 넓히려 했다.

구체적으로 박근혜 후보는 당명을 새누리당으로 개정하고, 진보적인 정책을 일부 수용해 정책공약에서 경제민주화와 복지에 대한 이슈를 선점했다. 조직의 외연을 확대하기 위해 한광옥과 한화갑 등 구민주당 계열의 인사를 선대위체계에 등용했다. 또한, 대선후보로 확정된 후 곧바로 노무현 전 대통령의 묘역을 참배하는 광폭 행보에 나서기도 했다. 한편, 문재인 후보는 새누리당의 단골 정책이었던 성장론과 안보론을 일부 수용해 일자리를 만드는 창조적 성장론과 교류협력과 안보의 균형론을 내걸었으며, 안철수 후보와의 단일화 협상을 위해 안철수 후보의 정치쇄신공약을 대거 수렴했다. 조직의 외연을 확대하기 위해 윤여준, 김덕룡 등 구 한나라당계열의 정치인사를 선대위체계에 등용했다.

선거일을 불과 10여 일 앞둔 시점에서 박근혜 후보는 12월 10일, 문재인 후보는 12월 9일 공약집을 발표했지만, 두 후보 간에 차별성은 크지 않았다. 통일외교안보 분야는 북방한계선NLL 문제에 대한 정치적 대립이 심화되면서 이슈화되지 못했고, 안보중시와 미래지향적 평화 사이에는 충돌이 있었지만, 내용상 여야 후보들 간 비전과 전략에 수렴 현상이 발생하면서 차별화되지 못했다.[5] 이는 종전까지 진보와 보수를 갈라놓았던 대북정책에서도 수렴되는 현상을 만들어냈다. 2012년 11월 14일 평화재단이 각 후보의 대북정책을 분석한 결과, 안철수 후보를 포함해 세 후보의 대북정책 공약이 이명박 정부의 대북정책 기조와 달리 안보를 강화하면서도 교류와 협력을 확대한다는 중도수렴적인 특징을 보였다. 특히 통일정책과 남북정상회담, 북한 핵문제, NLL, 개성공단, 북한 인권문제 등 주요 현안에 대한 정책 방향이 매우 유사했다.[6]

경제민주화 관점에서도 많은 부분 유사한 점이 발견되었다. 문재인 후보는 진보진영에서 그간 강조해온 이슈들을 대부분 수용했고 박근혜 후보도 과거와 비교해 진일보한 측면을 보였다는 점에서 외형상 큰 차이가 없다.[7] 경제 이슈와 관련해 두 후보는 캐치프레이즈와 경제민주화를 내세우고 있다는 점에서 동일하며, 일자리 창출, 보육, 주택, 의료 등을 포함한 복지에서도 마찬가지다.[8]

복지 공약은 여야가 비슷하다는 평가가 나올 정도고, 여론조사 결

과에서도 가장 비슷한 공약으로 복지가 꼽혔다.[9] 복지는 재정 공약
과 연결되는데 각 후보 모두 복지에 대한 공약이 대다수로 '성장 대
분배'의 관점에서 보면 연금, 의료, 교육 등 복지지출의 재분배 효과
가 크다는 점에서 분배에 초점을 둔 재정운영으로 시장주의 보다는
정부의 개입을 선호하는 성향을 가졌다.[10] 18대 대선의 주요 이슈였
던 경제민주화와 복지는 진보 성향의 후보와 정당에게 유리한 정책
의제이지만, 박근혜 후보가 이를 선점하고 경쟁 상대와의 차별성을
희석시킴으로써 상대적으로 이념이나 정책 기조 차원에서 중도에
있는 유권자들에게 표를 얻기 위한 유연한 선거전략을 구사했다.[11]

　이러한 중도수렴 경향은 당시 미국의 전문가들도 기정사실로 받
아들이고 있었다. 미국외교협회CFR는 2012년 9월 24일 〈한·미관계
현안〉 보고서를 통해서 이번 대선에서 여야 후보 중 누가 되더라도
차기 정부는 중도노선을 취할 것으로 예측했다. CFR 보고서에서 박
근혜 후보가 당선되면 좌클릭을 문재인 후보가 당선되면 우클릭을
할 것이고, 안철수 후보는 원래 중도를 표방하는 제3세력을 대표하
고 있다고 분석했다.[12] 동년 12월 10일 미국 민간 연구기관인 헤리
티지재단이 '한국과 일본의 선거'라는 주제로 개최한 학술 토론회에
서 고든 플레이크 맨스필드재단 이사장은 '한국의 대통령 선거는 중
도로 수렴되는 양상'이라며, '새누리당 박근혜 후보와 민주통합당 문
재인 후보 둘 중 누가 대통령이 되더라도 미-한 동맹관계에는 변화
가 없을 것'이라고 밝혔다.[13]

중도수렴에 대한 유권자의 반응 결과
　박근혜-문재인 후보의 중도수렴에 대해 유권자들의 반응은 어떻

게 나타났을까? 특히 중도와 무당파의 후보 선택은 어떠한가? 유권자 의식조사를 토대로 다음 사항을 먼저 살펴보자. 첫째는 후보 간의 정책 차별성이 실제로 어느 정도로 좁혀서 존재하는지에 대한 확인이고, 둘째는 정책의 중도수렴화에 따라 투표선택의 기준으로 '인물', '인물의 능력'이 어느 정도로 강조되었는지에 대한 확인이며, 셋째는 중도무당파에서 두 후보의 지지가 어느 정도 나왔는지 그 차이가 어느 정도인지에 대한 확인이다.

〈표 1〉은 연령별, 이념 성향별, 지지정당별, 중도/지지정당별에 따른 후보 간 정책적 차별성이 실제로 어느 정도 존재했는지를 확인할 수 있다. 분석 결과 정책적 차별성이 있었다는 응답이 상대적으로 높고 특히 연령별 40대(72.6퍼센트), 이념 성향별 보수(71.4퍼센트), 지지정당별 새누리당(74.3퍼센트), 중도/지지정당별 중도새누리(75.6퍼센트)의 유권자들에게서 후보 간의 정책적 차별성이 상당히 존재한 것으로 나타났다. 두 가지 측면에서 후보 간의 정책적 차별성이 줄어드는 조짐도 보인다. 첫째, 지지정당별 무당파의 정책적 차별성의 격차는 30.2퍼센트로 새누리당(48.6퍼센트)과 민주통합당(33.3퍼센트)보다 작게 나타났다.

결과는 무당파는 민주통합당과 새누리당 지지자들보다 정책적 차이가 없었다는 비율이 높은 것으로 상대적으로 무당파에서 중도수렴의 영향이 존재했다는 것을 보여준다. 둘째, 중도무당파의 정책적 차별성의 격차는 24.1퍼센트로 중도새누리(51.2퍼센트)와 중도민주통합(33.3퍼센트)보다 정책적 차별성이 줄어들었다. 중도무당파는 중도새누리와 중도민주통합 지지자들보다 정책적 차별성을 상대적으로 낮게 인식하고 있다. 이상을 종합해 볼 때, 두 후보의 중도수렴

구분		n	차이가 있었다(A)	차이가 없었다(B)	격차(A–B)	x²	p
연령대별	20대	228	69.3퍼센트	30.7퍼센트	38.6퍼센트		
	30대	242	69.4퍼센트	30.6퍼센트	38.8퍼센트		
	40대	263	72.6퍼센트	27.4퍼센트	45.2퍼센트	2.736	.603
	50대	228	65.8퍼센트	34.2퍼센트	31.6퍼센트		
	60세 이상	239	68.6퍼센트	31.4퍼센트	37.2퍼센트		
이념 성향별	진보	255	67.1퍼센트	32.9퍼센트	34.1퍼센트		
	중도	430	67.9퍼센트	32.1퍼센트	35.8퍼센트	1.947	.378
	보수	482	71.4퍼센트	28.6퍼센트	42.7퍼센트		
정당별	새누리당	486	74.3퍼센트	25.7퍼센트	48.6퍼센트		
	민주통합당	399	66.7퍼센트	33.3퍼센트	33.3퍼센트	9.604	.022
	기타정당	17	64.7퍼센트	35.3퍼센트	29.4퍼센트		
	무당파	295	65.1퍼센트	34.9퍼센트	30.2퍼센트		
중도/ 지지정당	중도무당파	137	62.0퍼센트	38.0퍼센트	24.1퍼센트		
	중도새누리	127	75.6퍼센트	24.4퍼센트	51.2퍼센트	5.709	.058
	중도민주통합	162	66.7퍼센트	33.3퍼센트	33.3퍼센트		

* 출처: 중앙선거관리위원회·한국 사회과학데이터센터(2012).

노력이 모든 정파를 초월해 유권자들에게 전면적으로 수용된 것으로 보이지 않고, 두 후보 간 정책적 차별성이 무당파와 중도무당파에서 상대적으로 낮아졌다는 점에서, 이러한 변화의 조짐들을 가설 1에 부합하는 맹아적 증거로 확인할 수 있다.

〈표 2〉는 유권자들이 투표선택의 기준으로 중도수렴화의 지표로, 설정되고 있는 '인물', '인물의 능력'을 받아들였는지 확인할 수 있

다. 후보를 선택할 때 가장 많이 고려한 사항으로 '후보 능력'(34.2퍼센트), '정책·공약'(30.7퍼센트), '소속정당'(10.8퍼센트), '도덕성'(10.6퍼센트), '이념'(9.0퍼센트), '주변의 평가'(3.1퍼센트), '출신 지역'(0.6퍼센트) 등의 순차적 결과를 보았을 때, 이번 선거에서 유권자들은 '인물의 능력'을 가장 중요한 투표선택 기준으로 받아들인 것으로 확인되어 중도수렴화의 지표로써 가설2에 부합된다. '정책·공약'도 그다음으로 많아 중도수렴화의 정도가 아직은 전면적인 수준이 아닌 절충적인 수준으로 유권자들에게 인식되고 있음을 확인할 수 있다.

〈표 2〉 18대 대선후보 선택 시 고려사항

정책·공약	소속정당	후보 능력	이념	도덕성	출신 지역	주변의 평가	기타
30.7 퍼센트	10.8 퍼센트	34.2 퍼센트	9.0 퍼센트	10.6 퍼센트	0.6 퍼센트	3.1 퍼센트	0.9 퍼센트

* 출처: 중앙선거관리위원회·한국 사회과학데이터센터(2012).

〈표 3〉은 두 후보가 연령별, 이념 성향별, 지지정당별, 중도/지지정당별에서 어느 정도의 지지를 받았는지를 확인할 수 있다. 문재인 후보가 20대(69.7퍼센트)와 30대(67.5퍼센트)에서, 박근혜 후보는 50대(60.7퍼센트)와 60세 이상(76.9퍼센트)에서 상대적으로 높게 나타났다. 이념 성향별로 볼 때 중도는 박근혜 후보가 44.5퍼센트, 문재인 후보가 55.5퍼센트로 격차(A-B)가 11.0퍼센트로 나타났으며, 지지정당별로 볼 때, 무당파에서는 박근혜 후보가 38.9퍼센트, 문재인 후보가 61.1퍼센트로 두 후보의 격차가 22.2퍼센트로 나타나 중도와 무당파에서는 문재인 후보를 더 많이 선택했다.

후보선택 격차는 이념 성향별 보수, 진보, 지지정당별 새누리당,

구분		n	박근혜(A)	문재인(B)	격차(A-B)	x^2	p
연령대별	20대	185	30.3퍼센트	69.7퍼센트	-39.5퍼센트	128.193	.000
	30대	209	32.5퍼센트	67.5퍼센트	-34.9퍼센트		
	40대	238	52.9퍼센트	47.1퍼센트	5.9퍼센트		
	50대	214	60.7퍼센트	39.3퍼센트	21.5퍼센트		
	60세 이상	221	76.9퍼센트	23.1퍼센트	53.8퍼센트		
이념 성향별	진보	229	13.5퍼센트	86.5퍼센트	-72.9퍼센트	241.705	.000
	중도	362	44.5퍼센트	55.5퍼센트	-11.0퍼센트		
	보수	445	75.5퍼센트	24.5퍼센트	51.0퍼센트		
정당별	새누리당	460	97.2퍼센트	2.8퍼센트	94.3퍼센트	742.273	.000
	민주통합당	369	3.8퍼센트	96.2퍼센트	-92.4퍼센트		
	기타정당	14	14.3퍼센트	85.7퍼센트	-71.4퍼센트		
	무당파	221	38.9퍼센트	61.1퍼센트	-22.2퍼센트		
중도/ 지지정당	중도무당파	92	44.6퍼센트	55.4퍼센트	-10.9퍼센트	231.799	.000
	중도새누리	118	96.6퍼센트	3.4퍼센트	93.2퍼센트		
	중도민주통합	149	3.4퍼센트	96.6퍼센트	-93.3퍼센트		

* 출처: 중앙선거관리위원회 · 한국 사회과학데이터센터(2012).

민주통합당, 기타정당과 비교해 볼 때, 상대적으로 매우 줄어들었다. 이 결과 모든 정파를 초월해 전면적인 차원에서 중도수렴화가 나타나지 않았지만, 중도와 무당파에서 상당한 수준의 중도수렴화가 진행되었다는 것이 확인되었다.

중도무당파 유권자들이 다른 유권자들보다 중도수렴을 받아들이는 정도가 크기 때문에 중도무당파에서 더 많이 선택한다는 것은 중도수렴전략의 성공 여부를 판단하는 기준이 될 수 있다. 분석 결과 중도무당파는 박근혜 후보가 44.6퍼센트, 문재인 후보가 55.4퍼센트를 중도무당파는 문재인 후보를 더 많이 선택했다. 이 격차는 중도새누리와 중도민주통합과 비교해 볼 때, 상대적으로 매우 줄어들었다는 점에서 중도무당파에서는 중도수렴화가 나타났다는 것을 확인할 수 있다. 한편, 중도무당파의 후보 선택은 이념 성향별 중도와 거의 비슷하며, 중도새누리와 중도민주통합의 후보 선택은 지지정당의 후보 선택과 거의 비슷하다. 지지정당이 있는 유권자는 이념이 중도라 하더라도 지지정당에 따른 후보 선택을 한다. 이는 중도무당파 흡수가 선거 승패의 중요 변수로 중도무당파의 후보선택 격차 축소는 박근혜 후보의 노력 결과이든지, 아니면 안철수 후보와의 단일화 효과에도 상대적으로 그 격차를 더 많이 벌리지 못했던 문재인 후보의 한계이든지 간에 선거 승패에 영향을 주었다.

이정희 후보의 중도수렴 거부와 유권자 반응 결과

이정희 후보의 중도수렴 거부 실태

이정희 후보는 2012년 11월 6일 문재인 후보와 안철수 후보가 만나 '단일화 7대 방안'에 합의했을 때, '민심을 따르는 단일화, 민중의 삶이 바뀌는 진보적 정권교체를 기대한다'는 대변인 논평을 통해 자신의 입장을 밝혔다.[14] 논평에 드러난 이정희 후보의 요지는 '우리 사회의 근본문제를 해결하는 정권교체 한미 FTA 폐기, 정리해고 폐지, 비정규직 철폐, 기초농산물 국가수매제 시행, 연방통일로 향하는 정권교체가 되어야 한다. 새누리당 폭정에 반대하고 낡은 시대와 결별하고자 하는 모든 진보개혁 세력이 연대할 때만 이에 온전히 부응할 수 있다'는 것이다. 대변인 논평에는, 당시 문재인-안철수 후보단일화에 대해 유권자들의 기대심리와 긍정적인 분위기가 있어서 수사적인 차원에서 비판한다는 부정적 언사를 사용하지 않았지만, '한미 FTA 폐기'와 '비정규직 철폐'와 같은 급진적인 주장을 통해 우회적으로 단일화의 한계를 비판하고 좌클릭화를 유도했다.

이정희 후보는 2012년 10월 30일 대변인 논평을 통해 문재인 후보가 자신이 속한 통합진보당과의 야권연대를 거부한 것에 대해 '야권연대가 상식이 되었지만 식상해져, 이것을 뛰어넘는 야권연대를 만드는 게 중요하다'는 입장을 밝혔다. 그 요지의 핵심은 '야권 전체가 종북공격, 거짓에 휘말리지 않겠느냐에 관심이 쏠리는 상황에서 한반도 정세 위기와 서해 NLL 위기를 둘러싸고 10·4선언 약속을 이행하겠다는 것이(이정희 후보 자신이 주장하는) 근본적인 해결방안이라고 두려움 없이 이야기할 것'이며, 야권연대를 높은 수준에서 말하고 야권 전체를 종북공세에서 지키려는 노력을 해나갈 것이라는 주장이다. 또한, 통합진보당이 포함된 야권연대가 이뤄지지 않게 하려는 것은 새누리당의 재집권전략이라며, 허위에 근거한 모함으로 5월 비례경선 관련 의혹이 발생했으며 언론의 공격적 보도로 진실이 받아들여지지 않고 뒤집혔고 국민들도 그렇게 알고 있다고 주장했다.[15] 이러한 논평 역시 문재인 후보가 이정희 후보와의 야권연대를 거부하는 주요 배경이 되는 '종북이미지'에 대해 진실이 아닌 '종북공세'라고 비판하며, '종북공세에 맞서는 야권연대'를 주장함으로써 문재인 후보의 좌클릭화를 유도했다.

이정희 후보는 12월 3일 대변인 논평을 통해 제1차 3자 TV토론에 임하는 전략에 대해 '이정희 후보 TV토론전략'이라는 입장을 밝혔다.

그 요지의 핵심은 '토론회의 집중 공략대상은 물론 박근혜 후보고, 박근혜 후보에 대해서 이정희 후보는 새누리당이 거악의 본산이고 후보 본인이 정치쇄신 대상임을 강조하고 맹공을 퍼부을 계획으로 하지만 문재인 후보에게 일방적으로 유리한 구도를 만들 계획은 아니다'고 밝혔다. 그는 박근혜-문재인 후보의 비판과 견제를 통해 좌클릭화를 유도했다. 이정희 후보의 이러한 토론전략은 실제 현장에서 "이정희 후보는 '야권 단일화를 부르짖으면서 왜 오늘 대선후보 토론회에 나왔느냐', '나중에 후보를 사퇴하면 국고보조금을 받은 문제는 어떻게 되는 거냐'"는 박근혜 후보의 질문에 대해 "이것만 기억하시면 됩니다. 저는 오늘 박근혜 후보를 떨어뜨리기 위해 나왔다. 반드시 박 후보를 떨어뜨리겠다"고 응답해 많은 논쟁과 논란을 일으켰다.

TV토론회에서 보여준 이정희 후보가 박근혜 후보에 대한 일방적인 공격과 비판으로 주요 후보 간의 양자구도로 TV토론회가 진행되어야 한다는 여론이 제기되었다. 삼자구도로 진행된 1차와 2차 TV토론회가 당선 가능성이 높은 박근혜 후보와 문재인 후보 간의 정책토론이 이정희 후보로 인해 부족했다는 점에서 이정희 후보의 TV토론전략에 대한 유권자들의 불만과 비판이 표출된 것이라 볼 수 있다.[16] 1차, 2차 TV토론회에서 박근혜 후보와 대립구도를 형성한 이정희 후보에 대한 유권자들의 평가는 18대 대선 결과의 또 다른 주요 변수 중 하나로 TV토론회를 통해 박근혜 후보의 잠재적 지지층의 위기감을 자극해 결집하게 하는 계기를 제공했다.[17] 이러한 이정희 후보의 토론전략은 TV토론 과정에서 야당후보로서의 문재인 후보의 이미지는 부각되지 못했으며,[18] 이정희 후보의 사퇴는 문재인 후보에게 유리하게 작용하기보다는 박근혜 후보 지지자들을 결집시

키는 효과가 있었다.[19]

중도수렴 거부에 대한 유권자의 반응 결과

이정희 후보의 중도수렴 거부행태에 대한 유권자들의 반응은 어떻게 나타났을까? 이것을 확인하기 위해 유권자 의식조사를 토대로 다음 사항을 살펴보자. 첫째는 1차 TV토론에서 드러난 극단주의 등으로 이미지화된 이정희 후보에 대한 유권자의 선호도가 어느 정도 존재하는지에 대한 확인이고, 둘째는 이러한 선호에 따라 5060세대-보수층이 어느 정도로 결집했는지에 대한 확인이며, 셋째는 이러한 5060세대-보수층이 어느 정도로 박근혜 후보에게 투표했는가에 대한 확인이다.

〈표 4〉는 TV토론에서 드러난 극단주의 등으로 형성된 이정희 후보의 이미지에 대해 연령별, 이념 성향별, 지지정당별, 중도/지지정당별, 박근혜 후보 선호도별, 문재인 후보 선호도별로 유권자의 혐오가 어느 정도 있었는지를 나타낸다. 이것은 이번 18대 대선과정에서 중도수렴을 거부한 채 좌클릭화를 유도한 이정희 후보에 대한 선호도가 얼마나 강하게 부정적으로 나타났는지를 보여준다. 분석결과 이정희 후보를 '싫어한다'에 대해 연령별로는 20대 67.4퍼센트, 30대 69.1퍼센트, 40대 75.7퍼센트, 50대 76.4퍼센트, 60세 이상이 86.8퍼센트로 연령이 높아짐에 따라 전반적으로 혐오가 높다는 것을 확인할 수 있다. 특히 60세 이상 연령층에서 극도의 혐오감을 가지고 있는 것을 확인할 수 있다. 이념 성향별로는 진보 60.2퍼센트, 중도 70.4퍼센트, 보수 86.5퍼센트로 보수층에서 혐오도가 상대적으로 매우 높다는 것을 알 수 있다. 지지정당별로는 새누리당

<표 4> 이정희 후보 선호도

구분		n	박근혜(A)	문재인(B)	격차(A−B)	x^2	p
연령대별	20대	224	67.4퍼센트	20.5퍼센트	12.1퍼센트	32.220	.000
	30대	233	69.1퍼센트	17.2퍼센트	13.7퍼센트		
	40대	251	75.7퍼센트	13.9퍼센트	10.4퍼센트		
	50대	216	76.4퍼센트	17.1퍼센트	6.5퍼센트		
	60세 이상	220	86.8퍼센트	8.2퍼센트	5.0퍼센트		
이념 성향별	진보	249	60.2퍼센트	24.1퍼센트	15.7퍼센트	69.433	.000
	중도	412	70.4퍼센트	19.9퍼센트	9.7퍼센트		
	보수	465	86.5퍼센트	6.9퍼센트	6.7퍼센트		
정당별	새누리당	453	92.3퍼센트	5.3퍼센트	2.4퍼센트	141.143	.000
	민주통합당	388	59.8퍼센트	22.4퍼센트	17.8퍼센트		
	기타정당	17	47.1퍼센트	23.5퍼센트	29.4퍼센트		
	무당파	283	69.6퍼센트	21.6퍼센트	8.8퍼센트		
중도/ 지지정당	중도무당파	134	64.9퍼센트	26.1퍼센트	9.0퍼센트	32.739	.000
	중도새누리	116	89.7퍼센트	8.6퍼센트	1.7퍼센트		
	중도민주통합	158	62.0퍼센트	22.2퍼센트	15.8퍼센트		
박근혜 선호도	싫어한다	350	58.6퍼센트	22.9퍼센트	18.6퍼센트	155.643	.000
	보통	240	62.9퍼센트	27.9퍼센트	9.2퍼센트		
	좋아한다	553	90.6퍼센트	5.2퍼센트	4.2퍼센트		
문재인 선호도	싫어한다	229	94.3퍼센트	1.7퍼센트	3.9퍼센트	88.255	.000
	보통	357	76.5퍼센트	19.0퍼센트	4.5퍼센트		
	좋아한다	556	66.0퍼센트	18.7퍼센트	15.3퍼센트		

* 출처: 중앙선거관리위원회 · 한국 사회과학데이터센터(2012).

(92.3퍼센트)이 민주통합당(59.8퍼센트), 기타정당(47.1퍼센트), 무당파(69.6퍼센트)보다 상대적으로 매우 높게 나타났다. 중도/지지정당별은 중도새누리가 89.7퍼센트로 중도무당파(64.9퍼센트)와 중도민주통합(62.0퍼센트)보다 높게 나타났다. 후보 선호도별로는 박근혜 후보를 좋아하고 문재인 후보를 싫어할수록 이정희 후보에 대한 혐오가 높아지는 것으로 나타났다. 정리하면 보수층, 새누리당 지지자층, 중도새누리층, 박근혜 후보를 좋아하는 유권자층, 문재인 후보를 싫어하는 유권자층은 상대적으로 이정희 후보에 대해 극도의 혐오감을 가지고 있다. 이상의 결과를 근거로 가설3도 부합하는 것으로 확인된다.

〈표 5〉를 통해서는 이정희 후보 혐오의 주요 원인이자 결과로 5060세대-보수층이 어느 정도로 결집했는가를 확인할 수 있다. 분석 결과 보수 표심 결집의 원인으로 여러 변수가 있지만, 그중에서 '이정희 후보의 공격적인 토론 태도'로 보고 있는 유권자가 31.0퍼센트로 가장 높게 나타났다. 이 결과는 이정희 후보의 극단주의가 대선 표심에 상당한 영향을 미쳤음을 암시한다. 구체적으로 살펴보면, 연령별로 20대 16.3퍼센트, 30대 27.3퍼센트, 40대 27.7퍼센트, 50대 38.2퍼센트, 60세 이상이 42.7퍼센트로 연령이 높아짐에 따라 높게 나타났으며, 특히 2030세대보다 5060세대에서 더 많이 반응한 것으로 나타났다.

이념 성향별로는 진보 16.6퍼센트, 중도 33.9퍼센트, 보수 38.4퍼센트로 중도와 보수에서 상대적으로 더 높게 나타났다. 지지정당별은 새누리당(43.1퍼센트) 지지자들이 민주통합당(18.6퍼센트), 통합진보당(18.0퍼센트), 진보정의당(24.0퍼센트), 무당파(20.4퍼센트) 지지자보다

<표 5> 보수표심의 결집 이유는 무엇인가?

구분		이정희 후보의 공격적인 토론태도	국정원 여직원 사건	사이버 종교 신천지 논란	억대굿판 논란	초박빙 여론조사 보도에 의한 정권교체 위기의식	아이패드 커닝논란	여론조사 기관 5억 수수 논란	기타
전체		31.0	7.8	2.2	1.1	27.8	1.5	1.0	27.6
연령	19-29세	16.3	6.4	1.5	.0	45.4	.0	.0	30.4
	30대	27.3	3.0	.9	1.0	31.0	2.5	1.5	32.9
	40대	27.7	9.6	2.4	.3	29.6	.8	1.1	28.3
	50대	38.2	7.5	2.3	2.6	23.0	.8	.9	24.8
	60세 이상	42.7	11.9	3.5	1.7	13.7	3.1	1.3	22.2
이념 성향	진보	16.6	6.1	2.3	.4	44.0	.7	1.2	28.7
	중도	33.9	6.2	1.2	1.3	26.5	.9	.7	29.2
	보수	38.4	9.0	3.3	1.4	22.1	1.6	.9	28.7
정당	새누리당	43.1	10.3	1.9	.8	18.7	1.3	.5	23.4
	민주통합당	18.6	4.7	2.8	1.5	39.8	1.5	1.7	29.5
	통합진보당	18.0	.0	3.5	2.5	36.4	.0	.0	42.1
	진보정의당	24.0	.0	.0	2.5	63.6	.0	.0	9.9
	무당파	20.4	1.1	1.9	26.7	2.6	1.0	37.6	100.0
투표	박근혜	42.1	10.2	2.2	.7	18.5	1.3	.4	24.5
	문재인	18.2	4.9	2.2	1.7	38.4	1.7	1.5	31.4

* 출처: 리얼미터(2012).

상대적으로 매우 높게 나타났다. 투표후보별로는 박근혜 후보를 지지한 유권자의 42.1퍼센트가 이정희 후보의 극단주의를 표심 결집의 원인으로 선택했다. 이정희 후보의 극단주의에 대해 연령, 이념, 지지정당, 투표후보를 초월해 상당한 유권자들이 혐오감을 가졌다는 것을 확인할 수 있다. 특히 5060세대, 보수층, 새누리당 지지자, 박근혜 투표층이 더 심각하게 받아들이고 있는 것으로 나타났다.

〈표 6〉은 이정희 후보를 싫어하는 유권자들이 어느 정도 투표에

<표 6> 각 후보 선호도에 따른 투표여부

구분		n	투표했다	투표하지 않았다	x^2	p
박근혜	싫어한다	89.8	89.8퍼센트	10.2퍼센트	28.602	.000
	보통	80.9	80.9퍼센트	19.1퍼센트		
	좋아한다	93.3	93.3퍼센트	6.7퍼센트		
문재인	싫어한다	205	89.5퍼센트	10.5퍼센트	16.117	.000
	보통	303	84.4퍼센트	15.6퍼센트		
	좋아한다	522	92.7퍼센트	7.3퍼센트		
이정희	싫어한다	773	90.1퍼센트	9.9퍼센트	5.298	.071
	보통	149	84.7퍼센트	15.3퍼센트		
	좋아한다	101	91.8퍼센트	8.2퍼센트		

* 출처: 중앙선거관리위원회 · 한국 사회과학데이터센터(2012).

참여했는지를 나타낸다. 각 후보의 선호도에 대해 투표여부를 교차분석한 결과, 이정희 후보를 싫어하는 유권자들의 투표참여율이 90.1퍼센트로 박근혜 후보와 문재인 후보를 싫어하는 유권자들의 투표 참여율(각각 89.8퍼센트, 89.5퍼센트)이 비슷한 수준인 것을 확인할 수 있다. 다만 '싫어한다'의 투표 참여율과 '좋아한다'의 투표 참여율에 차이가 박근혜 후보와 문재인 후부에 비해 상대적으로 작은 것으로 나타났다.

〈표 7〉은 박근혜 후보, 문재인 후보, 이정희 후보 선호도에 따른 후보선택을 확인할 수 있다. 박근혜 후보와 문재인 후보의 선호에 따른 후보선택을 보면, 박근혜 후보를 좋아하는 유권자들은 86.6퍼센트가 박근혜 후보를 선택했으며, 문재인 후보를 좋아하는 유권자들은 78.2퍼센트가 문재인 후보를 선택한 것으로 박근혜 후보를 선

구분		n	박근혜	문재인	x^2	p
박근혜	싫어한다	315	4.4퍼센트	95.6퍼센트	574.131	.000
	보통	194	30.4퍼센트	69.6퍼센트		
	좋아한다	529	86.6퍼센트	13.4퍼센트		
문재인	싫어한다	204	88.2퍼센트	11.8퍼센트	349.658	.000
	보통	298	73.5퍼센트	26.5퍼센트		
	좋아한다	518	21.8퍼센트	78.2퍼센트		
이정희	싫어한다	765	61.3퍼센트	38.7퍼센트	141.489	.000
	보통	147	21.8퍼센트	78.2퍼센트		
	좋아한다	101	12.9퍼센트	87.1퍼센트		

* 출처: 중앙선거관리위원회 · 한국 사회과학데이터센터(2012).

호하는 유권자들보다 상대적으로 낮게 나타났다. 이러한 결과는 문재인 후보를 선호하는 유권자들의 충성도가 박근혜 후보를 선호하는 유권자들보다 다소 낮다는 것을 의미한다. 이정희 후보를 싫어하는 유권자들은 61.3퍼센트가 박근혜 후보를 선택했으며, 38.7퍼센트가 문재인 후보를 선택했다. 이정희 후보를 싫어하는 유권자가 박근혜 후보를 선택할 비율이 높다.

이정희 후보를 싫어하는 유권자들이 실제로 이정희 후보에 혐오감을 느껴 이것에 대한 반발과 거부로 투표선택에서 문재인 후보보다 박근혜 후보에게 더 많이 투표했다는 것을 경험적으로 확인할 수 있다는 점에서 가설3과 가설4가 증명된다. 앞서 상정했던 가설들이 상당한 정도로 현실과 부합했다고 설명할 수 있다.

소결

　본 글은 중도수렴론을 통해 문제를 제기했다는 점에서 실험적인 의의도 있다. 매우 초보적인 수준이지만, 이론적인 논의와 경험적인 관찰을 통해 다음과 같은 함의와 시사점을 발견할 수 있었다. 첫째, 이론적인 함의로 득표 극대화를 위한 주요정당들의 중도수렴전략과 관련한 다운스의 '중위투표자정리median voter theorem' 논의가 18대 대선 사례를 통해 한국적인 상황에서도 중도층과 무당파층을 중심으로 아주 맹아적인 수준이기는 하지만 어느 정도 가시적으로 적용되고 있다는 점에서 이론적 적실성이 있다. 향후 선거에서도 이러한 중도수렴 경향은 전면적으로 진행되기보다는 중도수렴에 대한 거부와 반발 등의 좌충우돌 혹은 수요와 공급이 '불균형의 균형'을 통해 경향적으로 관철되는 것처럼 매우 점진적으로 대두할 것으로 보인다.

　둘째, '중위투표자정리'에서 다운스가 강조하는 또 다른 측면인 중도수렴 현상을 거부하는 극단주의 정당(협박정당, 영향력 정당)들의 투쟁행태와 그러한 행태가 반작용으로 초래하는 결과에 대해서도 이론적 적실성을 가진다. 즉, 양당제 하의 주요정당들이 중도수렴을 시작했음에도 불구하고, 이를 거부하는 극단주의적 정당들이 중도수렴을 추구하는 정당들이 수렴하기 전에 제자리로 돌아오게 하려고 더욱 극단적인 비판과 주장 및 퍼포먼스 등 전략적 극단주의를 취함으로써 자신들이 싫어하는 정당 혹은 반대당에게 선거 승리를 안겨줄 수 있다는 것이다. 이번 18대 대선에서 박근혜-문재인 후보의 중도수렴전략을 거부하고 이것에 대해 강력하게 반발하는 통합진보당 이정희 후보의 극단주의와 이것이 초래하는 결과에 대해 혐오감을 느끼는 유권자들의 투표결집 효과가 문재인 후보와의 초박빙상황에서 오히려 박근혜 후보에게 유리하게 작용했다는 것을 확인할 수 있다.

셋째, 박근혜 후보가 대통령에 당선됨으로써, 박근혜 후보를 떨어뜨리겠다는 것을 전략적 목표로 삼았던 이정희 후보의 전략은 실패했으며, 따라서 그러한 전략적 극단주의 전략은 시대적 적실성을 상실한 만큼 제고될 필요가 있다. 한편, 문재인 후보의 선거패배의 원인 중 하나로 문재인 후보가 안철수 후보와의 단일화 협상 등에서 얼마나 제대로 중도수렴전략을 실현했는가 하는 것은 별개[20]로 하더라도 문재인 후보가 이정희 후보의 전략적 극단주의를 사전에 철저하고 일관되게 통제하거나 무력화시키기 위한 노력을 의식적으로 추구하지 못한 점에서도 찾을 수 있다.

넷째, 다수결 선거제도와 양당제 정당체제 간의 부합성이 크다는 뒤베르제의 언급대로, 중도수렴을 선택한 주요정당들이 어떻게 이러한 극단적 이념정당들의 전략적 극단주의를 효과적으로 통제하거나 중도수렴에 도움이 되는 방향으로 연대(연합)해 안정적인 중도수렴의 정당체제를 구축할 것인가 하는 실천 과제가 남는다. 전략적 극단주의를 효과적으로 통제하게 될 경우 중도수렴의 정당체계를 보다 내실화하고 안정화할 수 있다. 우리의 정치환경과 정치관행은 민주화 이후 유권자의 이념 성향의 분포추세가 대체로 중도가 강화되고 있는 '정규분포'를 그리고 있음에도 불구하고, 정치엘리트와 정당들은 중도수렴보다는 보수와 진보 중심의 이념정치와 진영논리에 근거한 분극화된 정당체계로 반응하면서 진보는 더욱더 진보 쪽으로, 보수는 더욱더 보수 쪽으로 움직여서 이른바 정치적 양극화와 진영논리를 구축하게 되었고, 이러한 요인 등으로 국민들의 정치적 불신감과 소외감은 날로 심화했던 것이 사실이다.[21]

어떻게 중도수렴의 정당체계를 구축하거나 반대로 전략적 극단주의를 효과적으로 통제할 수 있을 것인가? 이와 관련한 해답의 실마리를 찾기 위해서 우선 시급한 것은 지구화, 정보화, 후기산업화, 탈물질주의 가치관의 도래 등으로 표현되는 시대 전환기적 시대상황에 부합하는 정당모델과 정당체계가 어떤 유형인지에 대해 진지하게 고민하면서 패러다임의 전환을 꾀하는 일일 것이다. 단순다수 대표제를 채택하고 있으며, 제3당의 위세가 그 어느 때보다도 약해 사실상 양당체제 양상이 뚜렷해지는 우리나라에선, 기존 정당정치에 대한 불만은 계속될 것이고 이러한 불만은 이른바 제2의, 제3의 '안철수 현상'과 같이 중도와 무당파 유권자를 대변하려는 새로운 정치세력의 부상과 이들이 쏟아내는 기존 정당정치에 대한 비판과 쇄신압력이 계속될 수밖에 없다. 이와 관련한 구체적인 논의와 과제는 또 다른 연구 주제인 만큼 추후 논의가 계속될 필요가 있다.

제3부

중도주의노선의 비전과 과제

제1장

공화주의적 정당모델과 공천방식

계파정치의 실상과 의문들

민주공화국의 원래 정신은 중도와 무당파, 중산층을 배제하는 정치적 양극화와 경제적 양극화전략과 달리 부자와 빈자, 중산층, 진보와 보수, 중도가 배제되지 않고 견제와 균형을 통해 함께 공존하는 체제를 지향하는 것이다. 하지만 사회이익이 파편화되고 정치적 양극가 심화되는 지구화, 정보화, 후기산업화, 탈물질주의, 탈냉전으로 표현되는 전환기적 시대상황에서는 이런 민주공화국의 정신을 정당이 제대로 실현한다는 것은 무척 어려운 일이다. 정치적 양극화는 정당 내 존재하는 파벌과 계파 간의 이해 다툼과 갈등을 심화시켜 자신의 분파적 이익을 극대화하면서 중간지대에 있는 중도의 목소리를 배제하기 때문이다. 계파 간 이해 다툼에 영향을 받고 있는 한국 정치는 공공선과 공존을 추구하기보다는 때때로 정치적 양극화를 동원한 정파들 간의 극심한 대립과 갈등으로 혼란과 분열에 빠지기도 한다.

한국 정당정치의 문제점은 정치적 양극화전략에 기초한 진영논리로 극단적인 분파주의와 파벌주의를 동원해 국가의 공공선을 훼손하고, 국민 편 가르기로 정권을 획득해 자신의 지지층만을 노골적으로 대변하다가 전체 유권자의 신뢰에서 멀어지면서 국정운영이 불가능해지는 통치불능 상태에 빠지거나 정권이 붕괴되는 것을 반복하는 데 있다. 이러한 통치불능 상태와 정권붕괴 사태를 막고 공화주의 정신에 기반을 둔 통합적인 국정운영을 하기 위해서는 당연히 특정한 이념에 기초해 특정한 지지층만을 대변하는 극단적인 양극화전략을 사용하지 못하도록 견제하고 균형을 잡으려는 정당과 정파가 있어야 한다. 정당이 민주공화국의 정신을 제대로 구현하기 위해서는 정당 내부가 파벌과 계파 중심의 분극화된 정치문화가 아니라 다양성을 훼손하지 않으면서 대화와 토론을 통해 통합할 수 있는 공화주의적 정치문화와 리더십이 있어야 한다.

한국 정치는 파벌과 계파 중심의 정치문화에서 벗어나 공화주의적 정치문화가 정착될 수 있는 성숙한 정당의 모습으로 그 체질을 바꾸기 위해 정당개혁을 추구해왔다. 계파들의 독점적 영향력과 나눠먹기식 공천폐해를 줄이기 위해 국민참여경선과 오픈프라이머리의 법제화를 추진했다. 그 효과는 여전히 미미하고 갈 길이 멀다. 민주적인 국가와 조직사회에서 파벌과 계파의 존재는 자연스런 현상이다. 파벌과 계파는 사람들이 모이고 결속할 수 있는 순기능을 제공하며, 이들의 갈등이 파당적 갈등이 아닌 비파당적인 갈등으로 제도화할 경우 민주주의 발전과 더불어 국가의 역동성을 증진할 수 있다. 하지만 파벌과 계파의 악기능과 폐해의 문제점을 좌시해서는 안 된다. 파벌과 계파들이 국민의 이익과 공동체의 공공선을 무시하고, 파편적인 이익을 앞세울 경우, 파당적인 갈등으로 흐를 뿐만 아니라 조직과 국가공동체가 대립과 분열로 흘러가 민주주의와 국가통치에 심각한 타격을 준다.

정당 내에서 당원, 의원, 유권자의 견제를 받지 않는 계파들의 지배행태, 즉 공천권 획득을 위한 파벌들의 전횡이 문제다. 파벌과 계파의 해악은 비판받아 마땅하다. 그러나 파벌과 계파의 해악이 문제가 된다고 해서 파벌과 계파 그 자체를 해체하거나 금지하는 것은 인간의 본성과 정치세계의 다원성에 부합하지 않기 때문에, 그들의 행태를 규제하거나 그들의 영향력을 약화시키는 방향이 바람직하다. 정치의 세계에서 파벌과 계파가 존재한다는 것이 문제라기보다는 견제를 받지 않는 것이 더 큰 문제이기 때문이다.[1]

한국의 정당정치는 당 내외의 파벌갈등과 계파정치로 심각한 홍역을 치룬 바 있다. 새누리당은 박근혜 대통령의 국정지지율 하락, 원내대표경선, 증세논쟁, 개헌논쟁을 계기로 친박계-비박계가 다투고 있다. 새정치민주연합은 전당대회에서 당대표 선출을 계기로 친노계-비노계가 갈등했다. 통합진보당과의 분당으로 계파갈등을 겪었던 정의당 역시 통합진보당 해산이후 노동당, 국민모임 등과의 진보정당재편의 주도권을 놓고 새로운 계파갈등을 예비하고 있다. 이러한 계파갈등과 계파정치는 2016년 20대 총선과 2017년 19대 대선이 다가올수록 더 극심해지고 있다.

계파정치의 민낯을 가장 노골적으로 보여준 사건은 2014년 새정치민주연합 박영선 비대위원장의 탈당 스캔들과 문희상 비대위원장이 추진한 비대위원회 구성과 조직강화특위의 계파안배다. 박영선 비대위원장은 당내 강경파들에게 두 차례나 '세월호 특별법 여야 합의안'을 비토당했고, 안경환·이상돈 비대위원장 영입마저 거부당하고 퇴진 압력을 받자 탈당스캔들을 일으켰다. 문 위원장은 비대위를 각 계파를 대표하는 문재인, 정세균, 박지원, 인재근 의원 등으로 꾸렸다. 문 위원장이 비대위를 '계파수장들의 연합체'로 꾸렸던 이유는 계파수장들이 전면에 나서서 조율하지 않고서는 다른 방도가 없었기 때문이다.

이 사건들은 한국 민주주의를 선도했던 민주당과 그 후계정당들의 당내 민주주의가 계파정치에 포획당해 사실상 실종되었다는 것을 스스로 고백한 상징적인 사건이다. 왜 한국의 정당들은 민주화 이후에도 파벌갈등과 계파정치에 시달리고 있는 것일까? 현상적으로 볼 때, 당권 획득과 공천권 행사와의 관련성 때문이다. 당권 경쟁에서 이긴 계파나 혹은 계파승리연합(담합된 계파들)이 총선과 대선 등 주요선거에서 공천권(공천권과 관련된 게임의 룰 포함)을 유리하게 행사할 수 있으며 반대로 당권경쟁에서 패한 계파들은 공천권에서 배제당하는 메커니즘이 작동하고 있기 때문이다.

새누리당의 전신인 한나라당에서는 지난 2008년 18대 총선을 앞두고 친이계에 의한 친박계 공천배제가 있었고, 19대 총선을 앞두고 친박계의 당권 장악에 따라 친이계를 배제하는 '보복공천'으로 극한의 계파갈등을 겪은 바 있다. 새누리당 김무성 대표도 19대 공천에서 친박계 보복공천의 대표적인 희생양으로서, 김무성 본인이 당대표가 되면서 이미 계파갈등을 내포하는 것은 어찌 보면 자연스럽다. 새정치민주연합의 역사 역시 새누리당과 별반 다르지 않다. 오히려 계파갈등과 계파정치는 새누리당보다 심각한 수준이다. 새정치민주연합은 지난 10년 동안 계파 간의 분열과 통합을 반복하는 것을 통해 계파정치는 더욱 고착화·일상화되었다. 실제 새정치민주연합의 역사는 '특정 계파의 당권 장악 → 나머지 계파의 비토와 지도부 흔들기 일상화 → 선거 패배 → 비대위 구성 → 다른 계파의 당권 장악' 형식으로 당의 불안정성 증대와 더불어 당권 투쟁이 무한 반복되는 양상을 보여 왔다.

계파정치는 학술적으로 아직까지 엄밀하게 개념정의가 되어 있지 않다. 일반적으로 공화주의 원칙[2]에서 강조하는 공당과 공천의 규범과 질서, 정당정치의 이익과 발전보다는 특정 파벌과 계파의 후원-수혜관계를 우선시하는 태도와 행위로 계파 간에 극심한 파당적 갈등과 탈당 및 분당을 연출하며, 그 결과 국민의 불신과 지탄을 받는 경향이다. 계파정치는 한국 정당정치에서 공천권 획득을 위한 당권 경쟁을 계기로 일정하게 유형화되며 일반화되고 있다. 공천권 획득이 계파 간의 당권경쟁과 연관되어 계파정치가 구조적으로 양산되고 있다는 것은 계파정치의 출현과 함께 반대로 그것의 극복을 위한 단서를 제공하고 있다. 이상의 단서들은 우리에게 다음과 같은 질문을 제기한다.

첫째, 민주화와 정당개혁의 결과 3김金을 중심으로 하는 1인 보스 정당이 약화되거나 어느 정도 민주적인 정당이 등장했음에도 공화주의 원칙을 기반으로 하는 공당公黨체제와 부합하지 못하는 계파정치가 왜 발생하고 끊이질 않는 것인가? 핵심적으로 계파정치의 출현은 정당의 지배구조 즉 정당모델과 관련되어 있다는 점에서 계파정치가 출현할 수밖에 없는 시대상황과 이것에 부응하는 정당모델 및 대안정당모델에 대한 규명이 필요하다. 둘째, 첫째에 이어서 계파정치 출현 및 극복과 관련한 대안적 정당모델이 규명된다면 계파정치를 극복하는 정당모델에 부합하는 바람직한 공천방식은 무엇일까?

한국 정치의 고질병으로 지적되는 계파정치의 해악에서 벗어나기 위한 합리적인 처방 중 하나는 공화주의 원칙에 입각해 공당의 현대적 버전으로 네트워크정당모델과 오픈프라이머리(완전국민경선제)의 법제화다.

이론적 논의: 과두제 정당모델과 그 등장 원인

1세기 전 독일의 정치학자인 로베르트 미헬스는 민주적인 정당은 과두제로 귀결된다는 과두제의 철칙iron law of oligarchy 테제를 고찰했다. 미헬스는 1911년 『정당사회학: 근대 민주주의의 과두적 경향에 관한 연구』를 통해 과두제의 철칙 테제를 주창했다. 핵심적으로 민주주의를 방해하는 복잡다단한 경향에 대해 첫째, '인간의 본성에서 기인하고, 둘째는 정치투쟁의 본질에서 기인하며, 셋째는 조직의 본질에서 기인한다. 민주주의는 과두정으로 나아가고, 과두정이 된다'고 강조했다. 그는 보수적인 정당과 조직뿐만 아니라 민주적이고 혁명적인 당 조직이 실제로는 지도자의 지배체제라는 사실을 명료하게 인식되어야 한다고 주장했다.

그가 설명하는 과두제의 철칙 메커니즘을 소개하면 다음과 같다. 정당조직의 규모가 커지고 복잡성이 증가하면 정당 활동에 전념할 전문적인 지도자가 필요하고 관료제가 구축된다. 이 관료제는 그 정점에 권력의 집중화를 낳고, 구성원들의 영향력이 감소되는 권력의 비대칭을 만들어낸다. 정당의 지도자들은 구성원을 제어할 수 있는 많은 기능과 자원을 보유하게 되고, 이를 통해 지도자들은 독자성과 자율성을 확보한다. 이들은 내부 언론을 장악하고 자신들의 지위를 공고화하기 위한 정치적 기술(연설, 기고활동, 홍정 등)을 확보함으로써 당내 전문지도자들을 대체할 수 없는 절대적인 존재로 만든다. 지도자와 구성원의 위치는 권력을 장악한 지도자의 리더십을 영속화하며 구성원들이 조직의 정치과정에서 소외되는 체제로 전환되는 이른바, 소수의 전문적인 지도자가 지배하는 과두제가 성립된다.

미헬스는 스승 막스 베버에게 관료제의 합리성(조직 합리성)을 배웠다. 하지만 그는 정당의 관료제모델로 등장한 정치머신political machine이 합리적으로 잘 작동할 것이라고 본 베버와 다르게 실제 독일 사회민주당에 대한 연구를 토대로 정치머신이 잘 작동하는 게 아니라 과두제가 작동되고 있다고 비판했다. 귀족적인 정치조직과 보수적인 정당이 과두제적 경향을 보이는 것을 차치하고서라도 민주적 가치를 옹호하는 독일 사회민주당에서도 과두제적 경향이 존재한다고 주장했다. 관료제와 과두제의 극복을 추구했던 민주적인 대중정당과 혁명정당에서 조차 과두제의 철칙이 작동된다고 보면서, 이것을 벗어날 수 없으나 그것을 약화시킬 수 있는 철칙을 주장했다. 그는 인간이 특정한 목적을 위해 구성한 모든 조직내부에 과두제적 경향이 존재한다는 것을 강력하게 증언했다.[3] 민주주의와 정당 내에서 드러나는 과두화 경향이라는 개념을 통해 대중정당모델 이후 당원의 역할 축소에 따른 위기의 타개책으로 관료적 지도자의 역할 강조로 진화한 관료적 대중정당, 포괄정당, 선거전문가정당, 카르텔정당이라는 현대적 개념들을 당시에 어느 정도 포착하고 있었다.

여기서 말하는 과두제란 무엇인가? 과두제는 민주제, 공화제와 어떻게 다른가? 이것의 의미를 이해하기 위해 과두제의 어원을 제시하고 있는 아리스토텔레스, 마키아벨리, 매디슨의 정체분류법에 따라 타 정체를 이해해야 한다. 아리스토텔레스는 통치자의 수와 통치 방식에 따라 군주정, 귀족적, 혼합적으로 나눴으며, 각각의 타락한 형태를 참주정, 과두정, 민주정으로 구분했다. 그는 최선의 정체를 민주정과 과두정이 중도·중용적으로 혼합된 혼합정을 지지했다. 마키아벨리는 역사와 시대를 초월해 항상 존재하는 귀족과 평민간의 대립과 갈등을 해소하기 위한 노력의 산물로 정체와 정체의 변화를 설명하면서, 정체형태를 군주정, 귀족정, 민주정으로 나누었으며 각각의 타락한 형태를 참주정, 과두정, 중우정으로 나누었다. 그는 여섯 개의 정체가 등장해 역사적인 순환을 한다는 정체순환론을 주창하면서, 정체 순환의 혼란에서 탈피해 안정된 정치체제를 구축하기 위해서는 최선의 정체로 군주정, 귀족정, 민주정이 통령, 원로원, 민회로 혼합되어 있는 공화정을 선택하고 그것을 잘 유지해야 한다고 강조했다.[4]

미국 헌법을 설계하고, 파벌을 견제하기 위해 민주공화당을 창당한 매디슨은 자신이 지지하는 최선의 정체를 고대의 직접 민주정을 의미하는 순수민주제와 구분해 공화정이라 부르고, 이 둘의 차이가 매우 크다는 것을 강조했다. 그가 순수한 민주정 정부보다 혼합정인 공화정을 지지한 것은 순수민주정이 작은 영토와 소규모 인구로 인해 다수결의 전횡과 파벌의 해악에서 벗어나기 어렵다는 판단 때문이다. 매디슨은 훨씬 더 넓은 영토와 훨씬 더 많은 시민을 갖는 현대적인 공화정 정부를 설계할 때, 다수결의 전횡과 파벌의 해악에서 벗어날 수 있다는 해법을 제시했다. 그는 현대적인 공화정과 공화주의 원칙의 핵심으로 광역선거구에서 탁월한 대표자의 선출과 그에 의한 통치 위임, 입법, 사법, 행정에 따른 권력공유와 분립, 사법부의 최종적인 입법판단, 양원제, 연방제 등을 제시했다.

매디슨이 현대적으로 재구성한 공화정 혹은 공화주의 원칙은 다양하게 해석될 수 있지만 두 가지 핵심적 가치를 추구한다. 첫째는 더 넓은 선거구에서 더 많은 시민들이 선출한 소수의 대표자에게 정부를 위임함으로써 '다수결의 전횡'과 '파벌의 해악'에서 벗어날 수 있다는 점이다. 둘째는 공화정은 민주정이 강조하는 '다수에 의한 소수의 지배'처럼, 특정한 세력이 권력을 독점해 다른 세력을 지배하거나 배제하는 것이 아닌 왕, 귀족, 평민이 모두 비지배적 공존을 지향하는 가운데, 이들 간에 견제와 균형을 통해 권력을 공유하면서도 기능을 분리해 운영하는 최선의 정부라는 점이다. 그것의 출발점은 민주정과 과두정이 혼합된 선거 제도에 있다.

과두제란 비지배적 조건 확보와 권력 공유를 지향하는 공화정과 비교해 볼 때, 다수자에 대한 소수자의 지배, 소수자의 이익(귀족, 부자, 엘리트)을 위한 소수자의 지배를 의미한다. 미헬스에 따르면 모든 조직은 내부적으로 민주주의(즉 소수에 대한 다수자의 지배)를 추구하더라도 관료화와 중앙집중화를 통해 과두제적 경향이 나타나게 된다. 그가 철칙이라는 용어를 사용한 것은 관료제화 되어 가는 현대 사회에서 권력이 소수의 상층부로 집중되는 것은 필연적으로 나타날 수밖에 없는 유기적 경향으로 보았기 때문이다.[5] 정당이라면 피할 수 없는 사회학적인 법칙이 있다고 보면서, 그 핵심을 선출된 자가 선출한 자들을 지배하고, 수임자가 위임자를 지배하며, 대의원이 대의원을 선출한 사람을 지배하도록 하게 만드는 것이 조직 그 자체라고 주장했다. 또한 '모든 정당조직은 민주적 토대 위에선 강력한 과두정이다. 어느 곳이나 선출하는 자와 선출되는 자가 있다. 어느 곳에서나 선출된 지도자는 선출한 대중을 지배한다. 조직의 과두적 구조는 조직의 민주적 토대에 숨겨진다. 후자는 당위이고, 전자는 현실이다'라고 주장했다. 아울러 모든 계급투쟁의 결과는 하나의 소수집단이 다른 소수집단에게 대중에 대한 지배권을 넘겨주는 교환일 따름일 뿐이고, 궁극적으로는 경제적 적대관계 때문에 역사의 무대 위로 올라와서 눈앞에서 거대한 투쟁을 주고받는 사회계급들은, 무용곡에 맞추어 교대로 춤을 추는 두 개의 무용단에 비견될 만하다고 주장했다.[6]

민주주의 정당 내부에서 과두적 현상의 원인은 무엇인가? 이에 대해 미헬스는 지도자들이 담합하는 경우와 보편적인 대중의 정신적 무기력을 논외로 한다면, 과두적 현상의 원인은 지도자들의 지배욕과 그들 존재의 기술적인 불가피성이라고 보았다. 미헬스는 과두적 현상의 원인들에 대해 대중의 무기력 등 여러 변수를 언급하지만 '지도자' 변수를 가장 결정적으로 보고 있다. 노동조합, 군대, 정당, 정부와 같이 가장 효율적이어야 하는 조직은 통일성과 규율을 통한 효율성을 달성하기 위해 정교한 기술적 전문성을 지닌 직업적 지도자가 필요한데, 직업적 지도자에게는 자연적 지배욕구와 문화적 우위가 존재하기 때문에, 민주적 조직이라도 과두제로 이행하게 될 수밖에 없다는 것이다.

미헬스의 과두제의 철칙과 그 원인에 대한 진단은 타당한 것인가? 물론 과두제의 철칙이 독일 사민당의 특수성을 일반화한 오류라고 비판을 할 수 있다. 엘리트 간 경쟁 과정에서 대중의 참여를 통한 민주주의 실현 가능성을 무시했다는 한계를 지닌다는 비판도 있을 수 있다. 아울러 당원들의 참여에 근거한 직접민주주의를 활성화한다면 이 철칙에서 벗어날 수 있다는 주장도 할 수 있다. 하지만 과두제의 철칙을 비판하는 여러 논리적 주장은 이미 유럽정당의 역사적 진화(대중정당모델 → 관료적 대중정당 → 포괄정당·선거전문가정당 → 카르텔정당)에 따라 어느 정도 반증되었다.[7] 근본적으로 대중정당모델에서 벗어날 수 있는 포스트대중정당모델post-mass party model에 대한 아이디어를 논외로 한다면, 과두제의 철칙은 이미 검증되었고, 적실성을 갖는다. 당원을 중심으로 당내민주주의로 작동하는 대중정당모델이 쇠퇴하고, 당원이 빠진 공백을 당 관료와 지도부 및 외부 선거전문가 그리고 그 밖에 주체와 자원들(국가의 자원, 당 내외 파벌 간 담합)로 채우면서, 과두제의 철칙은 카르텔정당으로 이어진다. 카르텔정당은 정당 내 계파 간의 패권 또는 담합, 정당 밖 파벌들 간의 담합을 통해 국고보조금을 독식하고 신생정당의 진입을 막으려 했던 특징을 통해 과두제의 철칙이 어느 정도 검증이 되었다.

대중정당모델에서 카르텔정당으로 이어지는 기존의 정당모델로는 과두제의 철칙을 극복할 수 없다. 대중정당모델이 카르텔정당모델로 가는 과정은 〈표 1〉처럼 대체로 조직수준 정당 기능의 약화를 다른 주체와 자원(국가의 보조금과 패권적인 법제도)을 통해 유연화된 조직수준 정당 기능으로 극복하려고 했기 때문이다. 조직수준 정당 기능의 약화를 다른 정당의 두 기능인 공직수준 정당 기능과 유권자수준 정당 기능을 연계시킬 수 있다면 그 노선을 조금 변경할 수 있을 것이다. 진성당원의 부족과 역할 감소를 극복하거나 보완할 수 있다면 과두제의 영향을 최대한 견제할 수 있는 다른 정당모델을 창조할 수 있다. 진성당원의 부족에서 오는 과두제를 당 밖의 다른 행위자와의 연대를 통해 견제와 균형을 잡을 수 있도록 최선의 정체인 공

〈표 1〉 정당모델별 부각되는 정당 기능과 행위자 비교

	대중정당모델	포괄정당모델	선거전문가정당 모델	카르텔정당모델	네트워크정당 모델
시대배경	국가건설기, 산업화시대	후기산업화	후기산업화	후기산업화	지구화, 정보화 시대
주요 목표	이익집성과 이익표출	이념약화 + 지지층확대 + 선거 승리	이념약화 + 지지층확대 + 선거 승리	국가의 자원 활용을 통한 패권과 담합	이익조정과 이익통합
부각되는 정당 기능	'조직수준 정당'	유연화된 '조직수준 정당'	유연화된 '조직수준 정당'	유연화된 '조직수준 정당'	'공직수준 정당'과 '유권자 수준 정당'간 연계기능
부각되는 행위자	이념적 활동당 원(정파) + 특정 계급계층조직	당지도부(당관료) + 중도적인 유권자	선거전문가 + 각 분야전문가 + 중도적인 유권자	당지도부 (당관료) + 국가	공직자 – 일반 유권자간 네트워크

* 출처: 채진원(2012, 153) 부분 재구성.

화정과 공화주의 원칙에 부합하는 현대적 공당모델이 이론적·실천적으로 설계된다면 과두제의 철칙에서 벗어나거나 벗어나지 못하더라도 그 문제점을 최소화시킬 수 있다.

네트워크정당모델은 임성호가 제시한 원내정당모델과 정진민이 제시한 유권자정당모델을 대체하는 것이 아닌 보완하기 위한 정당모델 개념이다. 원내정당모델과 유권자정당모델은 키의 다층적 수준의 정당기능론의 관점에서 볼 때, 공통적으로 조직수준 정당의 쇠퇴를 개선하기 위한 대안으로 공직수준 정당과 유권자수준 정당의 연계를 강조한다. 하지만 강조점과 비중이 다르다. 임성호는 공직수준 정당에 상대적으로 더 많은 비중과 강조점을 두는 반면에, 정진민은 상대적으로 유권자수준 정당에 더 많은 비중과 강조점을 두고 있다.

네트워크정당모델은 임성호와 정진민의 정당모델에 대한 '네이밍'이 연구자들과 독자들에게 정당 기능의 특정 측면만을 강조함으로써 다른 측면을 배제한다는 오해[8]를 불식하고, 지구화와 정보화시대에 부응하는 네트워크와 플랫폼의 중요성에 초점을 맞춰 공직수준 정당과 유권자수준 정당의 균형적 연결을 강화해야 한다는 당위적 필요성을 효과적으로 강조하기 위한 개념이다. 네트워크정당모델은 당원뿐만 아니라 의원과 공직 후보자의 지지자 등 적극적인 시민들의 참여를 기반으로 하는, 정당과 시민정치(시민사회단체)를 연결하려는 시민 참여형 네트워크정당모델, 시민 참여형 플랫폼 정당모델[9]로 구체화될 수 있다. 이 모델이 제대로 작동되기 위해서 공직수준 정당에서 나오는 리더십과 유권자수준 정당에서 나오는 팔로워십이 균형 있게 온-오프의 플랫폼을 통해 결합해 주인의식을 발휘해야 한다.[10]

이론적 논의: 계파정치의 원인, 네트워크정당모델

민주적인 정당은 과두제의 철칙에서 벗어날 수 있을까? 이것에 대한 대답은 제2장의 논의를 볼 때, 크게 두 가지 방향으로 나뉘는데 벗어날 수 없는 경로와 벗어날 수 있는 경로다. 벗어날 수 없는 경로는 대중정당모델의 문제점으로 지적된 진성당원의 부족과 역할 감소를 유연화된 조직수준 정당 기능을 통해 극복하려고 했던 경우이다. 벗어날 수 있는 경로는 대중정당에서 초래된 조직수준 정당 기능의 약화 문제를 유연화된 조직수준 정당 기능으로 해결하려고 하는 것이 아니라, 공직수준 정당 기능과 유권자수준 정당 기능을 연계시켜서 극복하려고 한 경우다. 후자의 경로는 네트워크를 활성화해 소수 계파 간의 담합과 패권을 견제하고 균형을 잡을 수 있다. 후자인 경로는 전자의 경로보다 공화정과 공화주의 원칙이 적용되는 공당의 작동 원리에 더 부합해 과두제를 약화시키거나 과두제에서 벗어날 수 있는 가능성이 더 크다.

우리 사회는 계층간, 지역간, 세대간, 남북간, 이념간, 정파간 여러 분야와 영역에서 극심한 파벌대립과 계파갈등에 시달리고 있다. 갈등과 대립은 민주화의 결과로써 자연스러울 수도 있으나 민주화가 되었음에도 이러한 현상이 지속되고 개선되지 않고 있다는 것은 민주주의의 역설 혹은 민주주의의 딜레마로 보인다. 민주주의의 딜레마란 개인의 자유와 권리(시민권)가 신장된 것에 비해 상대적으로 타인에 대한 존중과 함께 자신의 책임과 의무(시민성)가 성장하지 않아 갈등과 분쟁이 줄어들지 않고 오히려 더 크게 발생하는 현상을 말한다. 오늘날 대표적인 예가 노사갈등, 학교폭력, 군대폭력이다. 즉 민주주의의 딜레마란 시민권과 시민성의 부조응 또는 비대칭으로 갈등과 분쟁이 더욱 커지는 현상을 말한다.

민주주의의 역설 또는 민주주의의 딜레마 문제로 인해 가장 최선의 정치체제인 공화정은 군주정, 참주정, 귀족정, 과두정, 민주정과 다르게 시민권과 시민성을 일치시키거나 리더십과 팔로워십을 일치시키는 주인의식, 주인의식의 법적 표현인 준법의식을 가진 덕성 있는 시민과 시민의 대표가 존재하지 않을 시, 불안정성과 비효율성을 동반하는 통치불능 상태에 빠질 수 있다. 공화정은 비지배적인 조건 확보를 위해 단순히 권력만 분립하는 정부가 아니라 전체 국가의 권력과 기능을 공유하면서도 권한을 상호 견제하여 분리하는 정부다.[11] 정당과 정치인들이 전체 국가의 권력과 기능에 대해 책임과 의무를 공유하는 주인의식을 갖지 못하고, 부분적인 이익에 집착해 정당의 자유와 권리만을 주장하면서 권력 분립만 강조했을 경우에는 파벌과 계파의 등장에 따른 대립과 갈등으로 인해 교착과 파행으로 국정운영이 통치불능에 빠질 수 있다.[12]

민주주의의 딜레마와 통치불능 상태에서 벗어나기 위해서는 공화주의 원칙을 준수하는 덕성 있는 시민과 시민의 대표, 정당과 정치인이 존재해야 한다. 시민교육과 정치 참여를 통해 공화정이라는 정체의 특성인 권력에 대한 공유와 분립정신을 이해하면서도 주인의식과 준법의식을 지닌 덕성과 역량을 지닌 시민과 시민의 대표자가 존재해야 한다. 공화정이라는 정체는 인민의 지배를 강조하는 민주정과 달리 권력 분립을 통한 비지배적 조건 확보와 대의제를 바탕으로 작동되기 때문에, 국민과 정부를 매개하는 정당의 역할이 중요하다. 정당모델 역시 공화정에 부합하는 공당이 출현할 때 제대로 작동할 수 있다는 것을 깊이 인식할 필요가 있다. 만약 위에서 제시된 것들이 불일치하거나 부조응, 또는 부합하지 못할 때는, 공공의 이익보다 분파적인 이익이 강조되는 파벌과 계파가 출현해 공당은 물론 공화정이라는 정체를 대립과 분열로 위험에 빠뜨려 정당과 정부에 대한 국민적 불신을 받게 된다는 것을 인식할 필요가 있다.

민주화 이후 한국 정치에서 파벌과 계파의 해악에 대한 비판의 목소리가 계속되고 있다. 공천권을 둘러싼 계파 간의 패권과 담합이 계속되고 있으며, 이로 인해 정당의 정체성이 혼란스럽고, 정당의 구심력과 중심이 잡히지 않고 있다. 민주화 이후 정당개혁과 진보정당의 등장에도 민주적인 정당에서 계파정치가 일반화되고 구조화되고 있는 원인은 무엇일까? 그것은 변화된 시대상황에 부합하는 적절한 정당모델과 공천방식의 부재에 있다. 즉 대중정당모델의 종착지로 등장한 계파 문제를 극복할 수 있는 공화주의 원칙에 부합하는 적절한 공당모델의 부재에 있다. 앞서 논의한 바와 같이 진성당원을 중심으로 하는 대중정당모델은 당원의 부족과 당원의식의 하락에 따라 계파과두제를 중심으로 하는 카르텔정당으로 진화했고, 그 결과 계파들의 과두제 현상을 노골화시켰다.

진성당원의 공급이 부족한 시대적 상황이란 무엇인가? 그것은 노조와 이익단체를 중심으로 하는 산업사회와 달리 진성당원이 원활하게 공급되거나 동원되지 않아 당원가입률이 최저인 상태, 즉 사실상 당원의식이 없거나 당원의식이 떨어지는 지구화, 후기산업화, 정보화로 표현되는 오늘날의 시대적 상황을 말한다.[13] 이러한 시대상황에서 파벌과 계파들의 패권, 계파 간의 담합(공천권 나눠먹기)을 실질적으로 견제하기는 어렵다. 계파수장과 계파조직에 인해 당원의식과 의원들의 자율성이 사실상 포획당했거나 정치 신인의 진입이 차단당해 당내 민주주의가 작동되지 않기 때문이다.

한국에서 진성당원제를 실시하여 가장 민주적인 정당으로 자리매김했던 민주노동당과 그 후계 정당들 역시 계파를 중심으로 하는 과두제의 철칙에서 벗어나기 어렵다는 것을 보여주었다. 민주노동당이 분당하고 그 후계 정당들인 통합진보당이 이석기 비례대표선거부정사건을 계기로 분열했던 핵심에는 당원과 정치신인이 더 이상 공급되지 않은 상황에서 당원의 수를 무기로 한 경기동부연합계파(NL계)의 공천권 장악과 다른 계파의 반발이 있었기 때문이다. 이러한 현상들은 미헬스가 웅변했던 과두제의 철칙처럼, 진보정당과 민주정당을 추구했던 민주노동당과 후계정당에서도 정당조직내부에서 과두화현상을 제어할 수 없었다는 것을 말하며, 그 과두화현상의 원인에는 진성당원의 공급부족과 당원의식의 부족으로 인한 특정 계파의 당 질서 포획과 지배가 있음을 웅변한다.

계파정치에서 벗어날 수 있는 방법은 무엇일까? 가장 확실한 방법은 산업화시대처럼 진성당원을 원활하게 동원하거나 공급하는 것이다. 진성당원의 당원의식을 통해 계파들의 패권과 담합 행위를 견제하면 될 것이다. 이러한 견제는 지구화, 후기산업화, 정보화, 탈물질주의 등으로 표현되는 변화된 시대상황에 따른 대중정당모델의 카르텔정당화를 볼 때, 더는 불가능하다. 이익집성의 기능을 약화시켜 조직으로서의 정당 기능을 약화시키는 시대불가역적인 구조적 환경이 도래해 이것을 거부하기에는 상당한 제약이 따른다.[14] 그렇다면 어떤 처방이 바람직한 것인가? 우선 민주화와 정당개혁을 통해 1인 보스체제가 쇠퇴했음에도 정당 내외에서 계파정치가 등장하는 의미에 대해 살펴보고, 그 원인에 대한 진단이 필요하다.

계파정치가 등장한다는 것의 의미는 당원과 의원이 이미 특정 계파조직에 포획당했거나 당 외부에서 당원이 공급되지 않는 상황에서 공천권 장악을 위한 특정 계파의 패권 혹은 계파연합들의 담합이 공화주의 원칙에 부합하는 공당의 작동을 어렵게 한다는 것이다. 계파정치의 발생 원인은 진성당원이 공급되거나 동원되지 않는 전환기적 시대상황(지구화, 정보화, 후기산업화, 탈물질주의 등 구조적인 원인)에서 기인하는 견제받지 않는 계파들의 지배(공천권 장악과 분배 동기)와 배제의 정치 행태(문화)다. 그 처방의 방향은 정당의 모델을 공화주의 원칙에 부합하도록 현대화된 공당의 모델로 혁신해야 하며, 공천방식

<〈그림 1-1〉 대중정당모델>

<〈그림 1-2〉 네트워크정당모델>

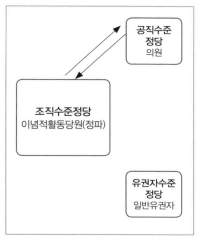

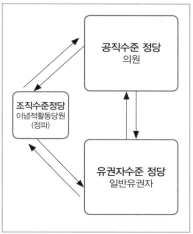

* 출처: 채진원(2012, 152) 부분수정.

역시 그 공당에 부합하는 방향으로 설계할 필요가 있다.

〈그림 1-1〉처럼 과두제의 철칙에 따른 카르텔정당으로 진화하는 대중정당모델에서 근본적으로 탈피해 〈그림 1-2〉 네트워크정당모델로 그 경로를 전환해야 한다. 당원과 의원들이 계파수장과 조직에 포획되어 왜곡된 조직수준 정당을 축소하는 한편, 공직수준 정당과 유권자수준 정당의 균형적 연계를 활성화해야 한다. 공천방식도 네트워크정당모델에 부합하게 오픈프라이머리를 법제화해 특정 계파의 지배와 독점 및 계파담합에서 당원과 국민에게 완전 개방해 계파들의 영향력을 실질적으로 약화시킬 필요가 있다.

베버가 정당의 합리적 관료제화로 해석했던 정당머신의 폐해를 타파하기 위해 정치개혁의 일환으로 1905년 미국의 위스콘신 주가 최초 주법으로 예비선거(프라이머리)를 법제화했던 경험과 사례는 대통령제 정부 형태를 지닌 우리에게 이론적·경험적으로 많은 시사점을 주고 있다. 미국 정당정치는 남북전쟁 이후 잭슨 민주주의 확대로 정당이 원내정당에서 대중정당모델로 전환되고, 대중정당모델의 형태인 정당머신이 부패의 온상이 되자 19세기 말부터 개혁 운동이 시작되었다. 공직후보선출제도를 기존 대의원 대회의 정당 보스에서 예비선거로 바꿈으로써 정당 보스들의 영향력을 약화시켜 현대 유권자와 원내정당이 결합하는 현대식 정당으로 변화시키는 계기가 되었다.[15]

미국은 〈표 2〉처럼 2012년 대선에서 민주당은 36개 주, 공화당은 35개 주에서 예비선거를 실시했고, 이 중에서 민주당 20개 주, 공화당 20개 주가 오픈프라이머리를 실시하고 있다.[16] 오픈프라이머리는 멕시코, 칠레, 아르헨티나, 불가리아 등 1인 보스에 의한 가산제의 폐해를 경험한 남미 국가에서 정치개혁의 일환으로 대통령후보 선출과정에 도입되어 확산되고 있다. 또한 대중정당모델의 전통이 강한 유럽에서도 점차 확산되고 있다.

2011년 프랑스 사회당이 대선후보 결선 투표에서 프랑수아 올랑드 대통령을 오픈프라이머리로 선출했다. 2013년 프랑스 보수우파

〈표 2〉 2012 미국 대선에서 후보 선출 방식 비교

	caucus	closed primary	open primary
민주당	14	16	20
공화당	15	15	20

* 출처: 이정진(2012). 「이슈와 논점: 오픈프라이머리 논의와 시사점」.

정당인 대중운동연합UMP은 2014년 지방선거에 출마할 파리시장 후보를 나탈리 코시우스코 모리제 의원 인터넷 투표를 활용한 오픈프라이머리로 선출했다.[17] 2013년 7월 영국 노동당이 정치 불신과 취약한 당원 기반을 넘어서기 위해 런던 시장 후보를 선출하는 데 오픈프라이머리를 도입하겠다고 전격 선언한 바 있다.[18] 1인 보스에 의한 가산제 문화가 강하고 그것의 폐해가 드러나고 있는 한국 역시 2002년 16대 대선에서 당선된 노무현 대통령이 국민참여경선제도를 활용하여 새정치민주당 후보로 당선되었다. 2002년 당 차원에서 실시되었던 국민참여경선제도는 2015년 역선택의 문제, 동원문제 등을 보완하면서 여야가 동시에 국가의 세금으로 유권자가 참여하는 오픈프라이머리로 법제화하는 데 국민적 공감대를 넓혀가고 있다.

오픈프라이머리 법제화 추진에 대한 논의와 쟁점

2015년 여·야의 입장과 쟁점

2015년 1월 여·야 혁신위는 내년 4월 20대 총선에서 오픈프라이머리를 도입하기 위한 당내 합의 노력과 함께 정치관계법 개정 등 법제화를 위한 내용과 절차를 논의했다. 하지만 최종 당론으로 확정하지 못했다. 새누리당 보수혁신특별위원회는 1월 5일 오픈프라이머리 도입 및 여성·장애인 후보자 10-20퍼센트 가산점 부여 등의 혁신안을 의결했다. 보수혁신위는 당원협의회 운영위원장이 국회의원 선거에 출마할 경우 예비선거일 6개월 전에 사퇴해야 한다는 방안도 의결했다. 기득권을 갖고 있는 운영위원장이 오픈프라이머리에서 월등히 유리할 수밖에 없다는 지적에 따른 것이다.

보수 혁신위는 오픈프라이머리에 참여할 자격도 강화하는 방안을 내놓았다. 별도 자격심사위원회를 통해 심사를 통과한 예비후보만이 경선에 참여하는 방안이다. 새정치민주연합은 정치혁신실천위원회를 통해 오픈프라이머리 준비 작업에 나서고 있으며, 새정치민주연합 역시 컷오프제도를 도입해 오픈프라이머리 경선 후보자를 추리는 방안을 검토하고 있다. 현역의원 대 다수 후보가 대결하면 인지도 및 조직에서 현직 의원이 압도적으로 유리하다는 지적을 반영해, 현직 의원이 경선에 참여한 지역구는 오픈프라이머리에 두 명의 예비후보만이 참여할 수 있는 방안을 논의 중에 있다.

새정치민주연합은 전략공천 제도를 병행키로 하는 방안을 검토하고 있다. 상대적으로 조직 기반이 없는 정치 신인들을 발굴하기 위한 방안이다. 평가 기준 역시 당규에 명문화해 이해관계에 따라 수정하지 못하도록 할 방침이다. 오픈프라이머리의 법제화 문제는 선거구 획정, 계파별 이해관계로 인해 본격적인 협상이 진전되지 못하고 있는 실정이다.[19]

전체적으로 오픈프라이머리를 제도화하겠다는 공통된 의견에도 오픈프라이머리의 원활한 작동을 위한 공정성 확보 방안에는 차이가 있다. 새누리당이 여성·장애인 후보자 10-20퍼센트 가산점 부여, 당협운영위원장의 선거일 6개월 사퇴, 예비후보자 등록제도 완화 및 상시선거운동 허용, 전략공천 폐지 등을 주장한 반면에, 새정치민주연합은 예비후보자에 대한 사전검증강화, 컷오프 제도, 신진 정치인에 대한 전략공천을 제안하고 있다. 현상적으로 보면 여야가 전략공천 폐지 여부에 대한 입장 차이가 있는 것으로 보이지만, 전략공천제도가 제안될 수밖에 없는 내외부적 조건을 완화시킬 수 있다면 이러한 차이는 충분히 조정할 있다고 판단된다.

이러한 공통점과 차이점에도 여야는 1월 23일 정치혁신 합동토론회를 개최해 오픈프라이머리에 대한 입장을 논의했다. 합동토론회는 여야가 오픈프라이머리 법제화를 위한 논의를 시작했다는 데 의미가 있다. 새누리당 보수혁신특위, 새정치연합 정치혁신실천위 주최 합동토론회에서 발제자로 나선 나경원 의원과 박영선 의원은 정치권의 고질병인 계파갈등을 해소하고 국민에게 공천권을 돌려주는 오픈프라이머리 도입 필요성을 제기했다. 다만 두 의원은 오픈프라이머리 방식에 대해서는 이견을 표현했다.

나경원 의원은 2011년 142명의 명의로 자신이 대표로 발의했던 선거법 개정안의 내용처럼 선거일 전 60일 이후 첫 번째 토요일에 실시, 당에 공천관리위원회 대신 예비선거관리위원회 구성, 신인 여성·장애인 후보자 가산점(10~20퍼센트) 부여, 전략공천 폐지 등의 방안을 제안했다. 박영선 의원은 2012년 자신이 선거법 개정안으로 입법 발의했던 '톱투Top two 프라이머리' 방식의 오픈프라이머리를 제안했다. 톱투 프라이머리란 정당 소속과 무소속 관계없이 모든 후보자가 하나의 예비선거에 참여해 최고 득표자 2명이 본선에서 겨루는 방식으로, 2004년 미국 워싱턴 주에서 처음으로 도입되었고, 2010년 캘리포니아 주에서도 채택된 바 있다. 박영선 의원은 영호남 지역주의가 강한 풍토에서 '영·호남 공천이 곧 당선'인 현실에서 열심히 유권자를 만나고 민심을 훑은 후보자가 당선돼야 한다는 취지로 톱투 프라이머리가 더 현실적이라고 주장한다. 박영선 의원은 자신의 법안 내용처럼 모든 정당에 대한 예비경선 의무화, 톱투프라이머리 실시, 선거일 전 30일 이후 첫 토요일 예비경선 실시 등을 제

안했다.[20]

박영선 의원이 제안하고 있는 톱투 프라이머리는 영호남 지역주의(지역주의적 투표 행태)를 개선하는 데 탁월한 효과가 있을 것으로 예상된다. 하지만 우리나라가 연방제 정부가 아닌 단일정부라는 점에서 여야 합의의 저항이 큰 만큼 모든 지역에 전면적으로 도입하기에는 한계가 있어 보인다. 수도권 등 전체적으로 오픈프라이머리를 도입하되 적어도 여야가 지역주의 청산을 위한 정치개혁의 차원에서 합의해 부분적으로 영호남지역에 한시적으로 도입하는 혼합형 방안의 설계를 적극 검토할 필요가 있다. 이 방식은 지역주의 극복을 위해 논의 중에 있지만 진보정당의 저항으로 합의하기가 어려운 석패율제 도입, 권역별 비례대표 확대보다 저항이 적으면서도 효과가 있을 것으로 보인다. 특히 영호남 지역에서의 톱투 프라이머리의 적용은 오픈프라이머리에 대한 진보정당의 반대를 줄이면서도 진보정당이 요구하는 결선투표제에 버금가는 효과가 있다는 점에서 혼합적 제도디자인을 적극 검토할 필요가 있다.

오픈프라이머리 법제화 방안에 대한 논의

2011년 4월 8일 중앙선관위는 정치관계법 개정 의견으로 오픈프라이머리 법제화에 대한 최초의 의견을 국회와 정당에게 제안했다. 또한 중앙선관위는 이 최초의 안을 기초로 2015년 2월 24일 오픈프라이머리 법제화에 대한 추가의견을 발표했다. 이러한 중앙선관위의 최초 의견(중앙선관위 2011)은 이후 선거법 개정안과 오픈프라이머리 법제화 방향에 대한 기본 골격을 제시했다는 점에서 중요하다.

〈표 3〉은 앞서 소개했던 나경원 의원 안과 박영선 의원 안을 제외

하고, 중앙선관위의 의견이 제출된 이후 국회에 제출되었던 주요 의원들의 법안 내용에 대한 비교다. 의원들의 안과 비교가 되는 기준점으로서 중앙선관위가 제안한 오픈프라이머리의 주요 내용을 살펴보면 다음과 같다. 첫째, 전국 동시 '국민경선' 실시 규정이다. 규정의 내용은 다음과 같다. ①임기만료에 의한 선거(지방선거에서는 지방자치단체장 선거에 한함)에서 국고보조금 배분대상 정당이 당내경선을 선거관리위원회에 위탁하는 경우에는 선거권이 있는 국민이면 누구나 참여할 수 있는 방법으로 같은 날 동시에 경선(이하 국민경선이라 함)을 실시한다. ②국민경선의 경선일은 대통령 선거는 본선거의 선거

<표 3> 오픈프라이머리 법안 주요 내용 비교

	중앙선관위 안 (2011. 4. 8)	김용태 의원 안 (2012. 5. 30)	김태원 의원 안 (2014. 1. 3)	최재성 의원 안 (2014. 1. 19)
선거의 적용범위	대통령, 국회의원, 광역자치단체장	대통령선거	모든 공직선거	대통령 및 특별· 광역단체장 선거
선거의 선택/ 가중치	정당의 의무적 선택과 선거 결과 비중의 자율 적 적용	정당의 의무적 선택	정당의 의무적 선택	정당의 의무적 선택
선관위 위탁 여부/ 비용국고	국고보조금 받는 정당 (대선은 20석 원내교섭단체) 국고비용	위탁 의무 국고비용	위탁 의무 국고비용	위탁 가능 국고비용
선거일규정	대통령: 선거일 전 120일 이후 첫 번째 토요일 국회의원 및 광역자치 단체장: 본선거의 선거일 전 40일 이후 첫 번째 토요일	90일 전	대통령: 90일전 국회의원 및 광역자치 단체장: 60일전 지방의회 및 기초자치 단체장: 40일전	대통령: 60일전 특별·광역단체장: 30일전
여야 동시 실시/유권자 역선택 문제 규정	여야동시 실시 (한 유권자가 하나의 정당 경선에만 참여 가능)	여야동시실시, 한 유권자가 하나의 정당 경선에만 참여	여야동시 실시, 한 유권자가 하나의 정 당 경선에만 참여 가능 (타 정당 투표참여 금지)	복수정당 경선 실시에 복수참여 금지(금지 위반시 해당투표 무효)

일 전 120일 이후 첫 번째 토요일에, 그 외의 선거는 본선거의 선거일 전 40일 이후 첫 번째 토요일로 한다. ③정당은 경선일 전 10일까지 위탁을 신청하도록 하되, 국민경선이 아닌 방법으로 실시하는 경선은 위탁할 수 없도록 하며, 대통령선거는 국회 교섭단체를 구성한 정당이 모두 참여한 경우에만 국민경선을 실시한다.

둘째, 경선 선거인에 대한 규정이다. ①국내에 거주하는 국민으로서 본선거의 선거권이 있고, 경선선거인명부작성기준일(대통령선거는 경선일 전 28일, 그 밖의 선거는 경선일 전 19일) 현재 주민등록 또는 국내거소신고가 되어 있는 사람은 모두 경선 선거권을 부여한다. ②다만, 정당이 국민경선 위탁을 신청하기 전에 자체적으로 후보자추천에 반영되는 경선을 실시한 경우에는 해당 경선에 참여한 사람은 국민경선에는 참여할 수 없도록 한다. ③경선선거인명부는 구·시·군의 장이 작성하되, 중앙선거관리위원회는 그 경선선거인명부를 전자파일 형태로 전국단위로 통합해 작성하도록 한다.

셋째, 경선 후보자 등록 규정이다. 경선 후보자등록신청 접수는 정당이 자율적으로 하되, 경선일 전 5일까지 경선후보자명부와 기호를 관할 선거구선거관리위원회에 제출하도록 한다.

넷째, 경선운동에 대한 규정이다. 현행 비당원 참여 당내경선과 동일한 방법으로 경선운동을 할 수 있도록 하되, 경선홍보물은 매 세대에 발송할 수 있도록 한다. 다만 경선일에는 일체의 경선운동(예비후보자로서 하는 선거운동을 포함함)을 할 수 없도록 한다.

다섯째, 경선투표에 대한 규정이다. ①경선투표소는 읍·면·동마다 읍·면·동사무소 등에 1개소씩 설치하되, 관할 구역 안에서 국민경선이 실시되지 않는 구·시·군에는 경선투표소를 설치하지 아니한다. ②경선선거인은 주소 또는 거소에 상관없이 자신이 투표하기 편한 투표소에 가서 자신이 참여하고자 하는 하나의 정당을 선택하여 경선투표용지를 교부받아 투표한다. ③투표시간은 오전 6시부터 오후 6시까지로 하며, 경선투표용지는 별도로 인쇄하지 아니하고 투표소에서 프린터 등 기계장치를 이용해 발급한다.

여섯째, 경선개표 규정이다. ①경선개표는 구·시·군선거관리위원회가 관리하고, 선거구선거관리위원회는 개표결과를 취합해 해당 정당에 통지한다. ②정당의 후보자 추천에 국민경선 결과의 반영 정도는 정당이 자율적으로 정한다.

일곱째, 경선 투표·개표 참관 및 경선관리 경비 부담 규정이다. ①경선 투표 및 개표 참관 여부, 참관인의 수는 정당이 자율적으로 정해 경선일 전일까지 구·시·군 선거관리위원회에 그 명단을 제출하도록 한다. ②국민경선의 경선선거인명부 작성, 투표 및 개표 관리에 소요되는 비용은 국가가 부담하도록 한다. 다만 투표 및 개표 참관인 수당은 정당이 부담한다.

〈표 3〉의 비교에서 쟁점이 되는 사항은 '선거의 적용범위', '선거의 선택과 가중치', '선관위 위탁과 선거비용 국고 여부', '선거일 규정', '여야 동시실시 및 유권자 역선택 문제 규정'이다. 첫째, 선거의 적용범위에 대한 의견 차이가 크다. 중앙선관위는 대통령선거, 국회의원선거, 광역자치단체선거에 적용하는 것을 제안했지만 의원들은 모든 공직 선거(김태원 의원), 대통령 선거(김용태 의원), 대통령 선거와 광역단체장 선거(최재성 의원)에 적용하는 안을 담고 있다. 둘째, 오픈 프라이머리를 의무적으로 적용해야 하는 것인지, 아니면 자율적으로 적용해야 하는 것인지와 관련된 선거의 선택과 가중치에 대한 문

제다. 이것에 대해 중앙선관위는 국고보조금을 받는 정당(대선에서는 원내교섭단체)이면 오픈프라이머리를 의무적으로 적용하지만 그 선거 결과의 비중을 얼마큼 적용할 것인지에 대해서는 정당이 자율적으로 판단하도록 하는 안을 제시했다. 반면 의원들은 국고보조금을 받는 정당은 의무적으로 오픈프라이머리를 실시해야 하고, 선거 결과에 대한 비중치를 100퍼센트 반영하는 안을 담고 있다. 셋째, 선관위 위탁과 국고비용에 대해서는 중앙선관위 안과 나머지 의원들의 안 모두 동일하게 이것에 대해 찬성한다. 넷째, 선거일 규정은 중앙선관위 안과 의원들 안의 차이가 크다. 전체적인 오픈프라이머리에 대한 상이 다르기 때문으로 전체적인 상이 좁혀지면 이 부분 역시 좁혀질 수 있다. 다섯째, 여야 동시 실시 및 역 선택의 문제 규정이다. 이 부분 역시 중앙선관위의 안과 의원들 안 모두 큰 차이가 없다.

소결

계파정치의 배경과 의미에 대해 미헬스가 제기한 '과두제의 철칙' 테제를 적용해 그것이 출현해 유지되게 하는 정당구조의 배경과 의미를 살펴보았다. 또한 아리스토텔레스, 마키아벨리, 매디슨 등 공화주의자들의 이론적 논의를 수용해 현 시기 과두제 현상으로 드러난 계파정치를 극복할 수 있는 최선의 정체와 정당모델로 공화주의 원칙이 적용될 수 있는 네트워크정당모델과 이것에 부합하는 공천방식으로 오픈프라이머리의 법제화를 강조했다.

본 글은 실험적 시도를 갖는 만큼, 구체성의 결여, 풍부한 이론적 논의와 사례 제시 부족 등 여러 가지 한계가 있다. 실험적 의의는 첫째, 여야는 물론 진보정당에서도 계파정치가 등장하는 배경과 그 의미를 '과두제의 철칙' 테제를 차용해 설명한 점이다. 진성당원제를 토대로 했던 대중정당모델이 당원이 공급되거나 동원될 수 없는 시대상황으로 약화되었고, 이러한 대중정당모델의 당원 약화가 계파정치를 초래했다. 계파정치는 소수 계파들에 의한 당원과 의원들의 포획화현상, 즉 과두제의 철칙을 보여준다. 그것의 핵심은 공천권 장악을 통한 당원과 의원들에 대한 계파수장의 포획화다. 이것은 반대로 당원과 의원들의 주인의식의 약화다.

둘째, 대중정당모델이 과두제의 철칙에서 벗어날 수 없었던 배경에는 정당의 세 가지 기능 중 조직수준 정당 기능의 한계를 다른 차원에서 공직자 수준 정당과 유권자 수준 정당 기능의 연계와 활성화에서 찾지 않고, 똑같이 유연화된 조직수준 정당 기능에서 찾은 탓이 있다. 진성당원의 공급부족과 동원부족의 공백을 당내 관료, 지도부, 선거전문가, 이익단체의 대표, 국가에서 찾았다.

셋째, 민주적인 정당을 추구했던 대중정당모델이 과두제의 철칙을 벗어나지 못하고 과두제로 전락하는 핵심에는 더는 당원을 공급하거나 당원을 동원할 수 없는 지구화, 후기산업화, 정보화, 탈물질주의 등으로 표현되는 전환기적 시대상황이라는 구조적 요인이 존재한다. 진성당원의 공급과 동원은 단순한 리더십, 운영상의 문제가 아니라 사회구조적인 변화에 따른 것이기 때문에 대안으로 진성당원제의 활성화를 관념적으로 주장한다고 해서 과두제의 철칙이 해결될 문제가 아니다. 즉 원활한 진성당원의 공급과 동원이 가능했던 산업화시대로 돌아가는 것은 시대역행적이기 때문에, 현 시기와 같은 시대전환기에 대중정당모델의 이론적 적실성이 떨어지는 것은 당연하다. 또한 대중정당모델을 대안으로 주장한다치더라도 대중정당이 카르텔정당으로 진화하는 경향에서 드러난 것처럼, 대중정당모델은 과두제의 철칙을 벗어날 수 없다.

넷째, 진성당원의 공급과 동원이 원활하지 못한 상황에서 원론적인 차원에서 진성당원제 도입과 대중정당모델의 활성화는 도덕적 선의와 상관없이 정당 내 당원과 의원들을 가장 많이 포획하고 있는 특정 계파의 이익을 대변하는 이데올로기로 작동될 수 있다.

다섯째, 과두제의 철칙 현상으로 드러난 계파정치를 극복하기 위해서는 최선의 정체로 공화정을 제시한 공화주의자들의 논의를 볼 때, 공화주의 원칙이 적용되는 공당모델이 필요하며 현 시기에는 계파에 포획되어 왜곡된 조직수준 정당 기능을 약화시키는 대신 공직수준 정당 기능과 유권자수준 정당 기능의 균형적 연계를 강화하는 네트워크정당모델이 적실성이 크다.

여섯째, 네트워크정당모델이 추구하는 공당모델에 부합하는 공천 방식은 경험적으로 미국에서 정치머신(1인 보스정당체제)의 폐해를 극복하기 위해 도입되었던 오픈프라이머리의 법제화와 이것의 세계적 확산추세가 주는 이론적 시사점을 볼 때, 한국에도 오픈프라이머리의 적실성이 크다.

일곱째, 오픈프라이머리는 다수결의 전횡과 파벌의 해악을 견제하기 위해 작은 선거구가 아닌 광역선거구에서 다수 시민들로 대표자를 선출하자는 공화주의자들의 논의와 부합한다. 오픈프라이머리는 사실상 계파에 포획된 당원과 의원들만의 당내선거가 아니라 선거구를 일반 유권자가 참여할 수 있도록 확대해 계파들의 영향력을 견제하고 권력을 공유하려고 한다는 점에서 공화주의 원칙에 부합한다는 점이다.

여덟째, 전환기적 시대상황에서도 대중정당모델에 변화를 주지 않고, 이 모델을 무리하게 고집해 작동시킨다면 어떤 일이 벌어질 것인가에 대한 유의미한 대답을 제시할 수 있다. 관료주의적 대중정당, 혹은 계파과두제에 기반을 둔 카르텔정당처럼, 관료주의적이고 폐쇄적인 이념정당과 계파정당의 이미지로 더 많은 정당 불신과 위기 상황으로 스스로 분열하거나 해산당하는 운명에 처할 수밖에 없다.

무엇보다도 공화주의 원칙을 실현하는 대화와 타협의 정치문화가 정착될 필요가 있다. 그러나 네트워크정당모델과 오픈프라이머리의 제도화에 대한 비판의 목소리가 많고, 제도에 대한 인식 차이도 큰 만큼 이것에 대한 진지한 토론을 통해 합의를 이루는 것도 시급하다. 대중정당론자들을 포함한 비판론자들이 제기하는 반대의 주요 논거는 크게 세 가지다. 첫째, 네트워크정당모델과 오픈프라이머리가 정당을 약화시킨다는 정당약화론이다. 둘째, 오픈프라이머리의 법제화가 정당의 자율성을 떨어뜨린다는 논리다. 셋째, 오픈 프라이머리가 정치신인, 여성, 장애인, 소수정당에게 불리하다는 논리다.

첫째에 대한 반론으로, 최장집 등이 주장하는 것과 같이 당원의 이념적 정파성을 강조해 조직수준 정당의 비중이 큰 대중정당모델을 정당이 추구해야 할 이상적인 표준모델로 삼는다면, 오픈프라이머리에 따른 정당조직의 약화가 정말 문제가 될 것이다. 하지만 시대착오적인 정당의 이념성과 정파성으로 이미 약화된 조직수준 정당 기능을 대신해 공직수준 정당 기능과 유권자수준 정당 기능의 네트워크를 강조하는 네트워크정당모델을 대안적 정당모델로 제시한다면, 정당의 약화는 더는 문제가 되지 않는다. 폐쇄된 조직과 이념

성, 계파들에 포획된 조직수준 정당 기능을 강화시키려고 하는 것 대신 보스와 계파수장이 가지고 있던 공천권을 국민들에게 돌려주는 조치로 후보자의 선출과정을 개방해 후보들과 유권자들을 연계시켜 더 많은 유권자들의 참여가 보장된다면 상황은 정반대로 달라진다.

둘째에 대한 반론으로, 정당은 자율적인 결사체로 법과 제도화 이전에 스스로의 문제를 자율적으로 푸는 것이 원칙이다. 국민이 왜 정당에게 정치개혁을 요구하는 것일까? 정당과 유력한 후보들은 국민들에게 정치개혁을 공약하고 법제화를 추진하는 것일까? 정당 스스로 국민이 기대하는 바를 반응성을 가지고 자연스럽고 자율적으로 해나간다면 굳이 정치개혁을 주장하거나 공약화를 하지 않을 것이다.

법제화란 정치개혁의 최종 종착지로, 이것의 틈을 줄이고자 하는 조치가 뒤따르는 것은 당연하다. 자율적이든 타율적이든 법제화를 추진한다는 것은 결국 국민의 대표자와 국민과의 합의를 기초로 할 수밖에 없다. 대의민주주의를 유지하는 이상 모든 국민과 정당이 100퍼센트를 합의할 수는 없다. 최대한 공공선을 위해 토론하고 합의를 해야 하겠지만 불가피하게 소수파와 소수정당들에게 불리한 합의도 있을 수밖에 없다. 민주적인 정당을 추구하는 진보정당에서도 계파정치와 과두제의 철칙이 등장했다는 것은 국민세금으로 국고보조금을 받고 있는 진보정당 역시 순수한 자율성만을 주장할 수 없는 처치라는 것을 엄중하게 인식할 필요가 있다.

셋째에 대한 반론으로, 오픈 프라이머리가 정치신인, 여성·장애인, 소수정당에게 불리하다는 논리는 '순수한 제도 그 차제'에 대한 비판이라기보다는 그것의 적용과정에서 이미 존재하거나 불거지는 문제점, 즉 한국적인 정치문화적 변수에 대한 비판이라고 할 수 있다. 오픈프라이머리가 아닌 현재의 정치관계법이라는 제도상에서도 정치신인, 여성·장애인, 소수정당에게 불리한 것은 마찬가지다.

이상의 반론과 더불어 오픈프라이머리의 성공적인 제도 디자인과 정치문화적 수용을 촉진하기 위한 개선 과제로는 다음과 같은 것이 요구된다. 첫째, 전체적으로 오픈프라이머리를 적용하되 영호남 지역주의 극복을 위해 톱투 프라이머리를 한시적이며 단계적으로 적용하는 혼합형 선거제도를 설계할 필요가 있다. 둘째, 2016년 20대 총선에 적용할 수 있는 영호남에서의 톱투 프라이머리에 대한 여야와 진보정당의 합의부터 도출해야 하고, 이것의 경험을 기반으로 추후 오픈프라이머리의 전국화를 단계적으로 확대해 나갈 필요가 있다. 셋째, 정치신인, 여성·장애인, 소수정당에게 불리한 정치관계법을 개정할 필요가 있다. 대표적인 것으로는 예비후보자의 등록, 선거운동 기간 제한, 선거운동 방식에 대한 규제를 전면적으로 개선할 필요가 있다. 선거운동과 정치 활동을 이분법적으로 구분하는 선거법, 선거운동 기간, 선거운동 방식의 범위, 예비후보 등록 기간 등을 규제하는 선거법을 최소한의 비용 규제를 제외하고 일정한 선거 비용의 범위 내에서 모든 것을 허용하는 네거티브 시스템으로 바꿀 필요가 있다. 넷째, 정치신인, 여성·장애인의 정치 참여 활성화와 공정경쟁을 위해 여성·장애인 후보자 10-20퍼센트 가산점 부여, 당협운영위원장의 선거일 6개월 전 사퇴, 예비후보자 등록제도 완화 및 상시선거운동 허용 등 적극적 조치를 단계적이고 한시적으로 적용할 필요가 있다.

보론: 오픈프라이머리 정당약화론에 대한 반론

　2015년 8월 21일 국회 정치개혁특별위원회 공직선거법심사소위원회는 개방형 국민경선과 관련해 정당원이 아닌 일반 국민들이 정당의 후보자를 선출하면 정당정치가 약화될 수 있고, 다른 정당 지지자들의 참여로 역선택의 문제가 발생할 수 있으며, 군소 정당은 경선을 실시하기 어려움이 있다는 지적이 제기된다고 밝혔다.

　오픈프라이머리 찬성론자들은 오픈프라이머리가 보스와 계파에 지구당 위원장, 대의원, 중앙위원, 선거인단이 포획되어 의원과 당원의 자율성이 작동하지 않는 계파정당의 문제점을 개선하고, 정당의 시민적 기반을 넓힐 수 있는 대안이라고 본다. 반대론자들은 오픈프라이머리 정당약화론을 들어 반대한다. 정당약화론을 주장하는 대표적인 학자는 고려대학교 최장집 명예교수다.

　오픈프라이머리를 도입하면 정말 정당정치가 약화되는 것일까? 결론적으로 말해서 정당약화론은 오해에 불과하다. 정당약화론의 내용에는 항상 당원의 역할축소, 정당 정체성의 약화, 책임정치 등과 같이 대중정당모델의 정체성을 설명할 때 나오는 핵심어구들이 있다. 반대론자들은 암묵적으로 정당이 추구해야 할 바람직한 표준모델로 19세기 산업화시대에 서구민주주의 국가가 정당발전의 하나의 단계로 경험했던 대중정당모델을 절대적인 것으로 상정하고 있다. 대중정당모델은 한마디로, 19세기 산업화시대 유럽에서 등장한 노동당, 사회당과 같이 특정한 계급과 계층에 기반을 둔 계급정당, 이념정당, 정파연합정당을 말한다.

　만일 한국 정당이 유럽처럼 정당일체감을 갖고 있는 수십만의 진성당원들에 기초하고 있다면 오픈프라이머리 정당약화론은 정말 옳은 주장이다. 한국 정당의 현실은 유럽 정당과 다르다는 것을 볼 때 그 주장은 설득력이 없다. '책임당원·권리당원'이라는 거창한 이름으로 당원을 조직하고 있지만 실제는 당과 일체성이 없는 서류상 등록만 해놓고 적극적인 활동을 하지 않는 선거동원용 '종이당원'이 대부분이다. 진성당원들이 공급되지 않는 조건 속에서 보스와 계파가 거꾸로 운영하고 있는 것이 한국 정치의 현실이다.

이런 조건을 바꾸지 않는 한 당내경선을 하든, 전략공천을 하든 계파 지배를 정당화하고 합법화할 뿐이다. 세계화, 정보화, 후기산업화, 탈냉전시대에는 진성당원의 약화와 공급부족 등으로 적실성이 떨어진 대중정당모델을 대신해서 의원과 정당 밖 시민과 유권자들이 다양한 정책플랫폼을 통해 만나고 소통하는 네트워크정당모델이 대안일 수밖에 없다.

네트워크정당모델을 21세기 대안정당모델로 제시한다면, 정당의 약화는 문제가 되지 않는다. 오히려 보스와 계파수장이 전횡해왔던 공천권을 국민들에게 개방해 후보들과 유권자들을 연계시켜 더 많은 유권자들의 참여를 보장하게 되면, 정당의 시민적 토대와 민생정체성은 더욱 강화된다. 의원들은 계파보스보다 자신을 공천하고 당선시켜준 유권자들을 의식해 헌법상 국민의 대표기관으로서의 의원 자율성과 민생 책임성을 강화할 것이다.

제2장

민주공화국 헤게모니전략으로서 중도주의

왜 또다시 중도주의인가?

통념적으로 극보수와 극진보를 중심에 놓고 정치를 논하는 사람들에게 중도적인 시각 혹은 중도적인 성향을 지닌 사람들은 색깔이 선명하지 않은 애매한 회색분자이거나 일관성 없이 무책임하게 오락가락하는 기회주의자로 평가된다. 반대로 중도를 놓고 정치를 논하는 사람들에게 진영론자들은 마치 '한번 해병은 영원한 해병'이란 말처럼 시대착오적인 교조주의적 틀과 이념적 선명성에서 벗어나지 못하는 사람으로 평가된다. 평균적인 시민들의 삶과 정서보다는 과도하게 이념을 동원하면서 민생을 외면하고, 대화와 토론의 정치를 이념투쟁의 장으로 만드는 극단적인 '좌익급진빨갱이'와 '우익수구꼴통'처럼 평가된다.

중도주의는 어떤 프레임을 사용하느냐에 따라 백팔십도로 전혀 다르게 보인다는 점에서 일종의 '프레임전쟁' 속에 있다. 어떤 사람에게는 극복의 대상이기도 하며 또 어떤 사람에게는 도달해야 할 목표이기도 한 매우 논쟁적인 단어다.

한국 정치에서 왜 중도주의가 문제가 되고 있으며 이것을 정치적 주제로 다뤄야 하는 것일까? 그것은 'DJP연대론', '노무현+정몽준 단일화', '충청권 수도이전과 세종시론'에 이어 지난 2012년 18대 대선 전후과정에서 2014년 제6회 지방선거를 앞두고 있는 현재 정치권이 중도층을 흡수하기 위해 또는 중도층의 표심을 잡기 위해 사활을 걸고 있다는 것을 반복적으로 보여주고 있기 때문이다. 18대 대선을 앞두고, 박근혜 후보는 당명을 새누리당으로 변경하는 한편 민주당의 전통적인 정책이었던 경제민주화와 복지를 선점하기 위해 좌클릭 행보를 하는 등 변화된 태도를 보였다. 민주당 김한길 대표는 2014년 지방선거를 앞두고 예상되는 종북몰이 공세에 대한 차단책으로 신년기자회견에서 그동안 새누리당의 주력 분야였던 안보에 대응해 북한인권민생법 제정과 함께 그동안 퍼주기 정책으로 비판받았던 남북교류정책을 수정해 '햇볕정책 2.0'을 선보이겠다고 하는 등 우클릭 행보를 시도했다.

새누리당과 민주당이 이러한 중도층과 무당파층 흡수 전략에 고민할 수밖에 없는 더 근본적이고 직접적인 이유는 기존의 정치지형에 변화를 예고하는 안철수 현상과 안철수 신당의 등장 배경에 기존의 정당정치에 실망하고 새로운 정치를 갈망하는 중도층이 응집하여 열광하고 있기 때문이다. 새누리당과 민주당은 안철수 신당을 지지하지 않더라도 기존의 정치지형을 지키고 선거에서 승리하기 위해서는 안철수 신당의 지지자들인 중도층의 욕구와 투표 행태에 대해 충분히 이해하고 대처할 필요가 있다.

안철수 신당이 정치적 양극화에 불신을 가지고 있는 중도 유권자들의 이해를 대변하는 정치세력이 될 수 있을 것인가는 별도의 문제다. 이것을 별도라고 하더라도 기존의 정당정치와 정치구도가 왜 문제가 되는지에 대해서는 깊은 이해와 고민이 요구된다. 기존의 정당들과 정치인들이 국가의 주인으로서 주인의식을 갖고 국가의 공공선과 국민의 복리증진을 위해서 서로 대화와 타협의 정치를 하기보다는 편파적이고 극단적인 분파의식으로 무장해 국론을 분열시키고 국민을 편 가르기 하는 등 전형적인 이익집단의 사익추구적인 정치행태를 보여줬다. 이런 점에서 국민들의 다수가 기존의 정당정치를 불신하면서 지지를 철회하고 중도와 무당파층으로 남는 것은 당연하다.

기존의 정당과 정치인들은 그토록 암송해왔던 국민주권론과 민주주의론의 원천인 다수 유권자들의 이해와 성향을 반영하기보다는 이것을 무시하고 자신들만의 독단론에 빠져있었다. 국민의 다수를 차지하고 있는 중도와 무당파 유권자들과 유리되어 소수 진보층과 보수층만을 대변하면서 얼마나 편파적이고 극단적인 분파의식을 보여주고 있는지는 선거를 앞두고 여야 정치권이 보여주고 있는 중도층 흡수전략을 통해 알 수 있다. 기존의 정당정치가 얼마나 국민의 다수인 중도 유권자들의 증가 추세와 반대로 진영논리와 이념적 양극화로 움직였는가를 역설적으로 보여주는 행태다. 바람직한 정치를 위해서는 기존 정당정치가 가지고 있는 이중성의 딜레마를 제대로 이해하는 것이 중요하다. 한편으로 기존의 정당들이 일상적으로는 진영논리와 이념적 양극화로 정치 불신을 부추기며 안철수 현상을 만들어내면서 다른 한편으로, 선거 때가 되면 방어 차원에서 중도층 흡수전략을 채택하는 자기모순의 딜레마에 빠져 있다는 점이다.

이런 딜레마에서 빠져 나오기 위해서는 중도층이 두꺼운 정당체제와 정치질서가 새롭게 형성되어야 한다. 근본적으로 변화된 유권자층의 지형을 이해하는 한편 국민주권론에 부합하는 정치체제인 민주공화국의 탄생배경과 그것의 유지·발전을 위해 인류가 어떠한 정치적 실험을 하고, 어떠한 정치적 발견을 했는지를 정치사상적으로 성찰하는 가운데 합리적인 대안을 제시해야 할 것이다.

일반적으로 중도주의란 정치적·경제적 양극화에 배제된 중도와 무당파 및 중산층을 복원해 공화주의 정신에 따라 새로운 민주공화국을 만들고자 하는 정치운동을 말한다. 이제 중도주의를 민주공화국의 정신에 초점을 맞춰 그 정신과 원리를 살펴보고자 한다. 정치적 동물인 시민이 자신의 본성인 잠재력과 탁월성을 실현하면서 행복을 추구할 수 있도록 도와주는 최선의 정치체제인 혼합정과 민주공화정을 찾아내고 그 체제를 유지하기 위한 노력의 산물로 극단주의와 편파성을 견제하고 균형을 잡으려는 노력, 귀족(부자)과 평민(빈민) 간의 명시적인 지배와 피지배 관계를 인민의 지배라는 헤게모니전략을 통해 비지배-국민통합의 상태로 만들고자 하는 정치 노선으로 이해하려고 한다. 즉 중도주의가 발견한 최고의 정치체제는 군주정, 귀족정, 민주정이 아닌 이들의 혼합체인 민주공화국이란 사실이다. 인류가 발견한 민주공화국이란 최상의 정치체제를 통해 국민통합(비지배 상태, 국민주권론)을 유지하기 위한 헤게모니전략이란 관점에서 중도주의의 기원과 흐름 그리고 현대적 의미를 살펴보고자 한다.

중도주의의 기원: 아리스토텔레스의 입장

서양 정치사상사에서 중도주의의 기원은 아리스토텔레스다. 아리스토텔레스는『정치학Politika』에서 인간의 본성을 탁월한 삶으로서의 행복을 추구하기 위해 국가정체를 구성하는 정치적 동물homo politicus로 인식하면서, 인간의 본성에 부합하는 최선의 국가정체를 찾기 위해 노력했다. 그는 최상의 국가정체를 대안으로 제시하는 과정에서 중도, 중용, 중간, 중산층, 혼합정체라는 가치규범을 많이 사용함으로써 그것에 도달하고자 했다. 행복한 삶이란 방해받지 않고 탁월함에 따라 사는 삶이며, 탁월함은 중용mesotes에 있고, 그 중용은 중도metrion라는 최선의 삶을 통해 누구나 도달할 수 있다고 강조했다.[1]

그는 국가의 최고 권력을 누가 가져야 하는가를 질문했다. 그는 최고 권력을 군중이나 부자들이나 참주가 갖게 되면 자의적 행위와 불의를 막을 수 없다고 보았다. 또한 최고 권력을 유능한 자들과 훌륭한 자들이 항상 가진다면 대부분 시민들의 권리는 박탈당하게 될 수밖에 없다고 보고, 그 대안으로 올바르게 제정된 법이 최고 권력을 가져야 한다고 강조했다. 그는 정치의 궁극적 목적은 정의dikaion라고 보았다. 정치가 정의를 구하려면 중용이 요구된다고 보면서, 그 중용이 바로 '법'이라고 강조한다.

〈표 1〉처럼 국가정체를 지배자의 수와 통치방법에 따라 여섯 개로 유형화하고 좋은 국가정체와 나쁜 국가정체를 구분했다. 그는 국가의 정치체제를 지배자의 숫자(1인 지배, 소수지배, 다수지배)와 통치방법(권력의 합법적 획득과 공적사용, 권력의 비합법적 획득과 사적사용)에 따라 좋은 정치체제(군주정, 귀족정, 혼합정)와 나쁜 정치체제(참주정, 과두정, 민주정)로 분류했다.

그에 따르면, 군주정이 왜곡된 것이 참주정체, 귀족정이 왜곡된

〈표 1〉 아리스토텔레스의 국가정체 분류

통치자의 수		1인 통치	소수 통치	다수 통치
통치방법	유법/공익	군주정 kingship	귀족정 aristocracy	혼합정(공화정) polity
	무법/사익	참주정 tyranny	과두정 oligachy	민주정(폭민정) democracy ochlocracy

것이 과두정체, 혼합정체가 왜곡된 것이 민주정체다. 참주정체는 독재자의 이익을 추구하는 1인 지배체제이고, 과두정체는 부자들의 이익을 추구하며, 민주정체는 빈민의 이익을 추구하는 정체로서, 앞의 세 정체 모두는 시민 전체의 선을 추구하지 않기 때문에 나쁜 정체라고 비판했다.

아리스토텔레스가 우려한 나쁜 정치체제는 무엇일까? 플라톤은 국가의 정체 중에서 참주정체가 최악이고, 그다음으로 과두정체가 나쁘고, 민주정체가 가장 견딜 만하다고 했지만, 아리스토텔레스는 혼합정체의 타락형태인 민주정체의 위험성을 특히 강조했다. 민주정체가 제대로 기능하기 위해서는 법치주의가 전제되어야 한다고 보았다. 그러나 법이 최고의 권력을 갖지 못하고 대중과 민중의 결의가 그것을 대신하는 민주정체에서는 민중선동가가 나타나거나 다수가 개인으로서가 아니라 집단으로서 최고 권력을 갖게 되는 상황, 즉 민중이 다수로 구성된 독재자monarchos가 되기 때문에 법의 지배를 받지 않을 것이라고 우려했다.

민중독재가들 중심의 민주정체는 법의 지배를 받지 않으려고 하기 때문에 독재와 폭군적 성격을 띠면서 참주정체와 닮아간다. 법의 지배가 없는 민주정체가 중우정과 폭민정, 참주정으로 흐를 수밖에 없다는 아리스토텔레스의 지적은 탁월한 통찰이다. 이 같은 지적은 독재가 물러난 민주화 이후에도 여전히 민주 대 반민주의 대립구도에서 벗어나지 못하면서 민중주의나 다수결주의를 민주주의로 이해하고 있는 일부 민주진보진영에게 성숙한 시민의식과 법치주의를 반영하는 대안적인 정치의 모습이 무엇인지 탐구할 것을 요구한다.

아리스토텔레스가 발견해 정식화한 최선의 정치체제는 무엇일까? 아리스토텔레스는 공직자를 추첨으로 임명하거나 재산 자격요건이 없으면 민주정체로, 선거로 임명하면 과두정체로 간주하고, 두 정체를 혼합한 중간형태의 혼합정체를 실현가능한 최선의 정체로 보았다. 민주정체, 과두정체의 법규의 평균 또는 중간을 취합해 공통되게 결합시키는 것을 중도의 중요한 역할로 보고 있다. 그는 중도의 핵심으로 혼합정체에서는 '민주정체의 요소와 과두정체의 요소를 모두 포함하는 것처럼 보이면서 동시에 그중 어느 쪽 요소도 포함하지 않는 것처럼(제3의 정체인 것처럼) 보여야' 하는 것을 강조한다. 혼합정체의 핵심으로 중도에 대한 이러한 지적은 귀족과 부자를 대변하는 과두정체와 빈민을 대변하는 민주정체의 결합이 단순한 물리적인 결합을 의미하는 절충과 타협이 아니라 공공선을 위한 '인민의 정부'라는 화학적인 결합이라는 점에서 오늘날 대의민주주의 원리가 적용되면서 권력이 삼권으로 분립되어 있으면서 국민주권론에 기초한 민주공화국 정체와 닮아 있다.

그는 왜곡된 정체인 과두정체와 민주정체는 중용[2]이 간과되어 극단으로 치닫다가 전복되거나 파괴되었다고 분석하면서, 그 요인으로 민주정체에서도 과두정체에서도 정치가들이 다음과 같은 실수를 범하고 있기 때문이라고 보았다. 그 실수란 민중선동가들이 부자들의 이익을 대변하는 것처럼 보여야 하는데, 오히려 부자들과 전쟁하고 민중의 이익을 대변하는 것도 아니기 때문이라고 분석했다.

아리스토텔레스는 혼합정체를 유지하기 위한 계급적 기반과 함께 통치체제의 구도전략을 고민했다. 혼합정체의 주요 계급적 기반으로 중산계급의 중요성을 강조했다. 중간계급이 이성logos에 잘 복종하는 훌륭한 시민으로서 자유민답게 지배할 줄 알고 자유민답게 복종할 줄 아는 탁월성을 소유하고 있기 때문이다. 빈민들은 지배할 줄 모르고 노예처럼 지배받을 줄만 알며, 부자들은 복종할 줄 모르고, 지배할 줄만 아는 편향성과 극단성을 가지고 있기 때문에 이성적인 행동을 하기 어렵다.

그는 최선의 정치체제는 정부의 통치권을 결정하는 권한이 중산계급에게 있고, 다른 두 계층인 부자와 빈자를 수적으로 압도하는 혼합정체라고 주장했다. 그는 혼합정체의 관점에서 민주정체도 과두정체도 중용이 간과되어 극단으로 치우치다가 더 나쁜 정체인 참주정체로 타락한다고 보았다. 참주정체의 등장을 방지하는 관점에서 '민주정체는 부자들의 재산을 아껴주는 것이 바람직하고, 과두정체는 빈민을 격려하고 배려해주는 것이 바람직하다' 보았다.

빈민과 부자라는 양극단이 결정권을 갖는 국가정체에서는 우애에 근거한 자유민의 정치적 공동체가 아니라 주인과 노예의 지배-비지배관계가 성립된다. 중산계급이 강하면 극단적인 민주정체 또는 극단적인 과두정체가 참주정체로 바뀌는 것을 막을 수 있다. 중산계급이 반란과 파쟁의 위험에 가장 덜 노출되어 있기 때문이다. 그는 대부분의 국가가 혼합정체가 아니라 민주정체나 과두정체인 것은 대개 중산계급의 수가 적기 때문이고, 민주정체나 과두정체가 극단에 치우치게 되어 붕괴할 수밖에 없는 이유는 중산계급을 중심으로 하는 중용의 정치가 부족하기 때문으로 아리스토텔레스는 분석한다. 그는 결론적으로 중산계급이 두터운 혼합정체일수록, 중산계급 중심으로 빈민과 부자가가 더 잘 혼합한 정체일수록 더 오래 존속할 수 있다고 주장했다.

아리스토텔레스의 이 같은 주장은 IMF 경제위기 이후 우리 사회가 겪고 있는 중산층의 붕괴에 따라 중도 성향의 유권자들이 중심을 잡지 못하는 가운데, 진영논리에 기반을 둔 이념적 양극화와 정치적 파벌주의가 심화되고 있는 현실은 민주화 이후 한국 민주주의의 위기 상황과도 유사하다는 점에서 시사하는 바가 크다. 민주화가 어느 정도 달성된 지금 대안적 정치체제와 관련해서 과두정체와 민주정체가 극단으로 가지 않도록, 민주공화국이라는 혼합정체가 제대로 인식되고 작동할 수 있도록 하는 것이 중요하다. 빈민을 대변하는 민주정체나 부자들을 대변하는 과두정체와 달리 민주공화국 체제에서 어떻게 중산층을 중심으로 부자와 빈민의 사회적·정치적 갈등을 제대로 통합해 국가통합으로 승화시킬 수 있을지에 대해 많은 고민이 요구된다.

아리스토텔레스는 민주정체와 과두정체가 몰락한 이유가 과두정체에서는 민중의 이익을 대변하는 것처럼 보여야 하고, 민주정체에서는 부자의 이익을 대변하는 것처럼 보여야 하는데, 그렇게 하지 않고 부자 혹은 빈민만을 대변하기 위한 극단적인 법과 정책을 썼기 때문이라고 분석했다. 이는 오늘날 민주공화국의 가장 중요한 국정 운영의 기조가 보수파가 집권하든 진보파가 집권하든 국민통합 전략이 우선되어야 함을 시사한다. 이러한 분석은 민주공화국의 권력 (국민주권론)의 출처가 왜 부자와 빈민이 아닌 전체 국민주권이어야 하는지를 역설적으로 웅변한다.

근대적 중도주의: 마키아벨리, 매디슨의 입장

마키아벨리는 『군주론』과 『로마사 논고』에서 중도라는 말을 명시적으로 사용하지 않았지만 아리스토텔레스의 중도주의와 혼합정체론, 폴리비우스의 정치체제순환론Anaclyosis을 적극 수용해 정치체제의 순환과 변동 및 바람직한 정부형태를 '공화정부론'으로 연결시켜 설명했다. 그는 아리스토텔레스가 인간의 본성과 중도주의의 핵심으로 언급한 중용을 극단에 치우치거나 사익과 공익을 조화시키지 못하는 행동을 제어하고, 탁월함, 바람직한 정치적 판단과 행동(현명함과 강력함)을 실천하는 능력을 비루투virtu로 재해석했다. 바람직한 공화정부론을 현실화시키기 위한 실천적인 전략과 전술(통치론, 정치론)로 구체화하고자 했다. 그는 아리스토텔레스에서 계승된 중도주의의 핵심인 혼합정체론은 공화정부론으로 구체화했다.

아리스토텔레스와 마찬가지로 마키아벨리는 플라톤이 분류한 여섯 개의 정치체제를 비판적으로 보면서 가장 좋은 체제의 대안으로 혼합정체인 공화정을 지지했다. 그가 군주정, 귀족정, 민주정을 혼합시킨 공화정을 지지했던 이유는 순수한 단일정체만을 지향했을 경우, 부패와 타락의 순환과정을 막을 수 없기 때문이다. 귀족정은 부자만을 대변하는 과두정으로, 민주정은 빈자만을 대변하는 중우정으로 타락해, 자유의 남용단계로 나아가 정체의 균형을 유지할 수 없게 된다. 민주정은 중우정치와 포퓰리즘을 동반하기 때문에 참주의 등장 가능성을 막을 수 없다는 점에서, 다른 군주정, 귀족정과 마찬가지로 여전히 불안한 체제라고 보았다.

그는 아테네의 솔론이 이끌었던 민주정체를 스파르타의 리쿠르고스의 정책과 비교해 비판적으로 보았다. 그는 아테네 민주정의 상징인 솔론은 법률을 정하는 데 있어서, "오직 민중에 지배되는 국가를 조직했기 때문에, 부자의 거만함과 민중의 방종을 억제할 수 없어서 페이시스트라토스라는 참주정의 대두를 막지 못했다"고 분석했다.[3] 그는 솔론 이후 아테네의 민주정이 붕괴할 수밖에 없었던 근본 이유를 스파르타의 달리 아테네의 민주정체가 군주제적 권력이나 귀족제적 권력들과 잘 융합시키지 못했기 때문이라고 설명했다. 그는 로마의 공화정이 집정관, 원로원, 호민관을 통해 군주정과 귀족정 및 민주정이 혼합된 혼합정부가 되었다고 분석하면서 공화정부는 왕과 귀족의 정부에서 인민의 정부로 전환했지만 귀족에게 권위를 주기 위해 왕에게 모든 권위를 빼앗는 법도 없었고, 인민에게 권위를 주기 위해 귀족에게 권위를 전적으로 박탈하는 일도 없었다고 평가했다. 또한 로마가 이러한 혼합정부를 지속함으로써 완벽한 국가를 유지했다고 그 의미를 설명했다.

그가 혼합정체로서 공화정을 선택한 것은 평민과 귀족의 계급투쟁이 고통스럽기는 하지만 그것을 근본적으로 제거할 수 없다는 판단 아래 로마 공화정이 성공했던 것처럼, 그들의 갈등과 협력, 견제와 균형을 국가의 공공선으로 제도화시켜 공생과 번영의 힘으로 사용하기를 원했기 때문이다. 마키아벨리의 지적은 현재의 시점에서 혼합정부인 공화국의 핵심으로 '국민통합'을 실현하거나 '인민의 정부'

를 위해 계층 간의 위화감과 소외감을 줄이기 위한 헤게모니전략[4]을 구사하지 않고, 더 많은 민주주의 즉 민주정체를 위해 싸우는 민주 진보파들의 모습 혹은 더 많은 귀족과 부자들의 이익을 위한 과두정 체를 위해서 싸우는 보수 기득권파들과 많은 점에서 달라 보인다.

마키아벨리는 로마의 번영과 성공이 오래 지속될 수 있었던 배경에는 시민들의 애국심과 평민과 귀족의 계급갈등을 공화정이라는 제도적인 틀을 통해 공공선을 향한 생산적인 에너지로 전환시킨 것이라 분석했다. 그는 정치적 갈등과 혼란, 국가의 부패를 막고 국가의 공공선을 이루기 위한 바람직한 정부형태는 부자와 귀족, 빈자와 평민으로 대표되는 귀족정과 중우정, 귀족과 평민 사이를 중재하려고 했던 군주정이 아니라 군주정, 귀족정, 민주정이 혼합되면서 중산층이 중심이 되는 혼합정체인 공화정을 지지했다. 공화정이란 다른 말로 공화국을 뜻하는 것으로 특정한 계급인 왕, 귀족, 평민이 순수하게 혼자서 지배하는 정부형태가 아니라 왕과 귀족, 평민이 제도적인 틀을 통해 서로 견제와 균형을 통해 함께 지배하는 인민의 정부를 말한다. 여기서 인민이란 피지배계층인 평민을 말하는 것이 아니라 공화국의 구성원인 전체시민을 말한다.

아리스토텔레스와 마키아벨리의 중도주의는 근대 이후 몽테스키외와 토크빌을 통해 마침내 미국 건국의 아버지인 매디슨에게 전승되었다. 토크빌은 매디슨에게 지적 영향을 미친 중요한 사람으로서 미국의 민주주의가 운영되는 원천에는 시민들이 지니고 있는 결사체의 덕성, 다수파벌의 전횡의 위험을 견제하고자 하는 시민들의 법치의식과 권력분립의식에 있다고 설명했다. 토크빌의 시민적 덕성이란 말은 아리스토텔레스의 중용과 마키아벨리의 비루투에서 기원한 말이다. 토크빌은 매디슨으로 하여금 마키아벨리가 정초했던 국민주권의 원리(인민정부론)를 견제와 균형이라는 권력분립의 제도적 틀을 통해 민주공화국론과 연방주의론이라는 헌법적 틀로 설계하도록 영향을 미쳤다.

미국의 공화국 헌법을 설계한 매디슨은 아리스토텔레스와 마키아벨리가 발견하고 정립한 혼합정에 기초한 공화정부가 제대로 작동하기 위해서는 다수파벌의 참주정이라는 위험에서 벗어나야 한다고 주장했다. 다수파벌이란 민주정체에서 강조되는 다수 평민의 직접민주주의적인 목소리와 이익을 대변하는 당파를 말하는 것으로 다수파벌이 전횡을 부리게 될 경우, 마키아벨리가 정체순환론에서 언급했던 것처럼 중우정과 참주정이란 극단적인 정체가 등장해 공화정부를 붕괴시킬 것이라고 판단했기 때문이다. 그는 파벌의 해악을 염려하면서도 공익만이 아니라 사익과 파벌도 추구하는 인간의 본성을 제거하는 것은 불가능하다고 보고 파벌의 영향력을 약화시키는 쪽에 무게를 두었다.

그의 방법은 민주정체가 다수파벌과 다수결주의에 따른 중우정치와 참주선동정치의 위험성이 존재하는 만큼, 직접민주주의가 아닌 대의민주주의와 권력분립을 통한 혼합정부를 통해 파벌의 해악을 막고자 했다. 소수파벌의 전횡은 다수지배의 원리로 막고, 다수파벌의 전횡은 삼권분립과 공정하고 사심 없는 대표자의 선출로 막고자 했다. 파벌들이 서로를 견제·감시하도록 함으로써 민주공화국의 공공성을 포기하지 않도록 하고, 파벌 그 누구도 정부의 권력을 독점하거나 사유화하지 못하도록 함으로써 인민의 지배라는 국민통합의 정신을 보존하고자 했다. 그는 공정하고 정의로운 다수지배의 원리는 숫자의 논리로 소수를 배제하는 참주정과 다르다고 보았다. 매디슨이 참주정이란 단어를 의식적으로 사용한 것은 민주정이 소수의 의견을 수렴하기 위한 공론과 통합적인 노력 없이 다수결주의로 치달을 경우 언제든지 참주정을 불러올 수 있다고 우려했기 때문이다.

그는 민주공화국의 정신을 지키기 위해 수평적으로 입법부, 행정부, 사법부라는 권력 분립을 통한 혼합정부론을 강조했을 뿐만 아니라 수직적으로 단일한 중앙정부론과 중앙정부무용론이라는 극단적인 시각에서 벗어나 중도적인 시각에서 중앙과 지방이 서로 존중되면서도 연계되는 연방주의론을 주창하고 그것의 실현을 위해 노력했다. 당시 미연방정부U.S.A가 구성되기 전에는 국가 건설을 놓고 세 가지 안이 있었다. 1안은 제퍼슨 안으로 13개 국가들이 독립적 자유를 갖는 현행 '독립국가연합체제'를 유지하자는 안인 중앙정부무용론이다. 2안은 해밀턴안으로 현행 13개 국가 연합보다 강력한 국가를 만들기 위해서는 하나의 중앙집권적인 단일국가 하에 열세 개 국가를 종속시켜야 한다는 안이다. 3안으로 매디슨안으로 현행 열세 개 국가 연합보다는 강력하지만 완전한 중앙집권적인 단일국가는 아닌 '새로운 연방체제'partly national partly federal 안이다.[5]

당시 제임스 매디슨을 중심으로 중도적인 연방제안이 다수를 점할 수 있었던 배경에는 독재국가를 두려워해 중앙정부의 무용론처럼 보였던 1안과 강력한 중앙집권을 추구했던 2안이 서로 극렬하게 대립해 타협될 수 없었기 때문이다. 연방제 안의 최종 타협점은 결국 양원제 체제의 입법부 구성으로 귀결되었다. 매디슨의 안으로 타협점이 나올 수밖에 없었던 이유는 제시된 양원제 체제의 안이 당시 현행 헌법보다 강력하면서도 중앙집권적이지 않았고, 미 중앙정부

U.A.S와 지방정부states 간의 권력 관계를 보장해주었기 때문이다. 매디슨의 연방제안은 중앙과 지방을 혼합하되 중앙정부만의 것도 아니고 지방정부만의 것도 아닌 것처럼 보여야 한다는 아리스토텔레스와 마키아벨리의 중용과 혼합정부의 의미를 제대로 살려낸 적절한 조치다.

우리나라 헌법이 미국 헌법의 영향을 가장 많이 받았고 민주공화국이라는 국호를 사용하고 있음에도 민주공화국이 민주정(민주주의)과 어떻게 다른지, 공화국이 무엇인지를 제대로 이해하거나 가르치지 못하는 현실이다. 이는 우리 현대사가 냉전, 분단, 독재정권, 반공주의, 민주주의와 같은 이분법적이고 극단적인 흐름 속에서 다양성과 혼합성에 기반을 둔 중도주의노선이 억압당해왔음을 의미한다. 헌법과 의회주의 정신은 공정하고 정의로운 다수지배의 원리를 지지하고, 국호가 민주공화국으로 민주의 비중만큼 토론, 숙의, 공존, 상생, 비지배, 통합을 상징하는 공화를 동시에 강조한다. 이런 점에서 민주공화국의 정신은 극단적이고 편파적인 파벌주의 논리와 무관하다는 점을 재인식할 필요가 있다.

중도의 현대적 의미: 다운스, 기든스의 중도주의 입장

정치적 양극화전략에 따른 이념적 극단성과 파벌주의의 폐해에 따른 중도주의의 필요성은 이른바 다운스의 중도수렴의 정당체제론과 좌우파의 길이 아닌 제 3의길 노선을 정립한 기든스에 의해서도 정당화된다. 이들의 두 노선은 대체로 경제학적인 효율성과 합리성에서 출발했다는 점에서 아리스토텔레스, 마키아벨리, 매디슨의 정치학적 전통과 관련성이 적다. 그러나 지구화, 정보화, 후기산업화, 탈물질주의, 탈냉전으로 표현되는 전환기적 시대상황이 주는 혼합적 정체성에 따라 종전의 진영논리와 이념정치에의 폐해에 벗어나 변화하는 유권자와 시민들의 능력에 부합하는 정당체제모델, 정부의 혼합정책론의 필요성을 제기했다는 점에서 중도주의와 관련성이 있다.

다운스는 중위투표자정리론에서 유권자의 이념분포가 가운데인 중도를 중심으로 좌우이념으로 대칭되는 정규분포상태에 있을 때 좌우에 있는 정당들은 선거에서 승리해 권력을 장악하기 위해 자신의 정강과 정책 및 이념 성향을 중간에 있는 중도 유권자에 맞추게 됨으로써, 서로 비슷해지거나 절충되면서 중도수렴의 정당체계가 촉진된다고 설명했다. 그는 이러한 중도수렴의 정당체제가 촉진될 때, 비교적 온건한 성향을 지닌 정당들의 정책대결과 안정된 정책입안이 활성화되어 안정된 국정운영이 될 수 있다고 설명했다. 다운스는 대의적인 혼합정부를 운영하는 데 핵심적인 기제장치인 정당에 영향을 미치는 유권자들의 합리적 선택을 가지고 혼합정체에 부합하는 정당모델 혹은 정당체제모델의 방향성과 관련해 중도수렴의 정당체제라는 개념을 정립했다. 그의 이런 시도는 선구적이다. 그는 정치 현상을 경제적인 이익과 합리성으로 설명하려는 접근 때문에 중도수렴의 정당체제가 경제적으로 합리적이고 효율적이라는 것을 정당화했음에도 앞에서 아리스토텔레스와 마키아벨리가 강조했던 혼합정체로서 민주공화국이라는 문제의식과 연결성이 부족한 가운데 정치적 중도노선을 여러 가지 중 하나로 설명했다는 점에서 중도주의노선의 본류로 보기에는 한계가 있다.

기든스 역시 마르크스주의 사회경제학적인 접근에서 출발해 좌
우이념의 대립을 넘어 세계화, 정보화, 탈물질주의, 복지국가의 위
기, 시민사회의 등장, 시민정체성의 변화 등 변화하는 시대상황을 반
영하는 사회민주주의의 새로운 전략으로서 제3의 길 노선을 주창했
다. 그는 자신이 주창하는 제3의 길은 '단순한 좌우의 타협이 아니라
중도 또는 중도좌파의 핵심적 가치를 취해 근본적인 사회경제적 변
화의 현실에 적용하는 것'이라고 설명했다. 그는 제3의 길을 성찰적
현대화의 길로 국가폭력과 전쟁, 생태계 파괴, 환경오염, 인간소외,
관료적 지배, 계급차별 등 좌우의 이념으로 판별할 수 없는 시대상
황에서 벌어지는 위험사회에 부응하는 개방적이고 탄력적인 전략이
라고 설명했다.

　　기든스의 이러한 접근은 변화하는 시대상황을 읽고 더는 좌우이
념의 틀로 설명할 수 없는 문제에 대해 종전의 사회주의와 사회민
주주의 그리고 복지국가의 여러 가지 문제점을 비판하는 가운데 성
찰적인 대안으로 생활정치에 대한 개념과 함께 '정치적 중도주의'의
영역을 확장해줬다는 점에서 획기적인 시도라고 평가할 수 있다. 하
지만 그의 접근은 사회주의와 마르크스주의 경제학이 갖는 근본적
인 문제 즉, 경제 영역이 독립변수로 취급되고 정치 영역이 이것의
종속변수로 취급됨으로써 경제(토대)결정론과 생산수단의 국유화를
통한 국가의 폐지론에 따라 아리스토텔레스와 마키아벨리가 시도했
던 다양한 정치체제의 유형분류와 국가의 역할을 구체적으로 설명
할 수 없다는 문제점을 노정하고 있다. 이 때문에 '혼합정체로서 민
주공화국'의 탄생 배경이 되는 정치 영역에서의 비지배상태의 필요
성의 문제의식과 연결성을 결여하고 있다. 이러한 점은 기든스의 제

3의 길 노선이 중도주의노선의 본류로 보기에는 많은 한계가 있음을 보여준다.

기든스의 제3의 길 노선은 전통적인 좌우이념대립구도에서 벗어나 경제 영역에서 자본가와 노동자의 지배-피지배관계, 억압과 착취 관계를 근절하기 위해 선거를 통해 정치권을 점진적으로 장악하고 각종 복지정책과 소유구조 재편을 통해 노동자의 경제적 해방을 위한 전략을 새롭게 구사하려는 전통에서 크게 벗어나지 못하고 있다. 이러한 노선은 혼합정체로서 민주공화국이 강조하는 국민주권론(인민정부론)에 기반을 둔 비지배상태의 국민통합 헤게모니전략에서 이탈해 여전히 자본가의 이익에 맞서는 노동자정부를 강조하고 있다는 점이다. 결국 기든스가, 그동안 인류가 발견한 최선의 정체인 민주공화국이라는 혼합정부형태와 그것의 핵심적 가치인 비지배 상태와 국민통합을 유지하기 위한 헤게모니전략의 구사에 실패함으로써 마르크스가 언급한 대로 '인간의 역사는 계급투쟁의 역사'를 반복하는 것에서 근본적으로 벗어나지 못하고 있다.

기든스의 제3의 길 노선이 그동안 특정 계급의 이익을 노골적으로 대변하려고 했기 때문에 실패한 정부형태(부자 중심의 자유주의적 대의정부론, 민중 중심의 사회주의적 대의정부, 혹은 복지주의적 대의정부론)를 그대로 답습하고 있기 때문이다. 마르크스주의와 사회주의에 들어있는 경제결정론주의와 경제우위관점에 대해 그람시는 마르크스주의가 아리스토텔레스적 전통에서 말하는 인간이 본질상 정치적 동물이라는 것을 망각했다고 비판하고 "마르크스가 행한 모든 것을 '정치'로 되돌려 … 인간을 다스리고 항구적인 동의를 보장하며 그 결과 '위대한 국가'를 창설하는 기술인 정치를 회복"하는 것을 자신의 과제

로 보았다.[6]

민주공화국을 위한 헤게모니전략이란 말을 사용한 이유는 마키아벨리의 정치관을 수용한 그람시가 노동자계급의 당파적 이익의 관철이란 말로 레닌이 사용했던 대자적 계급의 대표성이라는 의미의 헤게모니 개념을 '부르주아의 지적·도덕적·윤리적 리더십에 따른 프롤레타리아의 자발적 동의와 지지'란 의미로 사용해 부르주아의 정치적 지배의 실체를 해명하고 대항적 헤게모니를 주장한 것처럼 헤게모니의 개념을 최상의 정체인 민주공화국을 위한 헤게모니전략으로 더욱 확장할 필요성이 있기 때문이다. 즉 귀족, 평민 중 어느 계급이 정치권력을 잡더라도 헤게모니가 작동되어 시민이 살아가는 일상의 미시적 권력의 의미로까지 작동되어 비지배 상태인 인민의 정부처럼 보여서 국민들의 자발적 동의와 지지로 운영되도록 국민통합전략을 구사해야 한다는 것을 강조하기 위해서다.

중도주의를 '민주공화국을 위한 헤게모니전략'의 관점에서 보면, 인류의 역사는 정체변화의 역사이자 헤게모니의 성공과 실패의 역사라고 볼 수 있다. 민주공화국의 성립과 발전의 관건은 부자만의 정부 혹은 빈민만의 정부를 만드는 것이 아니라 부자와 빈민, 귀족과 평민을 잘 혼합해 그들로 하여금 비지배상태의 인민의 정부에 자발적인 동의자와 지지자로 참여하게 만드는 데 있다. 혼합하는 최선의 방식은 아리스토텔레스가 강조했듯이, 중산층을 중심으로 부자와 빈민의 이해관계를 녹여내는 중용과 함께 좌우 극단에 치우지지 않고 균형을 통해 공공선에 도달하려는 중도를 찾아내는 것에 달려 있다. 중도주의에서 중도는 고정되어 있는 공간이 아니라 극단이 발생할 때 생겨나서 그 극단을 최선의 상태로 적절하게 바로 잡으려는 균형과 헤게모니전략이 작동되는 공간을 말한다.

이런 의미에서 중도주의는 단순한 좌우를 타협·절충하거나 중간지대를 취하려는 소극적인 태도가 아니라 마치 미국 빌 클린턴 대통령의 참모이자 선거전략가인 모리스가 제안한 대로 변화하는 유권자들의 욕구에 반응하면서 새로운 삼각점으로서의 중도를 적극적으로 창출해내려는 트라이앵귤레이션전략과 같은 최선의 공간을 창출하는 헤게모니전략으로서 중도주의다. 그것의 핵심은 기본적으로 민주공화국의 국민통합 헤게모니전략으로서 중도주의다. 민주공화국의 국민통합 헤게모니전략으로서 중도주의는 혼합정부론과 양원제를 포함하는 연방공화국론, 시민 참여형 네트워크정당모델, 중도수렴의 정당체제론, 시민교육론으로까지 그 정신이 흘러가도록 할 필요가 있다.

한국 정당정치의 문제점은 정치적 양극화전략에 기초한 진영논리가 횡행하는 가운데 극단적인 분파주의와 파벌주의로 국가의 공공선을 훼손하고 국민 편 가르기로 정권을 획득해 자신의 지지층만을 노골적으로 대변하려고 하다가 유권자의 신뢰로 부터 멀어지면서 정권이 무너지는 것을 반복하고 있다는 데 있다. 이러한 문제점을 개선하기 위해서는 정당 간이든 정당 내부든 좌우에 치우치지 않는 중도주의적 헤게모니를 작동시킬 수 있는 세력이 의회내외부에서 연합하거나 네트워크해 극단적인 세력을 견제하고 균형을 잡을 필요가 있다. 특히, 이러한 좌우편향의 극단적인 세력을 견제하면서 민주공화국의 정신을 구현하기 위해서는 이념성과 정파성 그리고 계급적 기반에 근거한 집단동원을 강조하는 대중정당모델보다는 의원들간에 자유로운 토론과 숙의가 가능하면서 교양 있는 유권자들과 덕성 있는 시민들의 참여가 활성화되는 시민 참여형 네트워크정당모델(시민 참여형 플랫폼정당)과 중도수렴의 정당체제가 도입되도록 정치의 성숙도를 높여가야 할 것이다.

민주화 이후 이혼, 자살, 폭력 등 우리 사회가 여러 가지 갈등과 각종 범죄가 많아지고 있는 이유는 시민의 권리가 보장되지 못한 이유도 있지만 대체로 민주화 이후 증진된 시민의 권리의식에 비해 공동체 구성원으로서 시민이 함께 분담해야 할 사회적 의무와 정치적 책임의식 및 봉사와 희생정신이 부족한 가운데 극단적인 이기주의와 개인주의가 과용되기 때문이다. 이러한 것을 균형 있게 바로 잡기 위해서는 시민의 권리의식에 부합하는 정치적 시민으로서 공동체와 국가에 의무와 책임 및 봉사와 희생을 나눌 수 있는 탁월한 시민의식을 함양하는 시민교육을 활성화할 필요가 있다. 왜냐하면 민주공화국은 자신의 권리만을 주장하면서 개인주의와 이기주의에 빠지는 '분파의식'을 갖는 시민이 아니라 공동체와 국가에 주인의식을 갖고 참여하는 중용적이고 중도적인 시민 없이는 존립하기 힘들기 때문이다. 특히 노블리스 오블리제의 정신, 나눔과 봉사를 실천하는 덕성 있는 시민이 없이는 존립하기 힘들기 때문이다.

공화주의 정당의 사명과 시민정치운동

2014년 세월호참사는 대한민국이 위기에 취약할 뿐만 아니라 상처를 치유하는 복원력도 없다는 것을 보여주었다. 혹자는 국민의 생명과 재산을 지키지 못하는 국가의 모습에 실망할 것이다. 혹자는 규제 철폐를 요구하는 '관피아'의 욕망과 부정부패의 탐욕을 막아내지 못하는 국가의 모습에 실망할 것이다. 공화주의의 기원이 되는 아리스토텔레스의 『정치학』에 따르면, 이러한 문제보다 큰 문제는 재난 위기에서 민주공화국이 공공선과 국민통합에 이르지 못하고 국론이 분열되어 국가 위기를 초래하면서 복원력을 발휘하고 있지 못한 모습이다. 정치권과 시민사회가 국가 재난사태에 대해 합심하거나 건설적으로 노력하기보다는 이전투구 방식으로 서로를 비난하면서 정작 중요한 세월호참사를 치유하거나 재발방지에 필요한 협력적인 위기대처로 나아가지 못한 점이다.

헌법재판소는 2014년 12월 19일 헌정사상 최초로 위헌정당해산 심판제도를 통해 통합진보당을 해산시켰다. 이 판결을 놓고 보수진영과 진보진영은 한바탕 이념논쟁과 진영갈등을 벌였으며, 그 후속 논쟁은 지금도 계속되고 있다. 이 문제를 해결하기 위해 진영논리에서 벗어나 통합진보당의 위헌성을 둘러싼 갈등의 실체에 대해 깊이 이해하고, 그 갈등을 줄이기 위한 진지한 노력이 필요했다. 특히 위헌심판대상이 되는 정당이 좌파인지 우파인지, 진보인지, 보수인지를 판단하는 진영논리적 시각이 아니라 민주적 기본질서에 위배되는지 여부를 더 중요하게 판단할 필요가 있었다.

민주공화국이라는 정체가 영어로는 republic이지만 민주의 관점(민주주의)에서 민주적 기본질서를 이해하는 시각과 공화의 관점(공화주의)으로 민주적 기본질서를 이해하는 시각의 차이는 클 수밖에 없다. 한국이 오랫동안 권위주의적 정치를 해온만큼 선악의 이분법적 구도인 '민주 대 반민주' 혹은 '진보 대 보수'에 익숙한 사람들은 민주적 기본질서를 republic이 아니라 democracy와 같은 정체로 이해할 가능성이 크다. 특히 우리의 민주적 기본질서가 republic의 핵심 가치로서, 북한식 사회주의 독재체제와 일치하지 않고 충돌함에도 민주와 진보는 선善, 반민주와 보수는 악惡이라는 이분법에 빠져있는 사람들은 북한식 사회주의 체제를 추종하는 통합진보당의 주도세력이 추구하는 국가정체성이 democracy와 republic과도 충돌한다는 것을 분명하게 인식하지 못할 가능성도 있다.

2015년 한국은 또다시 교과서 국정화를 놓고 이념갈등을 반복했고, 역사 교과서를 빙자한 이념전쟁을 치뤘다. 나라와 국민은 대통령과 정치권의 편 가르기로 분열되었다. '검정화=역사왜곡=악', '국정화=역사바로세우기=선'이라는 시대착오적인 진영논리의 이분법을 벗어나서 대통령과 여야가 동의하고 합의할 수 있는 방안이 필요했다. 특정사관에 대한 견제와 균형을 이룰 필진구성과 숙의를 위한 거버넌스 구조를 만드는 데 건설적 타협이 필요했다. '회오리바람의 정치'가 한국을 블랙홀처럼 빨아들이면서 대립과 갈등으로 국론을 분열시켰다. 세월호든, 메르스든, 교과서든 어떤 이슈든 토네이도처럼 휘감고 빨아들이면서 회오리바람을 치면서 상승하게 되면 국론은 분열되고 국민은 진영으로 편을 갈라 싸우게 된다. 그 효과로 좌우진영들은 권력을 획득하고 기득권을 방어할 수 있고 극에 달한 정치 불신은 결국 한국 정치를 죽이는 부메랑이 될 수밖에 없다. 그렇다면 이 유형화된 회오리 정치의 원인은 무엇일까? 정부와 시민을 매개하는 정당, 언론, 오피니언들이 실생활의 문제와 다른 극단적인 이념과 편향성의 동원전략을 사용하고 있기 때문이다.

편향성의 동원전략을 사용하는 정당과 정파의 노선에 맞서 이를 적극적으로 견제하고 균형을 잡으려는 21세기 중도정치가 필요하다. 21세기 중도정치란 정치적 양극화와 경제적 양극화에 배제된 중도와 무당파 및 중산층을 복원하고 양극화의 폐해를 시정하여, 공화주의 정신에 따라 새로운 민주공화국을 만들고자 하는 시민정치운동을 말한다. 그렇다면 공화주의 정신이란 무엇이며, 공화주의 정신을 실현하는 공화주의 정당은 어떤 것인가?

아리스토텔레스는 민주정도 과두정도 최선의 정체가 아니며 공화정의 기원이 되는 혼합정만이 최선의 정체로, 그 안에서 국가의 분열을 막고 국민통합에 성공할 수 있다고 제언했다. 그가 혼합정을 최고의 정부형태로 지지한 이유는 국가가 순수한 단일정체만을 지향할 경우 부자만을 대변하는 과두정이나 빈자만을 대변하는 민주정으로 타락하게 되어, 정체의 균형을 잃고 결국 망한다고 보았기 때문이다. 산술적인 평등을 강조하는 민주정과 자격 및 능력에 따른 비례평등을 강조하는 귀족정이 결국 부자와 빈자의 갈등을 낳아 그 사회를 불안과 극단으로 치닫게 만든다는 것이다.

혼합정은 오늘날 민주공화국의 기원이다. 민주공화국은 평민이 중심이 되는 민주정과 부자만을 대변하는 과두정과는 다르다. 민주공화국은 군주, 평민, 귀족 간의 계급투쟁을 인정하되 서로 죽이지 않고 상대를 인정하면서, 하원, 상원, 대통령, 사법부, 중앙과 지방간의 분권, 연방제 등으로 제도화해 권력의 분점을 통한 견제와 균형및 공존과 공공선을 추구하는 정치체제다. 그런 의미에서 민주정이 수립된 지 30년 가까이 되는 우리에게 민주공화국은 독재와 민주라는 이분법의 대립구도와 독재, 분단, 일제 식민지의 상처와 트라우마를 극복하고 성숙한 국가로 나아갈 수 있는 방향이다.

18세기 말 미국의 공화국 헌법을 직접 설계하고 건국에 참여한 매디슨 역시 아리스토텔레스와 마키아벨리의 혼합정체의 우월성을 수용해 republic을 그것보다 낮은 정체인 democracy, tyranny와 엄격하게 구별했다. 그는 자신이 설계한 혼합적 헌정정부인 republic을 고대 democracy를 의미하는 순수민주주의와 참주정의 현대적 버전인 다수결 독재와 구별했다.

그는 순수민주주의의 특징이 다수결에 의한 통치이기 때문에 이것은 불가피하게 다수파에 의한 소수파의 억압과 차별을 의미하는 다수결 독재를 동반한다고 보았다. 다수결에 의한 통치는 공공성을 무시하는 파벌의 해악을 수반한다. 매디슨은 순수민주주의가 가지고 있는 다수결에 의한 통치의 문제를 해결하기 위해 헌법과 법치에 의한 통치와 집단주의적 시민에 의한 통치가 아닌 '(다수에게 선출된) 소수 대표자에 의한 통치'를 강조하는 공화국을 강조했다.[1]

그는 더 넓은 광역선거구에서 더 많은 시민들에게 선출된 소수의 대표자에게 정부를 위임하는 혼합적 연방공화국과 함께 다수의 지배든 소수의 지배든 지배 그 차체를 약화시키기 위한 즉, 비지배적인 조건의 확보를 위해 단순히 권력만 분립하는 정부가 아니라 전체 국가의 권력과 기능을 공유하면서도 권한을 상호 견제해 분리하는 정부를 제안했다.

매디슨은 자신이 설계한 연방공화국이 탁월한 대표성을 기반으로 파당적 위험성을 견제할 수 있는 시스템이기 때문에 고대 민주정체보다 인민주권을 실현하는 데 더욱 우월한 체제라는 것을 강조했다.[2] 또한 공화주의와 파벌 관계 및 공화주의와 정당과의 관련성을 근거로 공화주의에서 정당의 불가피성과 역할에 대해 일찍이 설명한 바 있으며, 실제로 1792년 제퍼슨과 함께 민주공화당을 창당해 집권에 성공하기도 했다. 매디슨은 『연방주의논고』에서 파벌의 해악을 이야기할 때만 하더라도 파벌을 공화주의의 적으로 규정했다.

파벌의 형성은 인간 본성의 특성상 불가피한 측면이다. 때문에 파벌 그 자체를 제거하기보다는 그것의 영향력과 해악을 약화시키는 것이 합리적이다. 이러한 생각은 워싱턴 초대 정부 이후 파벌의 제도화, 정당 형성의 불가피성으로 진화했다. 그는 모든 정치사회에서 정당의 형성은 불가피하다는 입장 아래 정당의 목적은 '악과 싸우는 일이 되어야 한다'고 강조했다. 그는 공화주의 정당의 과제로 '첫째, 모든 사람들의 정치적 평등을 실현하고 둘째, 경제적 불평등을 증가시키는 과도하고, 부당한 부를 가진 소수에게 필요 이상의 기회들을 주지 않고 셋째, 재산권을 침해하는 일 없이 보통국가를 위해 지나친 부를 줄이고, 국가의 안락을 위해 극심한 곤궁함을 해결하는 법의 운용을 실현하고 넷째, 상이한 이해관계에 따라 다르게 운용되는 조치들을 삼가고, 특히 다른 한 사람의 이해관계를 대가로 다른 사람이 이해관계를 추구하는 것을 막고 다섯째, 정당들의 존재가 막을 수 없는 일인 한, 서로를 견제하는 정당을 만드는 것'을 제시했다.[3] 그는 공화주의 정당은 공화주의 정부에 대한 적과 친구 사이의 구분을 제외한 모든 차별을 추방하고, 공화주의 정부의 친구들 사이의 일반적인 조화를 조장하는 것이 이득이 된다고 보면서 '반공화주의 정당과 경쟁해야 한다'고 주장했다.[4]

오늘날 republic과 republicanism 노선, 공화주의에 부응하는 정당의 역할이 중요한 이유는 무엇일까? 현대 민주주의는 글로벌 금융위기 속에서 경제적·정치적 양극화로 항상적인 위기에 처해 있기 때문에 언제든지 좌우복지포퓰리즘을 선동하는 극단적인 정당 때문에 과두정으로, 우중정으로, 참주정으로 왜곡될 가능성이 높다. 정당민주주의를 위협하는 적에게 이를 방어하기 위한 적절한 대안으로 공화주의와 공화주의적 정당이 필요하다.

유럽의 파시즘과 나치즘, 스탈린주의의 등장 배경에는 민중주의적 결의와 집단주의적 결의를 극단적으로 대변하는 정당이 있었고, 그것들은 극단적 정당의 요구를 공화주의적 방식으로 걸러낼 수 있는 방어적 조치가 부재할 때 어떤 참극이 벌어지는 지를 잘 보여주었다. 이러한 참극의 가능성은 민주화 이후 우리에게도 존재한다. 민주화 이후 경제적·정치적 양극화, 좌우복지포퓰리즘, 정당정치와 정치적 사법화 및 법치주의와의 충돌, 이석기-통합진보당 세력의 등장, 우리 정부의 북한 참주정과의 충돌 속에서 국가 내외부적인 대립과 갈등 및 분열로 위기와 혼란을 겪고 있다. 우리나라는 부자만을 위한 과두화 경향, 빈자만을 위한 민중주의적 우중화 경향, 극단

적인 진영논리와 좌우복지포퓰리즘의 선동정치화 경향, 반법치적-
헌정주의적 경향으로 고통받고 있다.

민주주의의 적인 과두정, 우중정, 참주정에서 현대의 혼합적 민주
주의와 국가를 수호하기 위한 방어적 조치로 혼합적 헌정정부를 추
구하는 공화주의 정당정치와 정책노선이 필요하다. 그것의 핵심 원
리는 덕성 있는 시민의 정치 참여, 덕성 있는 대표자와 공화주의적
정당, 파벌적 갈등의 지양과 공생정치, 견제와 균형, 법치주의, 삼권
분립, 사법부의 최종심판권 부여, 경제계급 간의 '대등성'을 인정하
는 경제민주화 초치 등이라 할 수 있다. 이중에서도 민중주의적 요
구가 극단적인 전체주의 정당으로 흘러가지 않도록 막는 방어적 헌
법조치와 함께 인민에 의한 통치, 즉 주권재민을 공화주의적 방식으
로 실현할 수 있는 정당의 역할이 매우 중요하다.

공화주의에서 정당은 인민주권의 적극적인 실현자로서, 다수결이
나 단순한 민의의 대변자가 아니라 민의를 정제하고 통합하는 공화
주의 원리에 따른 대의정부의 구성과 작동을 위해 혼합정체성(통합)
을 조직하고 유지하는 역할을 수행한다. 그 핵심적 역할은 공직선거
에 출마할 공직자와 대표자를 선발하는 공천기능과 함께 대표자가
유권자의 선호와 위임 즉 구속적 위임에서 벗어나 자율성을 지닌 수
탁자로서 기능하도록 돕는다. 또한 여론과 민의를 단순히 수렴하는
이익표출과 집성의 기능을 넘어서 대표자 간, 그리고 대표자와 유권
자 간 적극적인 토론과 심의를 통해 국가와 공동체의 이익들을 통합
하는 이익통합적 기능을 돕는다.[5]

최근 세월호참사, 조현아 사태, 신은미 사건, 통진당 판결, 메르스
사태, 교과서 이념논쟁 등에서 드러난 국론 분열과 이념갈등을 볼

때, 대한민국의 미래가 낙관적이지만은 않다. 작금의 사정은 갑오농민운동이 일어난 120년 이전의 상황과 크게 다르지 않다. 어렵고 혼란스럽고 불안정하며 무기력하다. 정부와 정치권은 각종 참사와 사건에서 드러난 적폐를 청산하지 못하고 있다. 1894년 동학농민들은 국가혁신의 골든타임을 놓치고 기울어가던 조선을 구원하고자 부정부패 척결, 신분차별 철폐 등 봉건제적 적폐의 척결을 주장하면서 일어섰다. 하지만 조선 군주는 동학농민의 요구를 수용하는 '혁신의 리더십'을 발휘하지 못했다. 군주는 민중의 참여를 활용해 성리학에 기반을 둔 양반관료체제 즉 정교일치政敎一致의 사회를 근대적인 정교분리의 사회로 바꿔내는 기회로 사용하지 못했다. 마침내 군주는 외세를 끌어들여 동학농민을 진압함으로써 자신의 지위와 나라를 모두 잃는 망국의 길을 걸어갔다. 만약 군주에게 민중의 참여를 정치혁신과 국정안정 및 국가발전을 위한 에너지로 사용할 수 있는 혁신적 리더십이 있었더라면, 조선은 일찍 미국과 같은 민주공화국이 되었을 수도 있다.

군주의 혁신적 리더십은 국가의 흥망을 결정하는 중요한 요소다. 군주의 혁신적 리더십을 강조한 대표적인 정치가는 르네상스 말기 피렌체의 마키아벨리다. 그는 『군주론』, 『로마사논고』, 『피렌체사』 등을 통해 로마 공화정이 어떻게 훌륭한 제국으로 발전했는지 반대로 자신이 살고 있는 피렌체가 왜 망국의 길을 갔는지를 비교분석하여 역사와 정치의 교훈으로 삼은 것으로 유명하다. 계급의 대립을 대하는 태도에 따라 국가의 흥망이 갈린다. 계급의 대립을 파당적인 정쟁으로 몰고 갈 것인가 아니면 비파당적인 갈등으로 승화시킬 것인지의 차이였다. 후자로 가기 위해서, 즉 국가에 유익한 계급대립이 만들어지기 위해서는 파당이나 도당이 수반되지 않도록 숙의의 제도화와 국민통합적인 법률 조치가 동반되어야 한다.

마키아벨리는 어느 사회이든, 어느 정치 세계이든 귀족(부자)과 평민(빈자)이라는 두 계급은 사라지지 않고 투쟁할 수밖에 없다고 보았다. 물론 마르크스와 사회주의자들은 생산수단의 국유화를 통해 무계급사회가 되면 계급투쟁과 정치 및 국가도 사라질 것이라고 예언했지만 내부투쟁에 따른 소련의 붕괴는 계급투쟁과 정치의 영역을 소멸시킬 수는 없었다. 더 많은 부와 욕망을 획득하기 위해 지배하고자 하는 귀족과 더 지배받기 싫어 자유를 추구하는 평민 간의 계급투쟁은 피할 수 없다고 보았다. 그는 계급투쟁을 종식시킬 수 없기에, 군주와 정치가가 계급간의 대립과 갈등을 어떻게 관리할 것인가가 정치와 국가통치의 중요한 문제라고 보았다.

군주(통령)와 귀족(원로원)들이 평민들의 요구를 수용해 공식적인 숙의기구인 민회와 호민관제도로 발전한 로마 공화정은 계급대립을 비파당적인 제도화로 바꿔 정치혁신과 국가발전의 원동력으로 삼아 광대한 제국으로 성장했다. 그러나 마키아벨리는 로마 공화정과 피렌체가 공공에 대한 미덕과 공식적인 제도의 힘에서 벗어나 견제와 균형이 아닌 특정 세력의 독주와 함께 사적인 파벌의 힘이 작동되어 파당적인 대립으로 갔을 때, 국가는 붕괴된다고 언급했다. 마키아벨리는 '로마공화국은 평민과 원로원의 대립으로 말미암아 자유롭고 강대하게 되었다'고 강조하면서, 군주는 귀족보다 민중의 지지를 얻을 때 안전하게 통치할 수 있다고 보았다. 계급 대립으로 국가가 망할 것인가 아니면 흥할 것인가는 전적으로 군주와 정치가의 몫이다. 21세기 신군주인 정당과 대통령은 파당적인 대립을 비파당적인 것으로 바꿔 청와대 개혁, 국정쇄신, 국가혁신의 기회로 삼는 혁신적 리더십을 보여줄 필요가 있다. 공화주의를 지향하는 정당과 대통령은 한 파당의 대표가 아니라 국민과 국가의 대표라는 것을 절대로 잊어서는 안 된다.

21세기 중도정치는 새로운 민주공화국을 만들기 위해 양극화에 맞서 싸우는 정당과 대통령과 시민이 협력해 다음과 같은 시민정치운동과 정치개혁운동을 전개할 필요가 있다. 우선적으로 해야 할 일은 다음과 같다. 첫째, 영국의 '제3섹터부'(시민사회부)와 같은 부처를 신설해 국민과의 소통을 강화해야 한다.[6]

둘째, 재벌일가가 주주공동의 재산인 주식회사를 사유화하지 않고, 갑질 횡포처럼 종업원을 노예로 부리지 않도록, 이를 견제하고 균형을 잡도록 종업원지주제의 확대, 종업원소유경영참가법[7], 연기금의 공적 활용방안[8]을 제도화할 필요가 있다. 연기금을 균형적인 경제성장, 신성장동력, 사회간접자본 확충, 보육·노인요양시설, 공공주택, 국공립병의원 등 사회적 자본에 투자해 국민경제의 건전한 발전에 기여하도록 유도해야 한다. 연기금의 주주권 행사를 통해 재벌의 황제경영구조를 개선하고 중소기업과의 동반성장을 유도할 필요가 있다.

셋째, 노동시장개혁과 재벌개혁을 동시에 균형 있게 근본적으로 추진해야 한다. 이를 위해서는 경제민주주의의 본령인 기업민주주의를 활용할 필요가 있다. 스웨덴 노조가 대기업 노동자의 인금인상을 자제하고 연대임금제도를 통해 대기업과 중소기업 노동자의 임금격차를 줄이는 대신 자제된 임금인상분을 기업의 공동주식으로 전환하고자 했던 임노동자소유기금 사례를 활용할 필요가 있다. 스웨덴 노조의 기업 참여와 스페인 몬드라곤 협동기업처럼, 법인기업 (주식회사)에서 일하는 모든 사람이 전체적으로 소유와 경영에 참여해 민주적으로 통치하는 자치기업에서 해법을 찾을 필요가 있다.

넷째, 민주화가 어느 정도 진전되어 '독재는 악이고, 민주는 선'이라는 선악善惡의 이분법이 사라진 만큼, 반독재민주주의론이라는 허상의 이데올로기를 청산하고, 헌법의 가치대로 민주공화주의론을 실천할 수 있도록 정당의 정체성을 공화민주당, 혹은 시민공화당으로 전환시킬 필요가 있다. 공화共和라는 헌법 정신은 식민지, 분단과 전쟁, 독재의 상처와 트라우마를 치료하고 진영논리에서 벗어나 성숙한 국가로 나갈 수 있는 중용적·중도적 대안이다. 공화주의 정당의 21세기 버전인 공화민주당, 혹은 시민공화당의 주요 임무는 민주공화국의 정신을 복원해, 덕성 있는 시민들이 정치에 참여해 공공선을 실천할 수 있도록 완전국민경선제의 법제화와 시민 참여형 플랫폼 네트워크정당모델을 구축하는 것이다.

시민 참여형 플랫폼네트워크정당모델의 사례는 이탈리아 베페 그릴로가 이끄는 중도좌파정당연합의 모습에서 잘 드러나고 있다. 그릴로는 베를루스코니 총리의 부패와 스캔들에 맞서는 5성운동 MoVimento 5 Stelle을 시작해 시민이 참여하는 정당정치로 발전시켰다. 오성운동은 코미디언 출신의 그릴로가 2009년 10월 4일 시작한 이탈리아의 시민 참여형 플랫폼정당의 운동이다. 오성운동은 인터넷과 SNS에 기반을 둔 시민이 주체가 되어 플랫폼네트워크정치를 하겠다는 운동으로 그 다섯 가지 이슈는 공공 수도, 지속가능한 교통수단, 지속가능한 개발, 인터넷 접속 확대, 생태주의다.[9] 그릴로와 중도좌파정당연합은 미트업meetup이라는 지역과 주제별로 현장 미팅을 가질 수 있도록 돕는 플랫폼을 운영해 창당 4년 만에 2013년 총선에서 상원 54석, 하원 109석을 얻어 제2당으로 돌풍을 일으켰다. 마찬가지로 양극화에 맞서 싸우는 21세기 중도정치를 시민정치운동으로 발전시키기 위해서는 미국의 '무브 온MoveOn.org' 운동과 영국 노동당의 시민 참여 플랫폼운동, 이탈리아 5성운동의 시민 참여형 플랫폼 운동의 경험을 창조적으로 응용할 필요가 있다. 인터넷과 SNS에 기반을 둔 공론장 플랫폼과 미트업과 같은 현장미팅이 서로 결합하는 시민 참여형 네트워크운동으로 접근할 필요가 있다.

다섯째, 시대착오적인 남남갈등과 적대적 증오정치를 넘어서 진정한 남북대연방공화국을 건설하는 일이다. 남북대연방공화국을 건설하기 위해서는 무엇보다 장기적인 대외정책을 수립할 수 있는 통합적인 국내 정치의 기반이 조성되어야 한다. 이를 위해서는 대한민국은 민주공화국이라는 공화국의 정신을 결코 잊어버려서는 안 될 것이다. 민주공화국의 정신을 복원하고자하는 21세기 중도정치의 임무가 중대하다.

여섯째, 정치적 양극화는 복지 이슈를 놓고 빈번하게 발생하는 만큼 복지포퓰리즘을 경계해야 하며 복지정책에 대한 분명한 원칙을 견지할 필요가 있다. 복지포퓰리즘이란 복지를 위한 기본 전제와 조건을 충분히 밝히지 않은 상태에서 대중의 환심을 사기 위한 인기영합정책이다. 복지가 국민의 세금으로 이뤄지고, 재정 적자와 비례하는 만큼 '실질적인 세수 확보 방안', '세금을 낼 수 있는 소득 있는 중산층 복원', '복지투자의 우선순위 선정' 등을 분명히 밝히고 국민의 동의를 얻어 시행할 때 포퓰리즘 논란에서 벗어날 수 있을 것이다. 이런 전제와 조건 없이 추진되는 복지정책은 다수결 민주주의 이름으로 진행되는 인기영합적인 선동정치로 타락할 가능성이 크고, 재정 적자로 국민경제를 망치고 그에 대한 안티테제로 신자유주의정책을 부르는 악순환에 빠진다. 옌뉘 안데르손의 『경제성장과 사회보장 사이에서』에 따르면, 복지국가의 모범인 스웨덴 사민당도 처음부터 '복지'를 하지 않았다. 1930년대부터 1970년대까지 40년간 경제성장에 기반한 '사회보장social security'을 했을 뿐이다. 68혁명 이후 탈물질주의자들의 문제제기에 따라 1970년대부터 경제성장과 사회보장의 기반 위에서 복지를 점진적으로 했을 뿐이고, 그 전제도 연대임금제도, 임노동자기금, 산업민주화, 산업혁신 등 경제민주화 조치를 전제로 했다. 그것 역시도 1980년대 들어 제3의 길 노선, 즉 성장과 복지의 선순환 노선으로 돌아갔다.

한국은 복지 선진국과 비교해볼 때, 실질적인 경제성장의 기반도 경제민주화 선행 조치 없이 복지를 한꺼번에 하려고 하기 때문에 문제가 되는 것 같다. 복지의 관건인 재벌과 귀족노조에게 세금을 내게 할 수 있는 실질적인 채찍(투쟁)과 당근(우정)도 합의되지 않았다. 실질적인 복지의 전제와 조건을 확보하기 위한 치밀하고 단계적인 전략에 대한 논의와 합의 없이, 일부 포퓰리스트적 대선 주자들의 레토릭으로 복지가 악용되고 있는 것이 현재의 문제이며, 이런 현상은 복지 확대를 위한 과정에서도 논란이 될 것으로 보인다.

21세기 중도정치는 경제적 양극화와 정치적 양극화전략에 맞서 싸우면서 민주공화국의 원래 정신으로 돌아가서 성찰하면서 새로운 민주공화국을 만들고자 하는 시민정치운동이다.

일곱째, 시민들이 피와 눈물로 쟁취한 대통령직선제를 남북통일 이후까지 일관되게 지켜낼 필요가 있다. 특히, 내각제 개헌 세력으로부터 1987년 민주화운동을 통해 시민이 쟁취한 대통령제를 지켜 내야 한다. 전 세계에서 5년 단임제 대통령을 국민이 직접 선출하는 나라가 얼마나 있을까? 5년 단임제 대통령직선제는 우리 국민이 피와 눈물로 쟁취한 민주주의적 생활 방식이자 제도다. 대통령제는 근대 시민혁명 과정에서 왕과 민중의 투쟁 결과 나온 것이고, 내각제는 왕과 귀족의 투쟁 결과 나온 것이다. 시민의 정치 참여를 중시하는 민주주의와 권력에 대한 견제와 균형을 중시하는 공화주의의 입장에서 볼 때, 대통령제가 내각제보다 친(親)민중적이고 우월한 체제라 할 수 있다.[10] 21세기 중도정치가 구현하고자 하는 민주공화국은 부자만의 나라도 빈자만의 나라도 아닌 부자와 빈자, 중산층 모두가 함께 잘사는 우리 모두의 나라다. 대한민국은 진보 좌파만의 나라도 보수 우파만의 나라도 아닌 진보와 보수, 중도 모두가 함께 공존하는 나라다. 민주공화국을 제대로 이끌 공화주의 정신에 투철하면서 탁월한 정치가와 덕성 있는 시민이 필요하다. 탁월한 정치가가 필요하다. 탁월한 정치가는 공동체가 겪고 있는 다양성을 인정하면서 그 다양성이 파벌과 분파로 나아가지 않도록 토론과 숙의를 통해 통합하는 것을 게을리 하지 않고, 손쉽게 한쪽의 다양성만을 다른 한쪽의 통합성만을 편취하는 게 아니라 두 측면을 조화롭게 일치시키는 지도자다.

■ 주

들어가는 말 왜, 어떤 중도정치인가?

1)   김낙년, 「한국의 소득 집중도 추이와 국제비교, 1976~2010: 소득세 자료에 의한 접근」(낙성대경제연구소, 2012); 김낙년, 「한국의 부의 불평등, 2000~2013: 상속세 자료에 의한 접근」(낙성대경제연구소, 2015).

제1부 중도주의 없는 양극화의 비극

제1장 한국에서 중도수렴의 확대 경향

1)   석진환, 「증세·복지 등 '유승민의 소신' 못마땅……배신 몰아 싹 자르기」, 『한겨레』, 2015년 6월 28일.

2)   정인선, 「문재인-유승민, 첫 교섭단체 대표연설 '경제' 주창」, 『뉴스천지』, 2015년 4월 9일.

3)   조미덥, 「새정치연합, '집권 엔진' 유능한경제정당위원회 출범」, 『경향신문』, 2015년 6월 30일.

4)   윤호우, 「총선 앞둔 여야 '중도층 공략하라'」, 『주간경향』, 2015년 3월 28일.

5)   정인선, 앞의 글.

6)   황준범, 「유승민-문재인 '중도층 쟁탈전' 시작됐다」, 『한겨레』, 2015년 4월 9일.

7)   채진원, 「18대 대선, '중도수렴전략'에 중도와 무당파들은 어떻게 반응했나?」, 『동향

과 전망』 통권 88호(2013), 177~213쪽.

8) 채진원·장대흥, 「중도수렴과 중도수렴 거부 간의 투쟁: 18대 대선과정과 결과」, 『동 향과 전망』 93호(2015), 132~168쪽.

9) 황준범, 앞의 글.

10) 채진원, 「'보수독점의 정당체제 개혁론'의 재검토: 정치적 양극화와 중도수렴 부재 의 정당체제론을 중심으로」, 『오토피아』 제27권 2호(2012), 199~237쪽; 채진원, 「무 당파·SNS 유권자의 등장배경과 특성에 대한 이론적 함의와 시사점」, 『21세기정치 학회보』 제22권 제1호(2012), 309~331쪽; 채진원, 「18대 대선, '중도수렴전략'에 중 도와 무당파들은 어떻게 반응했나?」; 채진원, 「북한 참주정의 변혁·보존·개선에 관 한 '엄밀한 인식'과 한국정체의 대응」, 『동향과 전망』 91호(2014), 94~135쪽; 채진원, 「진영논리의 극복과 중도정치에 대한 탐색적 논의」, 『민주주의와 인권』 제14권 제 1호, 307~344쪽.

11) 채진원, 「'보수독점의 정당체제 개혁론'의 재검토: 정치적 양극화와 중도수렴 부재의 정당체제론을 중심으로」; 채진원, 「무당파·SNS 유권자의 등장배경과 특성에 대한 이론적 함의와 시사점」; 채진원, 「18대 대선, '중도수렴전략'에 중도와 무당파들은 어떻게 반응했나?」; 채진원, 「북한 참주정의 변혁·보존·개선에 관한 '엄밀한 인식' 과 한국정체의 대응」; 채진원, 「진영논리의 극복과 중도정치에 대한 탐색적 논의」.

12) 박창기, 『혁신하라 한국경제』(비평출판사, 2012).

13) 박창기, 앞의 책.

14) 김낙년, 「한국의 소득 집중도 추이와 국제비교, 1976~2010: 소득세 자료에 의한 접 근」(낙성대경제연구소, 2012).

15) 참여연대, 「통계와 지표로 본 한국 사회」, 『참여사회』 219호(2015), 16쪽.

16) 김낙년, 앞의 글.

17) 김민경, 「고액 연봉자, 1764만원 더 받을 때……최저 연봉자, 56만원 되레 깎였다」, 『한겨레』, 2015년 7월 10일.

18) 채진원, 「민주노동당의 변화: 원내정당화의 성격과 함의」, 『한국정당학회보』 17호 (2010), 87~117쪽.

19) 이내영, 「한국정치의 이념지형과 이념갈등」, 한국정치학회 연례학술회의 발표 논문 (2009).

20) 채진원, 「'보수독점의 정당체제 개혁론'의 재검토: 정치적 양극화와 중도수렴 부재의 정당체제론을 중심으로」; 채진원, 「무당파·SNS 유권자의 등장배경과 특성에 대한 이론적 함의와 시사점」; 채진원, 「18대 대선, '중도수렴전략'에 중도와 무당파들은 어떻게 반응했나?」; 채진원, 「북한 참주정의 변혁·보존·개선에 관한 '엄밀한 인식' 과 한국정체의 대응」; 채진원, 「진영논리의 극복과 중도정치에 대한 탐색적 논의」.

21) Anthony Downs, 『An Economic Theory of Democracy』(Harper & Row, 1957).

22) 채진원·장대홍, 앞의 글.

23) 이진복, 「2015년 영국 총선 분석: '망상의 정치'를 넘어서」(민주정책연구원, 2015).

24) 채진원, 「진영논리의 극복과 중도정치에 대한 탐색적 논의」; 윤희웅, 「대선의 전략 요충 중원을 공략하라」, 『이코노미 인사이트』, 2012년 9월 1일; 딕 모리스, 홍대운 옮김, 『신군주론』(아르케, 2002); 딕 모리스, 홍수원 옮김, 『파워게임의 법칙』(세종서적, 2003).

25) 아리스토텔레스, 천병희 옮김, 『정치학』(숲, 2007); 니콜로 마키아벨리, 강정인·안선 재 옮김, 『로마사 논고』(한길사, 2009); 제임스 매디슨 외, 김동영 옮김, 『페더럴리스트 페이퍼』(서울, 1995); 채진원, 「북한 참주정의 변혁·보존·개선에 관한 '엄밀한 인식'과 한국정체의 대응」; 채진원, 「무당파·SNS 유권자의 등장배경과 특성에 대한 이론적 함의와 시사점」.

26) 아리스토텔레스, 앞의 책, 1294a30-1294b15.

27) 아리스토텔레스, 앞의 책, 1294b34-1294b36.

28) "그 많은 복지공약을 다 이행하려면 어지간한 증세로도 어려웠을 거란 얘기죠. 정부 지출의 우선순위가 없다는 것은 사회의 미래에 대한 가치기준이 정립되지 않았다는 뜻이고, 필연적으로 포퓰리즘 논란으로 이어집니다." 이범, 「복지, 486의 알리바이」, 『허핑턴포스트코리아』, 2015년 7월 15일.

29) 정한울, 「한국 사회 이념 무드의 변동과 정치적 함의」, 『EAI OPINION REVIEW』, 2011년 4월.

제2장 진영논리와 중도정치란 무엇인가

1) 안철수 의원이 독자적인 신당 창당을 목표로 이끌었던 '새정치연합'은 2014년 3월 26일 민주당과 함께 제3지대 통합방식으로 합당해 '새정치민주연합'을 출범시켰다.

2) 교조주의는 '형이상학적인 사고방법의 일종으로서, 구체적인 여러 조건에 관계없이 불변의 진리라고 간주되는 개념과 명제를 고집하는 사고방식을 말한다. 교조教條란 원래 종교에서 비판의 여지가 없는 신성불가침의 진리라고 주장되는 신앙의 내용을 나타내는 명제다. 그리하여 교조주의란 일반적으로 이론·학설의 명제를 종교의 교 조와 같이 취급하는 사고방식 및 태도를 비판적으로 말할 때 쓰는 용어가 되었다. 이 론의 제명제, 인용문 등을 종교의 교조와 같이 취급해, 그것을 현실의 구체적인 문제 를 구체적으로 해명하는 과학적인 탐구의 지침으로 삼지 않고, 현실의 발전에 따라 이론을 발전시키고자 하지 않는 비과학적인 태도'를 말한다. 임석진, 『철학사전』(중원

문화, 2009).

3) 김홍우, 『한국 정치의 현상학적 이해』(인간사랑, 2007).

4) 김홍우, 「현상학이란 무엇인가?」 서울대학교 사회과학연구원 자료집(2007).

5) 김훈, 『바다의 기별』(생각의 나무, 2008), 133쪽.

6) 이내영, 「한국정치의 이념지형과 이념갈등」, 한국정치학회 연례학술회의 발표 논문(2009); 정한울, 「한국인 실용 중도 전성시대」, 『주간동아』, 2011년 4월 12일; 채진원, 「'보수독점의 정당체제 개혁론'의 재검토: 정치적 양극화와 중도수렴 부재의 정당체제론을 중심으로」, 『오토피아』제27권 2호(2012), 199~238쪽; 이재묵, 「정당 양극화를 통해 바라본 한미정당 비교」, 한국정당학회 하계학술회의 자료집 『한국 정당정치의 도전과 대응: 정책갈등의 조정과 통합』(2013).

7) 이내영, 앞의 글; 채진원, 「'보수독점의 정당체제 개혁론'의 재검토: 정치적 양극화와 중도수렴 부재의 정당체제론을 중심으로」; 이재묵, 앞의 글.

8) 최석우·윤지환·채진원이 2012년 국회 의정발연구회의 연구용역과제로 작성한 「민생정치와 사회통합을 위한 정당의 역할과 과제: 경제적·정치적 양극화 해소 방안을 중심으로」 중 일부 내용 원용.

9) 이내영, 앞의 글; 최석우·윤지환·채진원, 앞의 글.

10) 투표선택과 의사결정을 하는 데 있어서 전통적으로 엘리트나 정당의 프레임에 종속되는 '정당일체감'과 같은 당파적 추지틀party identification shortcut을 사용하지 않고, 스스로의 정보습득과 교육 등 자신의 인지적 수준의 향상을 통한 인지적 추지틀cognitive mobilization shortcut을 사용하는 유권자를 말한다.

11) 안철수 의원의 성향과 같이 유권자들이 구체적 사안에 따라 이념 성향의 태도가 상충되는 경우를 말한다. 안보와 사회문제에는 보수적이고, 경제문제에는 진보적 입장을 가진 경우다.

12) Russell J. Dalton·Scott Flanagan·Paul Beck, 『Electoral Change in Advanced Industrial Democracies』(Princeton University Press, 1984), p.15~22; Mark N. Franklin·Thomas T. Mackie·Henry Valen, 『Electoral Change: Responses to Evolving Social and Attitudinal Structures in Western Countries』(Cambridge University Press, 1992), p.33; 정진민, 『후기산업사회 정당정치와 한국의 정당발전』(한울, 1998); 정진민, 「원내정당론을 둘러싼 오해들에 대한 정리」, 『한국정치연구』 제18집 제1호(2009), 29~49쪽; 임성호, 「원내 정당화와 정치개혁: 의회민주주의 적실성의 회복을 위한 소고」, 『의정연구』제9권 제1호(2003), 133~166쪽; 임성호, 「지구화시대의 탈경계 정치과정을 위한 이론 토대: 새로운 실마리의 모색」, 『지구화시대의 정당정치』(한다 D&P, 2011); 채진원, 「원내정당모델의 명료화: 대안적 정당모델들과의 비교논의」, 『의정연구』 30호(2010), 5~37쪽; 채진원, 「민주노동당의 변화: 원내정당화의 성격과 함의」, 『한국정당학회보』 17호(2010), 87~117쪽.

13) 앤서니 기든스, 권기돈 옮김, 『현대성과 자아정체성: 후기 현대의 자아와 사회』(새물결, 2007); 앤서니 기든스, 김현욱 옮김, 『좌파와 우파를 넘어서』(한울, 2007).

14) 모리스 메를로퐁티, 류의근 옮김, 『지각의 현상학』(문학과 지성사, 2002).

15) 네트워크정당모델에 대한 자세한 설명은 채진원, 「'오픈 프라이머리 정당약화론'의 재검토: 다층적 수준의 정당기능론을 중심으로」, 『선거연구』 제3호(2013) 참조.

16) 채진원, 「'오픈 프라이머리 정당약화론'의 재검토: 다층적 수준의 정당기능론을 중심으로」, 135~161쪽.

17) 정한울, 「한국 사회 이념 무드의 변동과 정치적 함의」, 『EAI OPINION REVIEW』, 2011년 4월.

18) Morris Duverger, 『Political Parties: Their Organization and Activity in the Modern State』(Methuen, 1964)

제3장 중도수렴 부재의 정당체제론

1) 최장집, 『어떤 민주주의인가』(후마니타스, 2007), 23쪽.

2) 김영태, 「세계화 시대의 정당의 역할과 한국 정당정치의 과제」, 『의정연구』통권 제12호(2001), 46~47쪽; 박찬표, 「한국 정당민주화의 과제: '정당민주화'인가 '탈정당'인가」, 한국의회발전연구회 연구보고서 『정당의 민주화에 관한 각국 사례 비교』(2003); 정병기, 「정당정치와 진보정당의 과제: 이념구도 변화에 따른 한국 진보정당의 전망」, 『한국과 국제정치』제25집 제1호(2009), 93~128쪽.

3) 최장집, 『앞의 책』, 19~26쪽.

4) 최장집, 『앞의 책』, 251쪽.

5) 최장집, 『앞의 책』, 258~262쪽.

6) 키Valdimer Orlando Key, Jr가 『Politics, Parties and Pressure Groups』(Crowell, 1964)에서 강조하고 있는 정당 기능의 세 수준 모델을 통해 원내정당모델과 포괄정당·선거전문가정당 간의 차이를 간략하게 살펴보면 다음과 같다. 원내정당모델이 부각하는 기능이 정부 내 정당과 유권자 속의 정당 간 연계기능이라면, 포괄정당·선거전문가정당이 부각하는 기능은 대중정당모델보다는 약하지만 여전히 조직으로서의 정당 parties as organization 기능을 강조한다. 원내정당모델과 경쟁하고 있는 다른 대안정당모델인, 대중정당모델, 포괄정당모델, 선거전문가정당모델과의 차이에 대해서는 채진원, 「원내정당모델의 명료화: 대안적 정당모델들과의 비교논의」, 『의정연구』 30호(2010) 참조.

7) 임성호, 「원내 정당화와 정치개혁: 의회민주주의 적실성의 회복을 위한 소고」, 『의정

연구』 제9권 제1호(2003), 133~166쪽; 정진민, 「민주화 이후의 정치제도: 원내정당화를 중심으로』 『국가전략』 제13권 제2호(2007), 115~140쪽; 채진원, 「원내정당모델의 명료화: 대안적 정당모델들과의 비교논의」, 5~37쪽.

8) 정진민, 「원내정당론을 둘러싼 오해들에 대한 정리」. 『한국정치연구』 제18집 제1호 (2009), 29~49쪽.

9) Russell J. Dalton · Martin P. Wattenberg, 『Parties without Partisans: Political Change in Advanced Industrial Democracies』(Oxford Press, 2000).

10) Paul John Evans DiMaggio · Bethany Bryson, 「Have Americans social attitudes become more polarized?」, 『American Journal of Sociology』, 102-3(1996), p.693.

11) Larry M. Bartels, 「Partisanship and voting behavior, 1952-1996」, 『American Journal of Political Science』, 44-1(2000), pp.35~50; Marc. J. Hetherington, 「Resurgent Mass Partisanship: The Role of Elite Polarization」, 『American Political Science Review』, 95-3(2001), 619~631; Geoffrey C. Layman · Thomas M. Carsey, 「Party Polarization and 'Conflict Extension' in the American Electorate」, 『American Journal of Political Science』 46-4(2002), pp.786~802.

12) Gary C. Jacobson, 「Party polarization in national politics: The electoral connection」, 『Polarized politics: Congress and the president in a partisan era』 (2000) pp.9~30; Jacob S. Hacker · Paul Pierson, 『Off Center: The Republican Revolution and the Erosion of American Democracy』(Yale University Press, 2006).

13) Morris P, Fiorina, 『Culture War? The of a Polarlized America』(Pearson Longman, 2005).

14) 남궁곤 · 유석진, 「미국정치의 양극화: 그 사회적 기반과 정치적 의의」, 『한국과 국제정치』(2007)제23권 제1호, 5~6쪽.

15) 박찬표, 「한국 정당민주화의 과제: '정당민주화'인가 '탈정당'인가」; 최장집, 『어떤 민주주의인가』; 정병기, 앞의 글, 93~128쪽.

16) Jeffrey E. Cohen · Paul Kantor, 「Decline and Resurgence in the American Party System」, 『American Poltical Parties: Decline or Resurgence?』(CQ Press, 2001).

17) 2009년 이후 데이터는 EAI · 한국리서치 정기조사 데이터, 2007~2008년 데이터는 EAI · SBS · 『중앙일보』 · 한국리서치 패널조사데이터, 2005-2006년 데이터는 EAI · 『매일경제』 정치사회의식조사 데이터, 2004년 데이터는 선거학회 데이터, 2002~2003년 데이터는 EAI · 『중앙일보』 반미의식 조사 데이터.

18) 정한울, 「한국 사회 이념 무드의 변동과 정치적 함의」, 『EAI OPINION REVIEW』, 2011년 4월.

19) 강지남·이현우··이지호, 「'보수' 한나라당, '진보' 민주당 이념 본색」, 『주간동아』, 2009년 7월 20일.

20) 정한울, 앞의 글.

21) 정한울, 앞의 글.

22) David Judge, 『Representation: Theory and practice in Britain』(Routledge, 1999), pp.70~75; 박찬표, 「한국 정당민주화의 과제: '정당민주화'인가 '탈정당'인가」.

23) 김영태, 앞의 글, 46~47쪽; 정진민, 『후기산업사회 정당정치와 한국의 정당발전』(한울, 1998); 임성호, 「원내 정당화와 정치개혁: 의회민주주의 적실성의 회복을 위한 소고」, 133~166쪽; 최장집, 『민주화 이후의 민주주의』(후마니타스, 2005); 최장집, 『어떤 민주주의인가』; 박찬표, 「한국 정당민주화의 과제: '정당민주화'인가 '탈정장'인가」.

24) 이들의 이론에 의하면, 근대 국민국가의 형성 과정에서 발전한 근대 정당체제가 네 종류의 균열구조('국가-교회' 간의 균열, '중앙-지방' 간의 균열, '공업-농업' 간의 균열, '자본가계급-노동자계급' 간의 균열)로 등장하게 되었으나 20세기에 접어들면서 다양한 균열구조가 점차 계급균열(자본가-노동계급)을 중심으로 단일화(혹은 결빙)했다는 명제다. 이 명제에 따라 정당과 대의체계도 자본가계급을 대변하는 우파정당과 노동자계급을 대변하는 좌파정당으로 균열되었다고 설명한다. 성경륭, 「국민국가의 장래와 정당정치의 향방: 세계화·지방화의 추세와 그 결과」, 『정당구도론』(나남, 1994), 241~279쪽.

25) 편향성의 동원이라는 개념은 샤츠슈나이더Shattschneider에 의해 상층계급의 편향성mobilization of upper class bias이란 말에서 기원했다. 본서에서는 이 의미를 원용해 '상층노동계급의 편향성 동원'이란 의미로 사용하고 있다. 그 내용은 다음과 같다. 노동자가 정규직과 비정규직, 노동조합원과 비노동조합원으로 분화되어 그들 간의 사회적 이익분화에 따른 갈등구조가 사회구조적으로 객관적으로 존재함에도 민주노동당의 엘리트 또는 민주노총 지도부들이 이러한 노동자들의 차이를 실제적으로 반영하거나 개선하는 노력을 무시할 경우, 상층노동계급의 편향성 동원 현상이 발생할 수 있다고 보고 있다. 비정규직과 비조합원의 이익을 소외시키면서 상대적으로 상층인 정규직과 조합원의 이익이 과다 대표되는 현상을 말한다. 이러한 현상이 반복될 때, 정규직과 비정규직, 조합원과 비조합원간의 노-노갈등과 불신이 극대화되어, 노동자 조직과 노동자당의 계급적 기반이 와해되게 된다.

26) Russell J. Dalton·Scott Flanagan·Paul Beck, 『Electoral Change in Advanced Industrial Democracies』(Princeton University Press, 1984); Mark N. Franklin·Thomas T. Mackie·Henry Valen, 『Electoral Change: Responses to Evolving Social and Attitudinal Structures in Western Countries』(Cambridge University Press, 1992), p.33; 정진민, 『후기산업사회 정당정치와 한국의 정당발전』; 임성호, 「원내 정당화와 정치개혁: 의회민주주의 적실성의 회복을 위한 소고」, 133~166쪽; 채진원, 「원내정당모델의 명료화: 대안적 정당모델들과의 비교논의」, 5~37쪽; 채진원, 「민주노동당의 변화: 원내정당화의 성격과 함의」, 『한국정당학회보』 17호(2010), 87~117쪽.

27) 이들은 무엇보다도 립세트-코칸 이론이 제시한 사회균열구조 단일화 명제를 반박한다. 이들은 1960년대 후반에 전후의 경제적 풍요는 계급 균열을 무용지물로 만들었고, 교육 혁명을 통해 성장한 젊은 세대들이 가치관과 정치적 지향성의 측면에서 정당정치의 새로운 균열구조를 창출했다고 지적한다. 경제적 번영과 정치적 안정으로 계급균열이 현저히 약화되면서 이차적 균열secondary cleavage로 치부되었던 사회문화적 균열, 즉 중앙-지방의 갈등, 지방-지방의 갈등, 국가-종교 간의 갈등, 종교-종교 간의 갈등, 인종집단 및 언어집단간의 갈등 등이 새롭게 부각되기 시작했고, 이 균열은 새로운 정당을 출현하게 하거나 유권자의 투표 유동성을 증가시키게 되었다는 것이다. 그리하여 유럽의 정당정치는 더욱 분절화하고 유동화하는 결과가 초래되었다는 것이다. 성경륭, 앞의 책, 241~279쪽.

28) Susan E. Scarrow, 「Parties without Members? Party Organization in a Changing Electoral Environment」, 『Parties without Partisans: Political Change in Advanced Industrial Democracies』(Oxford Press, 2000), p.82.

29) Susan E. Scarrow, 앞의 글, pp.80~82.

30) Otto Kirchheimer, 「The Transformation of the Western European Party System」, 『Political Parties and Political Development』(Princeton Uni. Press, 1966), pp.178~198.

31) Russell J. Dalton · Martin P. Wattenberg, 앞의 책, p.266.

32) Russell J. Dalton · Martin P. Wattenberg, 앞의 책, p.283.

33) Miki L. Caul · Mark M. Gray, 「From Platform Declarations to Policy Outcomes: Changing Party Profiles and Partisan Influence over Policy」, 『Parties without Partisans: Political Change in Advanced Industrial Democracies』(Oxford Press, 2000), p.236.

34) 김용호, 「한국정당 연구의 학문적 정체성 확립을 위한 성찰」, 『한국정당학회보』 제7권 제2호(2008), 65~81쪽.

35) Jane Mansbridge, 『Beyond Adversary Democracy』(University of Chicago Press, 1980); James March · Johan Olsen, 「Popular Sovereignty and the Search for Appropriate Institutions」, 『Journal of Public Policy』, 6, 4(1986. Oct./Dec.), pp.341~370; Cass Sunstein, 「Preferences and Politics」, 『Communitarianism: A New Public Ethics』(Wadsworth Publishing Co., 1994); Jon Elster, 『Deliberative Democracy』(Cambridge University Press, 1998).

36) Robert E. Goodwin, 『Reflective Democracy』(Oxford University Press, 2003), p.45; 임성호, 「지구화시대의 탈경계 정치과정을 위한 이론 토대: 새로운 실마리의 모색」, 『지구화시대의 정당정치』(한다 D&P, 2011).

37) 김홍우, 『현상학과 정치철학』(문학과지성사, 1999); 김홍우, 『한국 정치의 현상학적 이

해』(인간사랑, 2007); 모리스 메를로퐁티, 류의근 옮김, 『지각의 현상학』(문학과 지성사, 2002).

제2부 중도 확대와 중도 거부 간의 투쟁과 교훈

제1장 무당파 · SNS 유권자의 등장 배경과 특성

1) 아산정책연구원, 「서울시장 보궐선거 출구조사 결과표」, 2011년; 「내년 선거 '행동하는 무당파'가 변수」, 『YTN』, 2011년 11월 10일.

2) 이념적 양극화는 정치엘리트가 다수 국민의 이념적 성향이나 민심과 무관하게 좌우 편향으로 기울어져 있기 때문에 발생한 자기들만의 양극화현상이다. 정치엘리트 수준의 정치적 양극화의 실체는 국민 대다수의 이념 성향이 중도로 수렴되는 최근의 추세를 반영하지 못하고 있다는 점에서 중도수렴 부재의 정치(중도수렴 부재의 정당체제)라고 할 수 있다.

3) 채진원, 「보수독점의 정당체제 개혁론의 재검토: 정치적 양극화와 중도수렴 부재의 정당체제론을 중심으로」, 2012년.

4) Russell J. Dalton, 『Citizen Politics』(C. H. Publisher, 2006), pp.208~210.

5) 고승연, 「16대 대선에서의 무당파無黨派층 특성 및 행태연구」, 『사회연구』 제8호 (2004), 97~127쪽.

6) Valdimer Orlando Key, Jr., 「A Theory of Critical Elections」, 『Journal of Politics』 17(1955), pp.3~18; 조반니 사르토리, 어수영 옮김, 『현대정당론』(동녘, 1976); Edward G. Carmines · James A. Stimson, 『Issue Evolution』(Princeton University Press, 1989), p.144.

7) Ronald Inglehart, 「Value change in industrial societies」, 『American Political Science Review』81-4(1987), pp.1289~1303; Ronald Inglehart, 『Modernization and Postmodernization: Cultural, Economic and Political Change in 43 Societies』(Princeton University Press, 1997).

8) 로날드 잉글하트, 「후기 물질주의 가치관과 공공기관들의 권위 추락」, 조셉 S. 나이 외, 박준원 옮김, 『국민은 왜 정부를 믿지 않는가』(굿인포메이션, 2001), 346쪽.

9) 특정 이익을 대변하는 시민 단체, 이익 단체들의 번영이나 정치적 정보 공급과 정치 참여를 제공하는 미디어의 역할은 정당의 역할을 감소시켰다.

10) 인지적 동원 과정은 유권자의 정치적 교양과 인식을 증가시킴으로써, 그동안 시민

들이 정치적 결정과 문제해결의 지름길로 작동해왔던 정당일체감을 개발할 필요
를 줄임으로써 인지적 정당무관심층apartisan의 형성을 촉진한다. Russell J. Dalton,
『Citizen Politics』, p.196.

11) Russell J. Dalton, 「Cognitive Mobilization and Partisan Dealignment
in Advanced Industrial Democracies」, 『Journal of Politics』46-1(1984),
pp.264~284; Russell J. Dalton, 『Citizen Policics』, pp.194~196.

12) Russell J. Dalton, 『Citizen Politics』, p.196.

13) 채진원, 「민주노동당의 변화와 정당모델의 적실성」, 경희대학교 정치학과 박사학위
논문, 2009년.

14) Gerald Benjamin, 「Innovations in Telecommunications and Politics」, 『The
Commmunications Revolution in Politics』(Academy of Political Science, 1982),
pp.1~12.

15) Pippa Norris, 『Digital Divide: Civic Engagement, Information Poverty and the
Internet Worldwide』(Cambridge University Press, 2001)

16) 홍영림, 「어떤 黨도 지지하지 않는 사람들, 또 하나의 '정치세력'으로 급부상」, 『조선
일보』, 2011년 10월 28일.

17) 정지연, 「10·26 재보선 SNS 민주주의 시대 왔다」, 『전자신문』, 2011년 10월 26일.

18) 이승녕·박민제, 「나경원 '목욕' 박원순 '기부금' 불거질 때 … 트위터 불났다」, 『중앙
일보』, 2011년 10월 5일.

19) 이원재, 「SNS 효과, 기성 언론이 키웠다」, 『시사저널』, 2011년 10월 31일.

20) 고두리, 「羅 42.8퍼센트 vs. 朴 48.8퍼센트 … 박원순 지지율 힘은 '무당파·SNS'」,
『머니투데이』, 2011년 10월 10일.

21) 정진민, 『후기산업사회 정당정치와 한국의 정당발전』(한울, 1998), 47~48쪽; 정진민,
「민주화 이후의 정치제도: 원내정당화를 중심으로」『국가전략』 제13권 제2호(2007),
126~128쪽; 정진민, 「원내정당론을 둘러싼 오해들에 대한 정리」『한국정치연구』 제
18집 제1호(2009), 29~49쪽.

22) John Aldrich, 『Why Parties? The Origin and Transformation of Political Parties
in America』(University of Chicago Press, 1995); Miki L. Caul·Mark M. Gray, 「From
Platform Declarations to Policy Outcomes: Changing Party Profiles and
Partisan Influence over Policy」, 『Parties without Partisans: Political Change in
Advanced Industrial Democracies』(Oxford Press, 2000), p.236; Michael F. Thies,
「on the Primacy of Party in Government: Why Legislative Parties Can Survive
Party Decline in the Electorate」, 『Parties without Partisans: Political Change in
Advanced Industrial Democracies』(Oxford Press, 2000).

23) Miki L. Caul · Mark M. Gray, 「From Platform Declarations to Policy Outcomes: Changing Party Profiles and Partisan Influence over Policy」; Russell J. Dalton · Martin P. Wattenberg, 『*Parties without Partisans: Political Change in Advanced Industrial Democracies*』(Oxford Press, 2000).

제2장 중도수렴에 중도·무당파는 어떻게 반응했나

1) 이광빈, 「민주 대선평가위 "대선책임자 전대출마 안돼"」, 『연합뉴스』, 2013년 2월 26일.

2) 임병식, 「대선패배, 전략부재-문재인 후보 선택」, 『새전북신문』, 2013년 1월 22일.

3) Anthony Downs, 『*An Economic Theory of Democracy*』(Harper & Row, 1957), pp.117~127.

4) 앤서니 다운스는 1957년 중위투표자정리를 발표할 당시, 이념적인 수준으로 좌와 우, 중도를 다루면서 이것에 부응하는 정파로 극단주의 정당과 좌우정당만을 다루고 무당파를 다루지 않았지만, 필자는 기존의 극단주의 정당과 좌우정당에서 이탈한 무당파의 상당수가 이념적으로 중도와 연관되어 있다고 보기 때문에 중도수렴론에 이념적 중도에 부응하는 정파로 무당파를 포함시킨다.

5) Russell J. Dalton, 『*Citizen Politics*』(C. H. Publisher, 2006), pp.208~210.

6) (주)한국리서치가 2011년 10월 26일 조사했으며 표본크기는 1,194명이고 표본추출 방법은 2단계 계통추출(1단계: 18대 총선 비례대표 기준 정렬계통추출을 통한 투표소 선정, 2단계: 투표자 매 30번째 대상 계통 추출)이다. 표집오차는 무작위 추출을 전제할 경우, 95퍼센트 신뢰 수준에서 최대허용 표집오차는 ±2.8퍼센트다.

7) 정효식, 「진보당에 휘둘린 민주당…관망하던 중도층 등 돌려」, 『중앙일보』, 2012년 4월 13일.

8) 이가윤, 「민주 "진보당과 손잡아 중도층 놓쳐"」, 『매일경제』, 2012년 4월 12일.

9) 안창현, 「'안철수표' 51퍼센트 문재인쪽 이동 26퍼센트 박근혜로…22퍼센트는 부동표」, 『한겨레』, 2012년 11월 25일.

10) '이념 정치에서 벗어나 생활정치 지향'이 40.0퍼센트, '강력한 리더십의 새 지도부 마련'이 19.3퍼센트, '새정부 견제 강화로 야당 정체성 확대'는 16.2퍼센트, '친노를 비롯한 당내 구세력 청산'은 10.8퍼센트, '잘 모름'은 13.7퍼센트.

11) '중도노선을 취해야 한다'는 39.8퍼센트, '더 진보적이어야 한다'는 30.3퍼센트, '더 보수적이어야 한다'는 16.6퍼센트, '잘 모름'은 13.3퍼센트.

12) 정찬, 「민주당 혁신, 중도개혁 40퍼센트로 가장 높아」, 『폴리뉴스』, 2013년 2월 1일.

제3장 중도수렴과 중도수렴 거부 간의 투쟁

1) 류재성, 「안철수 지지자의 선택」, 박찬욱·강원택 편, 『2012년 대통령선거 분석』(나남, 2013), 296쪽.

2) Harold Hotelling, 「Stability in Competition」, 『The Economic Journal』39-153(1929) pp.41~57.

3) 본 글에서 사용하는 18대 대통령선거 관련 유권자 의식조사 자료는 중앙선거관리위원회와 한국 사회과학데이터센터가 공동으로 2012년 12월 20일(목)~12월 25일(화)까지 만19세 이상 전국(제주도 제외) 성인 남녀 1,200명을 대상으로 구조화된 설문지를 이용한 대인면접조사를 통해 확보한 데이터(신뢰 수준은 95퍼센트 신뢰 수준 ±2.83퍼센트)다. 부분적으로 리얼미터가 2012년 12월 20일(목)에 전국 19세 이상 성인 남·녀 1,000명을 대상으로 유선전화 및 휴대전화 임의걸기RDD 자동응답 전화조사(유선전화 RDD(80퍼센트)+휴대전화 RDD(20퍼센트)를 통해 확보한 데이터(95퍼센트 신뢰 수준 ± 3.1퍼센트)를 사용한다.

4) 고원, 「정치 균열의 전환과 2012년 대통령선거: 세대와 계층 변수를 중심으로」, 『동향과 전망』통권 88호(2013), 163쪽.

5) 김연철, 「18대 대선의 통일·외교 분야 정책 비교와 평가」, 『동향과 전망』 89호, 43~44쪽.

6) 박대로, 「朴·文·安 대북정책 차별성 없이 중도로 수렴」, 『뉴시스』, 2012년 11월 14일.

7) 위평량, 「제18대 대통령후보 3인의 경제분야 정책 비교분석-경제민주화 관점에서」, 경제개혁이슈 2012-7호(2012), 29쪽.

8) 박찬욱, 「2012년 대통령선거의 특징」, 박찬욱·강원택 편, 『2012년 대통령선거 분석』(나남, 2013), 38쪽.

9) 오건호, 「18대 대선 복지 의제 평가와 향후 과제」, 이창곤·한귀영 편, 『18 그리고 19: 18대 대선으로 본 진보개혁의 성찰과 길』(밈, 2013), 238쪽.

10) 박기백, 「18대 대선의 재정부문 쟁점 분석과 평가」, 『동향과 전망』통권 89호(2013), 135쪽.

11) 박찬욱, 앞의 글, 38쪽.

12) 김광호, 「보수는 좌클릭, 진보는 우클릭…이젠 '중도쟁탈전'이 대세로」, 『경향신문』, 2012년 9월 28일.

13) 이성은, 「미 전문가 '차기 한국 정부, 대북정책 차별화'」, 『미국의 소리방송』, 2012년 12월 10일.

14) 이정희 대변인 논평, 「문재인 후보-안철수 후보 회담 관련」, 2012년 11월 6일.

15) 이정희 대변인 논평, 「야권연대가 상식됐지만 식상해져, 이걸 뛰어 넘는 야권연대 만드는 게 중요」, 2012년 10월 30일.

16) 한정택·이재묵·조진만, 「제18대 대통령선거 후보자 TV토론회 분석: 제도, 현실, 효과」, 『한국정당학회보』 제12권 2호(2013), 47쪽.

17) 노환희·송정민, 「세대균열에 대한 고찰: 세대효과인가, 연령효과인가」, 박찬욱·강원택 편, 『2012년 대통령선거 분석』(나남, 2013), 159쪽.

18) 유현종, 『선택 2012의 분석: 정치·행정개혁의 비전과 과제』(법무사, 2013), 101~102쪽.

19) 박찬욱, 앞의 글, 41쪽.

20) 이 부분에 대한 진단과 평가는 별도로 진행될 필요가 있다. EAI 여론브리핑(정원칠, 「대선 평가와 박근혜 당선인 국정운영 전망」, 제130호(2012))에서 밝힌 서베이 여론조사결과는 18대 대선에서 박근혜 후보가 승리한 결과에 대한 요인으로 '박근혜 후보가 잘해서'(15.4퍼센트)와 '민주당이 잘못해서'(18.2퍼센트), '문재인 후보가 잘못해서'(4.7퍼센트)보다 '야권 후보 단일화가 잘 안되어서'(50.1퍼센트)라는 요인이 가장 높은 응답을 보여주고 있다. 응답결과는 민주통합당 문재인 후보가 추구했던 중도수렴전략의 실제적인 예인 안철수 후보와의 단일화 과정에서 많은 문제점을 노출해 상대적으로 기대만큼 중도와 무당파층을 흡수하는 데 한계가 있었음을 보여준다. 안철수 후보와의 단일화의 한계는 문재인 후보의 패배 요인으로 작동되었을 것이다.

21) 정한울, 「한국 사회 이념 무드의 변동과 정치적 함의」, 『EAI OPINION REVIEW』, 2011년 4월; 채진원, 「'보수독점의 정당체제 개혁론'의 재검토: 정치적 양극화와 중도수렴 부재의 정당체제론을 중심으로」, 『오토피아』 제27권 2호(2012), 199~237쪽.

제3부 중도주의노선의 비전과 과제

제1장 공화주의적 정당모델과 공천방식

1) 니콜로 마키아벨리, 강정인·안선재 옮김, 『로마사 논고』(한길사, 2009); 제임스 매디슨 외, 김동영 옮김, 『페더랄리스트 페이퍼』(한울아카데미, 1995).

2) 공화주의 원칙은 다양하게 설명될 수 있지만 그중 핵심으로 공공성을 목표로 어느 누구의 일방적인 지배를 거부하기 위한 조건의 확보를 강조한다. 비지배적 조건을 확보하기 위해 세력과 정파 간의 힘의 견제와 균형을 통한 권력의 공유와 혼합정부를 지향한다. 모리치오 비롤리, 김경희·김동규 옮김, 『공화주의』(인간사랑, 2006).

3) 로베르트 미헬스, 김학이 옮김, 『정당사회학: 근대 민주주의의 과두적 경향에 관한

연구』(한길사, 2002), 54쪽.

4) 니콜로 마키아벨리, 앞의 책.

5) 로베르트 미헬스, 앞의 책, 391쪽.

6) 로베르트 미헬스, 앞의 책, 374쪽.

7) Otto Kirchheimer, 「The Transformation of the Western European Party System」, 『Political Parties and Political Development』(Princeton Uni. Press, 1966), pp.178~195; Angelo Panebianco, 『Political Parties: Organization and power』(Cambridge University press, 1986), pp.262~267; Robert S. Katz and Peter Mair, 「Changing Models of Party Organization and Party Democracy: The Emergence of the Cartel Party」, 『Party Politics』1-1(1995) pp.5~28.

8) 오해에 대한 부분은 정진민, 「원내정당론을 둘러싼 오해들에 대한 정리」, 『한국정치연구』 제18집 제1호(2009), 29~49쪽; 채진원, 「원내정당모델의 명료화: 대안적 정당모델들과의 비교논의」, 『의정연구』 30호(2010), 5~37쪽 참조.

9) 민생을 주제로 하는 현장관계자와 의원이 연결되어 참여하는 정당모델로 새정치민주연합의 을지로위원회가 하나의 사례가 될 수 있고, 이것을 활성화하기 위해 시민참여형 온라인 정책수립플랫폼을 구축해야한다. 미국의 무브온(http://moveon.org)과 영국노동당의 멤버스넷(http://members.labour.org.uk/)은 시민 참여형 플랫폼정당의 사례라 할 수 있다.

10) 채진원, 「'오픈 프라이머리 정당약화론'의 재검토: 다층적 수준의 정당기능론을 중심으로」, 『선거연구』 제3호(2013), 135~161쪽; 채진원, 「노무현의 당정분리론과 비판에 대한 이론적 논의.」 『오토피아』 제29권 제1호(2014), 203~237쪽.

11) Richard E. Neustadt, 『Presidential Power and the Modern Presidents』(The Free Press, 1990); 제임스 매디슨 외, 앞의 책.

12) 니콜로 마키아벨리, 앞의 책; 제임스 매디슨 외, 앞의 책.

13) Robert S. Katz and Peter Mair, 앞의 글; Russell J. Dalton · Martin P. Wattenberg, 『Parties without Partisans: Political Change in Advanced Industrial Democracies』(Oxford Press, 2000), p.283; Michael F. Thies, 「on the Primacy of Party in Government: Why Legislative Parties Can Survive Party Decline in the Electorate」, 『Parties without Partisans: Political Change in Advanced Industrial Democracies』(Oxford Press, 2000), pp.238~257.

14) Russell J. Dalton · Scott Flanagan · Paul Beck, 『Electoral Change in Advanced Industrial Democracies』(Princeton University Press, 1984), pp.15~22; Mark N. Franklin · Thomas T. Mackie · Henry Valen, 『Electoral Change: Responses to Evolving Social and Attitudinal Structures in Western Countries』(Cambridge University Press, 1992), p.33.

15) 안순철, 『미국의 예비선거: 비교정치학적 접근』(단국대학교출판부, 2005).

16) 이정진, 「오픈 프라이머리 도입 논의와 시사점」, 『이슈와 논점』 Vol. 475(2012).

17) 김청진, 「나탈리 코시우스코-모리제 의원, UMP 파리 시장 후보로 결정」, 『주요 정치 현안 및 입법동향』, 중앙선관위 해외통신원 일반과제 제2013-1호(2013).

18) 유정인, 「[여야 '정치 혁신'은 민주적인가]해외의 오픈프라이머리···100여 년 전 미국서 첫 도입」, 『경향신문』, 2014년 11월 17일.

19) 이하늘, 「오픈프라이머리, 정치권 '화두'···공천권 내 손에?」, 『머니투데이』, 2015년 1월 8일.

20) 송은미, 「나·박 "오픈프라이머리 도입" 합창. 여야 정치혁신 합동토론회」, 한국일보, 2015년 1월 23일.

제2장 민주공화국 헤게모니전략으로서 중도주의

1) 아리스토텔레스, 천병희 옮김, 『정치학』(숲, 2007), 173, 29~230쪽.

2) 아리스토텔레스는 『니코마코스 윤리학』에서도 행복한 삶의 전제로서 중용에 대해 설파하고 있다. 이 때 중용에 대해서는 '두 악덕, 즉 지나침에 따른 악덕과 모자람에 따른 악덕 사이의 중용'을 말한다. 아리스토텔레스, 천병희 옮김, 『니코마코스 윤리학』(숲, 2011), 11쪽.

3) 니콜로 마키아벨리, 강정인·안선재 옮김, 『로마사 논고』(한길사, 2009), 82쪽.

4) 헤게모니전략이란 평민을 배제하고 귀족이 지배하는 귀족정체, 귀족을 배제하고 평민이 지배하는 민주정체와 같이 지배와 피지배관계를 노골적으로 드러내는 국정운영전략이 아니라 아리스토텔레스와 마키아벨리가 구상한 혼합정부론의 핵심으로 특정 계급의 이익을 대변하거나 대표하는 정부가 아니라 초계급적이고 초당파적인 인민의 정부로서 국민의 자발적 동의와 지지로 국민통합이 유지되도록 리더십과 정책을 발휘하는 전략이다.

5) 정경희, 『중도의 정치: 미국 헌법제정사』(서울대학교출판부, 2001).

6) 칼 보그, 강문구 옮김, 『다시 그람시에게로』(한울, 2001).

1) 제임스 매디슨 외, 김동영 옮김, 『페더럴리스트 페이퍼』(한울아카데미, 1995), 61~68, 378~384쪽.

2) 버나드 마넹, 곽준혁 옮김, 『선거는 민주적인가』(후마니타스, 2004); James Madison, 「Parties」, 『National Gazette』, 23 January 1792, Robert A. Rutland et al, 『The Papers of James Madison』(Charlottesville: University Press of Virginia, 1983), vol.14.

3) James Madison, 앞의 책, pp.197~198.

4) James Madison, 「A Candid State of Padddes」, 『National Gazette』, 22 September 1792, 『The Papers of James Madison』(University Press of Virginia, 1983), vol.14, p.371.

5) 버나드 마넹, 앞의 책; 임성호, 「원내 정당화와 정치개혁: 의회민주주의 적실성의 회복을 위한 소고」, 『의정연구』 제9권 제1호(2003), 133~166쪽; 채진원, 「민주공화국과 법치주의의 부합성: 불일치 사례와 해법」, 『인문사회21』 제5권 제2호(2014), 19~46쪽.

6) 영국이 '제3섹터부部'와 '시민사회청'을 두고, 버락 오바마 미 대통령이 '시민 참여국'을 설치했다는 사실을 참조할 필요가 있다. 토니 블레어 정부는 2006년 제3섹터(자원봉사조직 및 공동체조직, 자선단체, 사회적 기업, 협동조합 등)를 활성화하고 지원하는 제반 정책을 수립·집행할 컨트롤타워로 제3섹터부를 설치했다. 채진원, 「民·官 협력 '제3섹터部' 검토를」, 『문화일보』, 2014년 4월 30일.

7) 2001년 8월 29일 민주노동당이 입법발의를 했던 '종업원경영참가법'안을 참조해 활용할 필요가 있다. "민주노동당은 '경영의 민주화 없이는 재벌경영의 폐해와 적대적 노사관계를 개선할 수 없다'며 '현행 근로자 참여 및 협력증진에 관한 법률(이하 근참법), 독일·스웨덴의 관련법 등을 참고했기 때문에 비현실적이거나 무리한 내용은 없다'고 설명했다. 법안 가운데 가장 눈에 띄는 부분은 종업원평의회 설치, 노사공동위원회 도입, 종업원의 이사·감사 추천권 등이다. 법안은 노동조합이 없는 기업은 노사 의사소통 창구로써 노동자평의회를 의무적으로 설치하도록 했다. 전임은 아니지만 종업원평의회 대표와 임원은 주 20시간 이내에서 평의회 업무를 할 수 있게 보장했다. 또 현행 근참법의 노사협의회를 노사공동위원회로 바꾸고, 사실상 합의가 필요한데도 협의사항으로 묶여 노사 갈등을 부추겼던 임금체계 개편, 작업시간 변경, 채용, 고용조정 등의 안건을 의결사항으로 강화했다. 종업원 위원들의 전문성을 높이기 위해 변호사·회계사·세무사 등 외부의 조력을 받을 수 있게 한 것도 특징이다. 경영민주화를 위해서는 종업원 대표의 이사회 참관권과 이사회 의견진술권을 보장하고, 종업원평의회가 한 명 이상의 이사와 감사를 추천할 수 있도록 했다." 황순구, 「민주노동당 종업원 경영참가법 입법청원」, 『한겨레』, 2001년 8월 30일.

8) 김영진, 「국민연금이 이건희 회장보다 삼성전자 지분 많다」, 『조선일보』, 2011년 4월 27일; 이정호·좌동욱·박종필, 「또 '국민연금 동원령'…김무성 '주주권 행사로 롯데 문제 해결해야'」, 『한국경제』, 2015년 8월 7일; 홍경표, 「국민연금 '주주권 행사 지침' 마련 법안 발의」, 『연합뉴스』, 2015년 8월 26일.

9) 정병기, 「희화화된 정당정치, 2013년 이탈리아 총선의 의미」, 『매일노동뉴스』, 2013년 3월 4일.

10) 왜 대통령제가 내각제보다 우월한 체제이고, 왜 우리나라는 대통령제로 바뀌었는지에 대한 의문은 조지형, 『헌법에 비친 역사: 미국 헌법의 역사에서 우리 헌법의 미래를 찾다』(푸른서울, 2007)를 참조하라. "미국 헌법 제정자들은 혼합정부와 권력분립에서 인간의 이중적 본성과 정체 순환의 운명에 대한 해결책을 찾았습니다."(288쪽), "고대 로마의 원로원에 역사적 뿌리를 가지고 있는 근대 의회중심제는 봉건적 영주들이 정치·경제적으로 성장하면서 국왕의 권위주의에 항거하면서……출현하였습니다."(258쪽), "우리가 그간 의회중심제를 적극적으로 수용하기 어려웠던 이유는 남북 간의 대치 상황이라는 정치 현실 때문이었습니다."(261쪽).

무엇이 우리 정치를 위협하는가

ⓒ 채진원, 2016

초판 1쇄 2016년 2월 5일 찍음
초판 1쇄 2016년 2월 15일 펴냄

지은이 | 채진원
펴낸이 | 강준우

기획·편집 | 박상문, 박지석, 박효주, 김환표
디자인 | 이은혜, 최진영
마케팅 | 이태준, 박상철
인쇄·제본 | 대정인쇄공사

펴낸곳 | 인물과사상사
출판등록 | 제17-204호 1998년 3월 11일

주소 | (121-839) 서울시 마포구 서교동 392-4 삼양E&R빌딩 2층
전화 | 02-325-6364
팩스 | 02-474-1413
www.inmul.co.kr | insa@inmul.co.kr

ISBN 978-89-5906-390-1 03340
값 15,000원

이 도서의 국립중앙도서관 출판시도서목록(CIP)은 서지정보유통지원시스템 홈페이지
(http://seoji.nl.go.kr)와 국가자료공동목록시스템(http://www.nl.go.kr/kolisnet)에
서 이용하실 수 있습니다. (CIP제어번호: CIP2016002727)